戦後日本〈ロームシャ〉史論

MATSUZAWA *Tessei*

松沢哲成

インパクト出版会

目次

第2章　戦後日本史論の試み――闘いが胎むもの、押し潰す力、そして……

第3章　日帝敗戦以降の日雇労働者と寄せ場

はじめに　首都圏の寄せ場――歴史的変遷の概要

1　一九世紀後半頃から二〇世紀初頭頃の山谷

明治期の山谷は、浅草の北部にある、市街地からはずれた郷村地であって（『台東区の歴史』名著出版一九七八年刊、一一三頁）、一帯が田んぼや湿地帯だったといわれている。そうした中に、ポカッと公許遊郭の新吉原があったわけだ。

明治政府は、西欧帝国主義列強からの視線を強く意識する一方、国内人民の抑圧と搾取を通じて後進型帝国を構築しようとしていたが、その一環として、木賃宿を中心市街地からはずれた所にだけ設置を公認する政策を打ち出した。つまり、一八八七年一〇月下記のように「宿屋営業取締規則」を制定したである。

警察令第十六号

宿屋営業取締規則左の通り之を定む……

明治二十年十月十三日　　警視総監子爵三嶋通庸

宿屋営業取締規則

第壹章　　通則

第壹條　宿屋営業を分て左の三種とす

一　旅人宿（一泊定の旅籠料を受けて人を宿泊せしむるものを云ふ）

二　下宿（一月定の食糧又は座敷料等を受けて人を寄宿せしむるものを云ふ）

三　木賃宿（賄を為さず木賃其の他の諸費を受けて人を寄宿せしむるものを云ふ）

その上で、「木賃宿は僻遠の地を限りて某営業を許す」[1]として、以下のような区域にだけ木賃宿設置を許すとした。それ以外は法律違反ということになる訳である。

芝区白金猿町、麻布区麻布広尾町、赤坂区青山北町五丁目、四谷区四谷永住町、本郷区上富士前町、下谷区初音町三丁目、下谷区通新町、浅草区浅草町、本所区小梅業平町、同花町、深川区富川町、同大工町、同霊岸町、南豊島郡南町東久保の内、同内

木賃宿所在地並木賃宿配置圖
（大正十二年三月末日現在）

〔図1〕

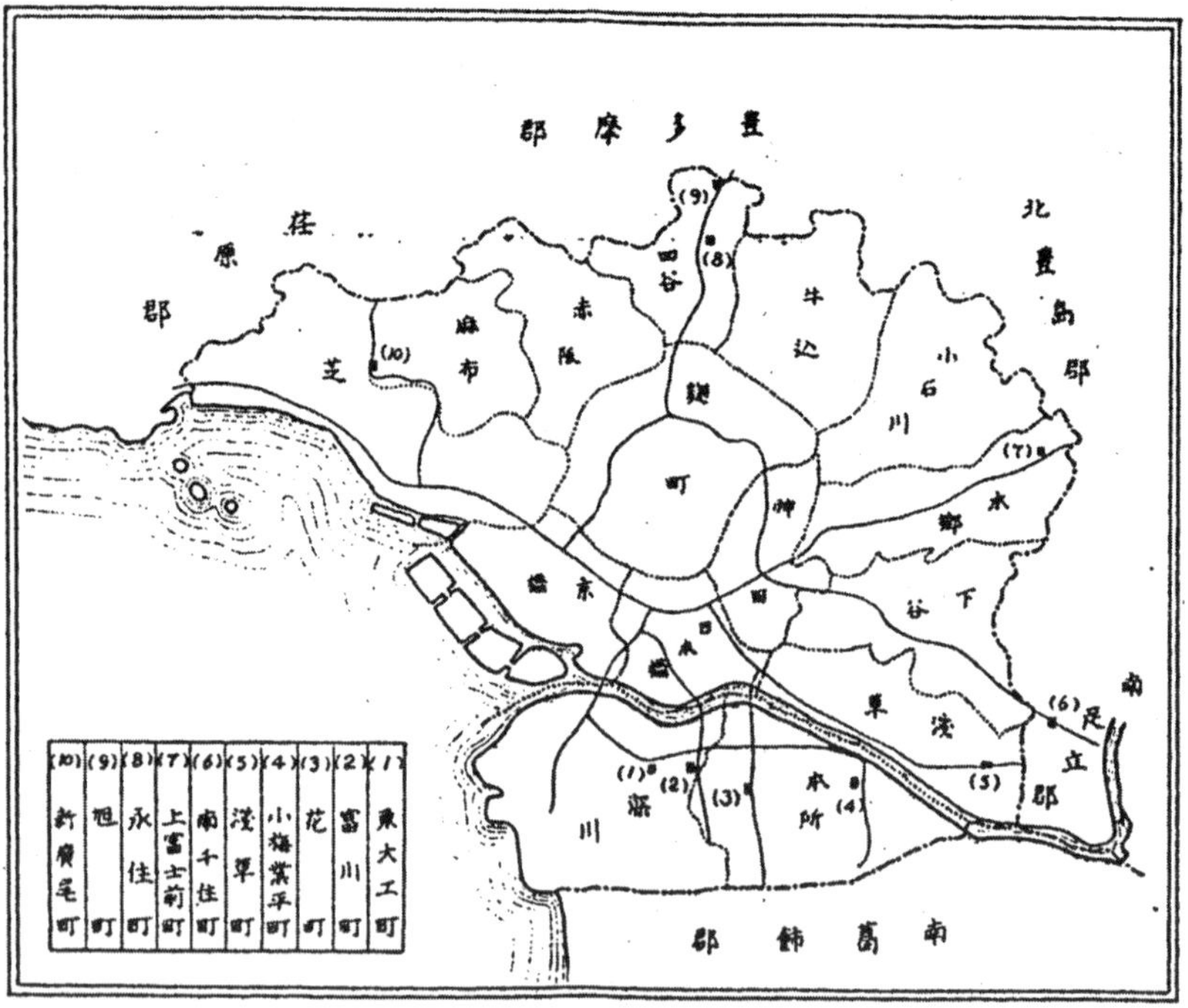

藤新宿（一八九一年追加）、北豊島郡下板橋宿字上宿坂の上（のち岩の坂に改めた）、練馬村字中宿、南葛飾郡伊豫田村、同小松川村、東多摩郡下高井戸村、中野村字上宿、荏原郡世田ケ谷村、同二日五日市村、南足立郡千住一四丁目飛地、南足立郡千住保木間村[2]

これを図示したのが〔図1〕である。全都の遠隔地にばらまかれている状況が歴然であろう。ただし、この図自体は一九二〇年代のものなので、明治期＝一九世紀頃とは幾分違っていると思われる。一つの参考のためここに掲載する。典拠は、東京市社会局『東京市内の木賃宿に関する調査』（一九二三年五月刊）巻末附録の「木賃宿所在地竝木賃宿配置図」（大正十二年三月末日現在）である。

この図の〈浅草区浅草町〉が今の山谷である。市営宿泊所のあった田中町と山谷町に挟まれ、石浜町（元の玉姫町）と接する地域である。今の清川二丁目交差点と泪橋の間のやや狭い一帯で玉姫神社や玉姫公園（一九四〇年頃は清川三丁目が住所）がある付近である。当時ここが山谷木賃宿街の中心地であった。

なお付け加えれば、一八九一年頃になっても、浅草区山谷川筋と日本堤以北、本所深川二区の源森川・大横川筋以東は、石油の精製＝再製やその貯蔵置き場として、警察の許可無く自由に使って良い、とされていた程、居住者も少ない場末であったわけである。（他の場所については設置や改造に付き詳しい届けを警察に提出してその「免許」を得る必要があったという[3]）。

石井寛治によれば、日本産業革命は、綿紡績、鉄道、鉱山などを中心とした企業勃興の一八八〇年代後半頃始まり、工作機械・鉄鋼生産の国産化・高度化が進み、織物業の機械化が進展して綿布輸出が著しく増大した日露戦争直後頃、一九〇七年恐慌前後の時期に終わったという[4]。こうした日本資本主義の発展は、人々の間に著しい貧富の格差を生み出したに違いない。その一端は、以下引用する横山源之助及び幸徳秋水の文章で確認することが出来よう。

一九〇三年、天涯茫々生（横山源之助）は、「下層社会の新現象　共同長屋」という一文を発表している。その中に曰く、

「……最も東京の木賃宿の中にも、浅草町の如きは、如何はしき木賃宿は随分見受くる。詩人的の眼を以て見れば、謂ゆる悪魔の巣窟と言はれても差閊《さしつかい》なき木賃宿は随分多い。併しながら之は木賃宿ばかり悪いのではなく、浅草町の周圍が彼の様な場所と爲らしめた者と言った方が寧ろ事実に近からう。遙かに浅草公園と相通じて、右方には有らゆる罪悪を集めて其の表面は錦を飾って居る芳原を控へ、維新まで人間の外に捨てられてゐた穢多非人の部落なる亀岡町と相隣りして居る場所は、たとひ木賃宿無くとも、種々の人間は住居して居るべき筈の土地なれば、浅草町の木賃宿を見ては直ちに木賃宿其れ自身を悉く悪魔の巣窟と排斥し去のは、果して木賃宿の真相を見た者の言で有らうか。……」と。(5)

随分と露骨な部落差別であり、山谷地域は特別異常な悪所という見方だ。横山源之助の労働者観がこういった点においてかなり偏っていたことは、心に止めておかなければならない重要点だろう。ただし、悪質な人夫出し──当時の用語ではモウロウとも称された人夫やその手先の人夫曳下働きなどが「浅草公園や吉原付近を徘徊して人夫曳をやり、人夫曳下働きは本所、深川、浅草、南千住、板橋、品川、新宿等の木賃宿所在地に巣窟を構へて、新米の自由労働者や、最近の上京者、失業者などの木賃宿に流れ込むで来た者を見付ると、直ちに人夫曳に之を知らせると云ふ方法で巧みに誘拐するのである」。そして甘言をもって募集屋に連れこむ、大抵二階造りの募集屋は直ちに「階上に応募者を収容」する、階下には「屈

強な帳場の受付係りが夫れを監視して居る」。そのまま「一歩も外出させず収容して置き」監視付きで直接北海道などの地方人夫部屋、いわゆる監獄部屋へと送りこまれる、そういった事態は現実に存在していたことは確かなようではあったけれど。(6)

続いて、たしかに本所花町や深川富川町の木賃宿にも「淫売婦の出入」は認められるけれど「東京市全体の木賃宿より見れば斯くの如きは僅少で、多くは矢張窮民に居住を与へ『生活の安心』を与へて居るので、一朝東京市の貧民より木賃宿を奪い去ったならば、**家屋を有せざる東京の貧民**は随分困ることで有らう。

一躰東京市の木賃宿は、地方木賃宿のやうに**一夜客は少なく、大抵は一ト月、二タ月、或は一年、二年、長きは五六年引き續き止宿する者は多いので有る**、本所花町、深川富川町、四谷永住町の如きは其の最も適例で、……名こそ木賃——宿と宿の名をつけて居るものの、**木賃宿は純然たる貧民の家屋で有る**」とする。

木賃宿は宿屋ではなくて、〈家の無い貧民の住処だ〉という横山の主張は、いかにも鋭い。強調さるべき点であろう。

この後一九〇八年刊の著名な『日本の下層社会』で横山は、木賃宿の最も多い本所花町と浅草町の宿泊者＝貧民の従事した職業は、最も多いのは**日稼人夫**で、次に**人力車夫、車力、立ちん坊**……だとしている。(7) 要するに、われらが言う日雇労働者ということになる。落としてはならない重要点だ。

一九〇四年初め、幸徳秋水は「東京の木賃宿」という文章の中で、山谷を含めた東京の木賃宿について次のように書いている。先の横山の主張と響き合う点に注意したい。

「(前略)東京にては木賃宿をば、一般に安宿或は安泊と呼び倣せど、其客となる人々の社會にては、ヤキ又はドヤとも呼び、又アンパク、ボクチンなど云ふ言葉もあり、ヤキとは宿屋のヤの字と木賃のキの字を續けしにてドヤとは宿を倒しまに讀めるなり、アンパクは安泊、ボクチンは木賃を音読せるは言ふまでもなし……(中略)……

斯る怪しき符牒もて呼ばる、宿屋、昔は市内各所に散在せしが(中略)……現在営業の場所と数とは

浅草区浅草町……………二十余戸
本所区花町、業平町……………七十余戸
深川区富川町……………六十三戸
四谷区永住町……………十八戸
芝区白金猿町(俗にエテ町)……………七戸
麻布区廣尾町(俗に古川端)……………十一戸
本郷区駒込……………二戸

にて其お客様をいへば歯代借の車夫、土方人足、植木人夫、其外種々の工夫人夫、荷車挽、縁日商人、立ン坊、下駄の歯入、雪駄直し、見世物師、料理屋の下流しなど、何れも其日稼ぎの貧民ならぬはなし、昨年末の調べにては是等の客人九千七百四十六人に及べりとぞ、さても夥しき数なるかな、(中略)『御安宿、御一人前風呂附六銭、八銭、拾銭、別間は拾八銭より弐拾銭まで』と記せる長方形の角行燈、火影覚束なき軒端を潜れば、正面拠は横手の帳場に厳然と控ゆる、人足上がりと見ゆる

男は番頭なるべし、暮色蒼然として人顔わかずなる頃より、一人、二人、三人、五人、泥塗れの法被、破れし股引、切々の草鞋を穿ちて入来る客の、今晩はの声も寒さに譁［慄］へて聞ゆめり、帳場の男、先づ客の住處姓名年齢、職業と前夜の宿泊地を書取りて、『へイ屋根代を』と手を差出す、六銭の屋根代を受取れば立ちて四布蒲團一枚を小脇に抱へ、『大廣間』に案内す。木賃宿にての大廣間とは、雑居の客を容るべき室をいふなり。広さと室数とは家々にて異なり、六畳と四畳半となるもあれば八畳一室なるもあり、八畳と十二畳の二つを備ふるもあり、一泊六銭の客は皆な四布団一枚を与へて、此處に追ひ込みて雑居せしむ、其定員は大抵一畳一人の割合なり」

「別間は大抵夫婦者、［大］抵は親子連の借切にて、永住なるが多く、**旅宿と言はんよりも、棟割長屋のなほ下等なる生活なり**（中略）

斯くて二年三年、甚だしきは五六年、八九年の長きをも同じ木賃宿に世帯を持ちて殆ど我家の如き思ひせるものあり（中略）世帯持ちとはいへ、彼らの中に一通り日用の器具を持てるはいと稀にして、多くは着の身着のまゝなれば、鍋釜は愚か飯櫃、膳、椀、箸までも、入用の時のみ宿より借受くるを通例とす。（後略）［8］」

〝日本産業革命が「いちじるしい発展の不均等」を生み出した〟とは石井前掲書も指摘しているところ［9］であるが、疑いも無くその直撃を受けたのがこれら木賃宿宿泊者層であった。そうした宿泊者層は、発達した産業部門への不熟練・短期労働力の直接的な供給源であるとともにそこから排出された部分であり、また産業の発達自体を支える都市社会の沈殿層であるとともに都市を底辺から支える人たちに他ならなかった。現代風に表現すれば、まだ幼かった日本資本主義経済・産業をその基盤において支えた、

木賃宿（浅草田中町）（『日本地理大系 3』改造社、1930 年刊）

〔図 2〕　東京市浅草區浅草町地區圖

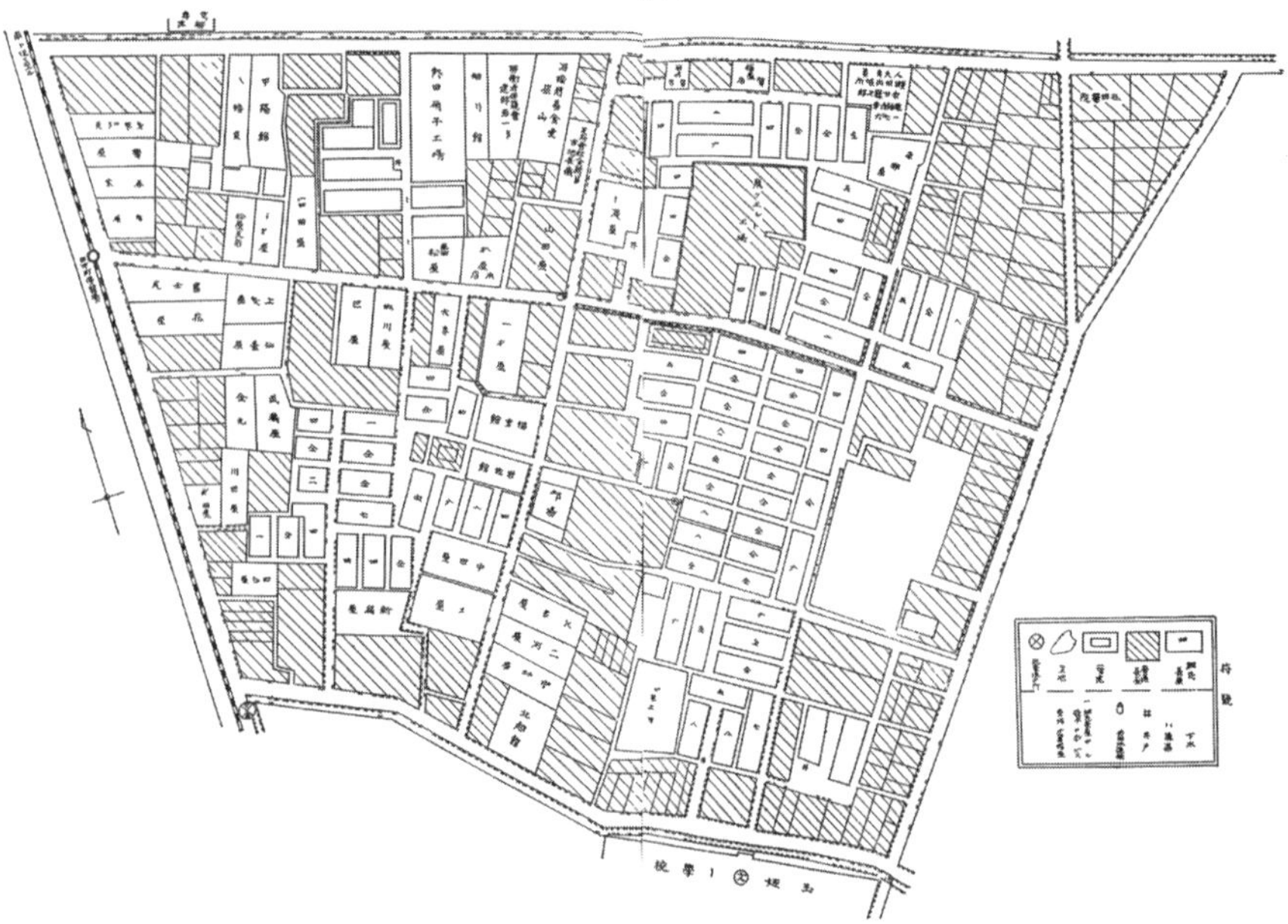

日々雇用の、あるいは短期間だけ雇われた**非正規労働者**と言い得るであろう。少し後の時期、一九二〇年代頃になるが、当時の浅草町が〔**図2**〕である。

同図は内務省社会局『細民集団地区調査』（一九二三年刊）収録のもの。一九二一年実施された調査で、当時の浅草区浅草町であり、現在の山谷地区とかなり重なる。明治期のものは見つけることが出来なかったので、これで代替する。

なお、凡例が小さいので注記すれば、一番最後に書かれているのが、〈屋号は木賃宿〉。一番最初にある□で中に、四、などと書かれているのは細民長屋で、数字は戸数を示す。□の中に斜線の入っているのは普通長屋。……は下水で、⁝⁝⁝は溝渠。溝と下水がこの地区周囲に一面に広がっていることが分かるであろう。因みに、**写真**は隣町・田中町の当時の光景である。写真左側の手前の家には「御泊宿」とあり、その二階か隣りの二階の看板には「簡易旅館」とあるのが読めよう（年代は不明）。

2　第一次大戦後から昭和恐慌を経た頃

さてその後、一九二〇年代ごろはどうなっていたであろうか。その頃の木賃宿とそこに宿泊する人数に関して〔図3〕のような官庁の調査がある。依然として富川町（現在の高橋《タカバシ》）が群をぬいており、近くにある花町や小梅業平町、或はここには三軒という少数しか記録されていないけれど東大工町、などと相まって、宿数および労働者数ともども、断然一位の数を誇っていたと言えよう。富川町における朝の寄せ場、早朝の路上手配を目指してやってくる日雇労働者は近くの霊岸島や猿江裏町などからもやってきた、という証言もある（後述）。

その頃東京市全体における底辺労働者の居住区は、以下のような分布を示していた。富川町寄せ場はそうした労働者の居住区兼賃仕事獲得の場として、代表的なものであり、典型をなすものであったのである。〔図4〕（これは拙著『天皇帝国の軌跡』れんが書房新社二〇〇六年の七八頁から引用したもの）

この富川町について、先ず「深川区富川町に於ける木賃宿の研究」東京市霊岸尋常小学校調査（同小学訓導椎名龍徳、同校長橋本熊太郎の共同になる）を紹介しておきたい。同調査は、日露戦後恐慌を経、一次大戦

〔図3〕　木賃宿数と宿泊者数

場　所	宿数	宿泊者数	自由労働者概数	備　考
深川区富川町	108	4,126	1,892	
本所区花町	88	2,413	1,162	
浅草区浅草	73	2,386	979	近くの北豊島郡南千住町に9軒356人
本所区小梅業平町	62	1,946	921	
四谷区永住町	25	1,781	393	
四谷区旭町	21	1,054	462	
麻布区新広尾町	16	688	292	
本郷区富士前町	3	80	50	別資料では上富士前町
深川区東大工町	3	60	40	
計	399	14,534	6,191	

（東京市社会局『自由労働者に関する調査』1923年刊）

をかいくぐった頃の一九二〇年八月中に実施されたものだという[10]。

その一節「富川町木賃宿の状況」という項目には、以下のように記されていた。

「本市木賃宿の部落にして有名なるもの四ヶ所あり、即ち浅草玉姫町、本所業平町、同花町、深川富川町とす、玉姫町は路側宿と称し露店路側の芸商人の宿泊多く、業平町木賃宿は土工の宿泊人多きを以て土方宿と称し、花町は下水人夫立ン坊等の最下等の労働者多きを以てボロ宿と称せられ、富川町は破落戸（ゴロツキ）多きを以て之をゴロ宿と称せらる」と。富川町の「木賃宿止宿人」

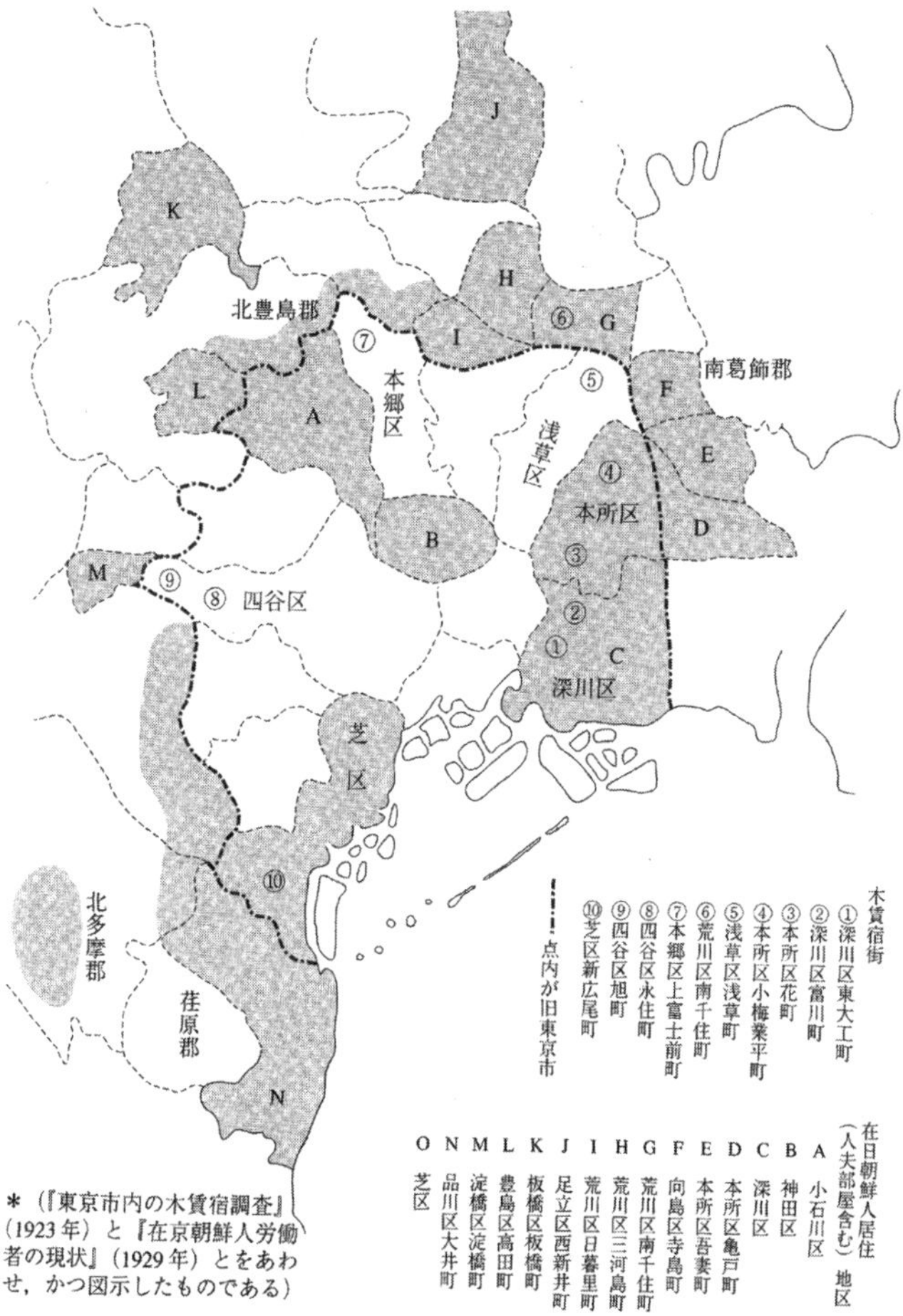

＊（『東京市内の木賃宿調査』（1923年）と『在京朝鮮人労働者の現状』（1929年）とをあわせ，かつ図示したものである）

〔図4〕　在日朝鮮人居住（人夫部屋を含む）地区と木賃宿街

の年齢だが、〔図5〕のようになっていたという。

玉姫町の木賃宿には芸人や露店商人が多い、というのが新鮮な指摘である。ただし、これを執筆した学校の先生に、木賃宿と長屋に付き、この後引用する深海豊二程度の区分さえあったかどうかは、不明である。

ヤクザ支配下の富川町で仕事を見つける日雇労働者に気が荒い人が多いのは、理解し得るところだろう。業平町や花町のドヤには、土方や人夫、立ちん坊が多かった、という点がやや注目されるところだ。

〔図5〕

1 ～ 10 歳	男　160 名	女　108 名
11 ～ 20 歳	男　179	女　42
21 ～ 30 歳	男　827	女　63
31 ～ 40 歳	男　996	女　97
41 ～ 50 歳	男　707	女　48
51 ～ 60 歳	男　305	女　23
60 歳以上	男　161	女　9
合　計	男 3335 名	女　282 名

これは朝の路上手配―求職のため集まる日雇労働者そのものではないが、かなり重なると見て良いのではなかろうか。三〇歳代を中心にして二〇歳代、四〇歳代が続くという構図である。年令の比較的高いことが注目されよう。平井寅吉を長とする大寅〔虎というふうに書かれることもある〕組が「有力請負業者[11]」であって、事実上仕切っていたようである。酒井組というのもあった。何れ地元ヤクザと断じて良いであろう。財団法人の労働奨励会というのもあり労働者の供給を扱っていたという。この時期における活溌な朝の寄せ場であったと言えるであろう。

さらに「プロレタリア協会主幹」を名乗り（どのようなものかは不明だ）「一介の新聞記者」だとも自称する深海豊二に、「木賃宿の研究[12]」、「東京市内各区の細民窟調査[13]」という（少なくとも）二つのレポートがある。

前者においては、「深川富川町には常に三千の浮浪労働者が居るし、多い時には五千人を超ゆると云ふ」と語られ、続いて「其職業は人夫日雇取が多く土方、職工、行商人、車挽、立ちん坊、祭文語り等」

だと総括的に断じられている。[14]「深川富川町辺には苦学生上りが居る、それで割合に理屈ぽい奴が居る」という言及があるが、裏は取れない観察ではある。ただ、「地方人夫部屋」、言い換えれば北海道などのいわゆる監獄部屋へ人夫曳きが追い込む絶好の対象のひとつに、苦学生があったことも事実のようである。従って、深海の言うように、木賃宿に苦学生上がりの理屈っぽい奴が居てもまったく不思議ではない。もちろん、木賃宿や朝の寄せ場に居る労働者には、〈苦学生上がり〉でなくても結構「理屈ぽい奴」が居るものではあるけれど……。

深海（後者）によれば、富川町にはもはや細民住宅としては「いろは長屋」一軒しか無くなっており、事実上木賃宿街に変わっていたという。[15]一次大戦後の時期にはもうすでにドヤ街へと純化していた、ということの指摘が大変重要だと言えよう。しかも、「菊川や大川の関係から荷揚げ人夫が多く……併しいわゆる立ん坊……も少しは居る」という重要な指摘がされている。

これと大きな対照を成すのが、猿江裏町、本村町の細民で、「鉄工、機械工、鍛冶工、鋳物工……が大部分を占めている。……是等は本所深川の各工場に通勤する定職の職工である」というのである。[16]そうした区分は、現実にはそれほど明確なものでは無かったとして、そういうような明らかな傾向とか区分は、実際に存したのであろう。

ところで深海は続いてこの頃の山谷について、次のように言及している。

「浅草区の細民窟は玉姫町、浅草町、田中町であるが玉姫町には特殊小学校後援会の所有に属する煉瓦造りの『公設長屋』が八棟あるのみで、その他の町には是と云ふ特別な名称を付せられた部落はない。……が玉姫町の長屋には下駄の鼻緒の内職、染革職工、安玩具の内職、按摩、流し藝人、車夫等が多い。浅草町には七十余軒の木賃宿を中心として、その周囲がいわゆる細民の住居となってゐるので、此邊の住民の業務は多く南千住の荷担人夫、車力、車夫、千住製絨所、又は櫻組の靴職工と言った連中である」[17]。

ただし、一九一一年四月九日吉原の大火で六五〇〇戸焼失し、浅草町、田中町、玉姫町などの長屋や木賃宿はいったん「悉く烏有に帰し、その後新たに建てられた」ものだと指摘されている[18]。従って、長屋も木賃宿も破損は余りしていないが、「熊造りの安建物だけに」軒が傾き建具は満足に締まらない状態であったとレポートしている。

いずれにせよ「此辺には大火以降相当の人々が住むやうになったので、細民として著しいものは割合に少くなく、又一ヶ處に集まって部落を形成して居るものもない」というのである[19]。一九二一年一月号の『社会政策時報』でその続きを深海は書いているのだが、そこでは「玉姫町百二十六番地の公設長屋の八棟が細民部落を形成して居る」「以上の外田中町、浅草町では、木賃宿を除けば其他は世間並の裏長屋で……世間並みの家賃である

深川区富川町寄せ場状況図（一九二三年ごろ）

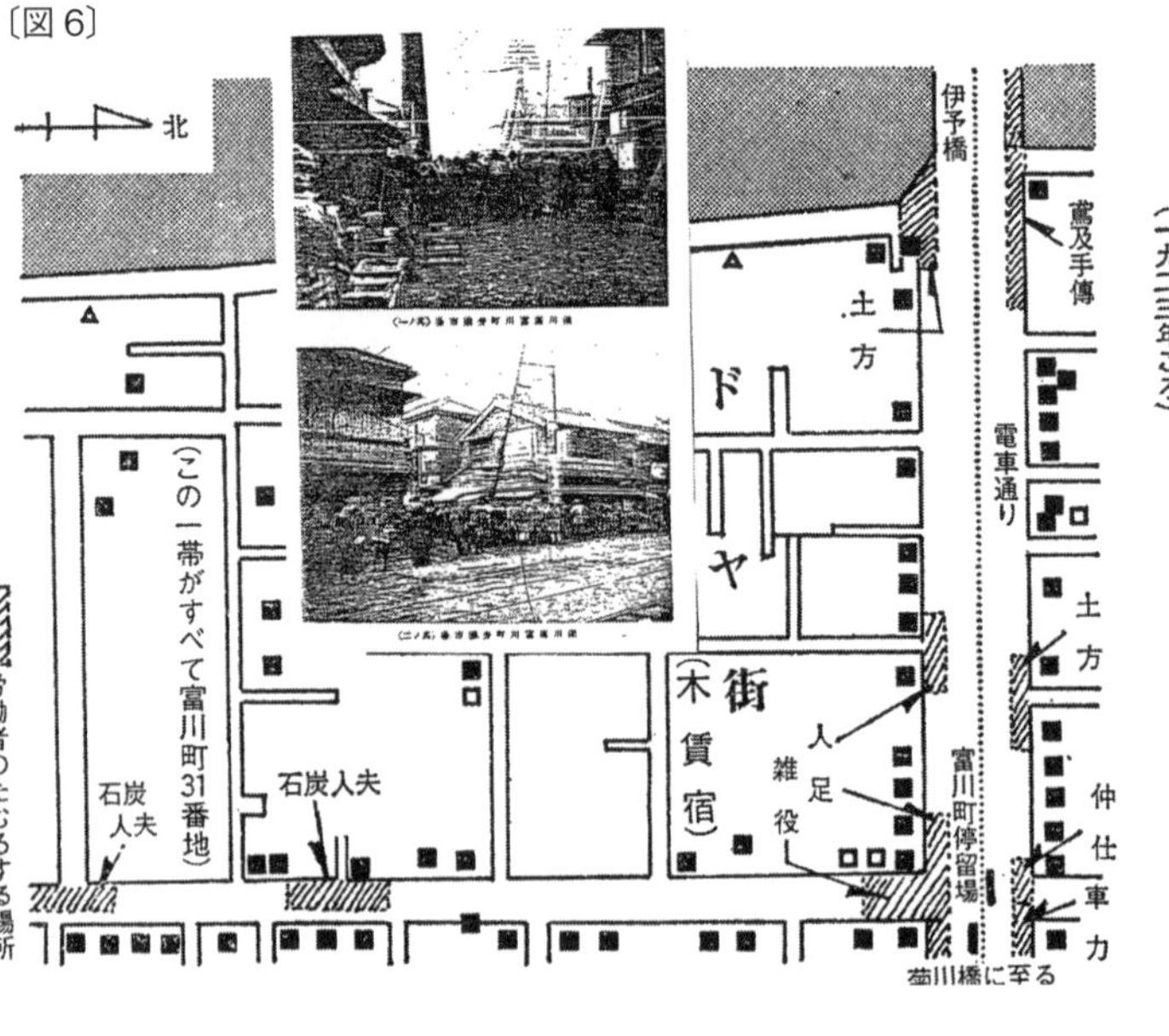

〔図6〕

と言ひ得る」としている[20]。

これは細民部落や木賃宿の話なのであり、朝の寄せ場についての直接的言及ではないのだが、この時期一九二〇年代に朝の寄せ場として富川町＝高橋に、山谷がやや引けを取った理由の一つかもしれない。

その富川町の朝の寄せ場の情景は、図で示せば〔図6〕のようであった。

日帝敗戦以降の寄せ場の有り様、例えば一九八〇年代頃とも、ほとんど違っていないことに注目したい。では、その富川町寄せ場の状況を、『文芸戦線』に颯爽として登場した新人作家の里村欣三は、どのように描いたのか、どういった思いを込めたのか或は込めようとしたのであろうか？　その代表的な作品のひとつ、「富川町から（立ン坊物語）」を見てみよう。

立ン坊

……一定の働く場所と住所と技術を持たない浮浪労働者を、東京では一概に『立ン坊』と蔑称されている。それは土地に依って、人足とも人夫とも手傳とも、あるひは日傭とも云はれる類の日稼労働者である。不熟練な、日稼ぎの労働の性質上、彼らの労働範囲は非常に広く、全く総ゆる種類の労働の全般にわたってゐると云ってもよい。假へば大工の下働き、左官のそれ。ペンキ屋のそれ、土工、水揚人足、運搬、廣告ビラ撒き、工場の下働、溝ざらへ、鳶職、瓦屋、コマイ屋、水道道路普請の手傳、商店の雑役――と、云ったもので経験も修練も要らない、ある程度の「労働力」さへもってゐれば、誰にでも辯じられる種類の下等労働である。兎に角家庭の雑用に似た、市井の雑用に任ずるのが、『立ン坊』である。……

木賃宿

東京でも大阪でも、立ン坊街は一定して居る。それは、ヤッチャ場が神田に並び、魚河岸が震災後、芝浦に引っ越してたやうなものだ。一に需給の資本主義経済組織の必要上、集中してゐなくてはならない道理からである。で、立ン坊街には、独身の家のない、住所不定の奴原《やつばら》を華客《かかく》とする木賃が建つ。飯屋がハン盛する。酒場が賑ふ。古老の話に依ると、猿江裏から富川町一帯は、貧民窟であったらしい。それが今見るやうな独身の立ン坊がウジャウジャしてゐる木賃街に面目を革めた……。現在、出水浸水の都度、弘栄《ママ》にも新聞紙で紹介される猿江裏の貧民窟――それは「立ン坊」の眼から見れば遙かに高い生活と労銀をとってゐる階級――大工、左官、職工、土方の上役に属する世話役と云った熟練階級に属するものが多数であって、今の立ン坊の種類にある階級者はゐないと云ってもよい。

……木賃宿一戸割の人数は凡そ四五十人位ゐで富川町だけにでも、先づザッと四五十軒の木賃宿が営業してゐるであらう。すると無慮二千五百位の立ン坊が巣食うってゐる勘定になる。宿料の拂いは毎晩だ。……一日でも拂いが滞れば追ン出して了ふ。…………木賃宿は、宿泊だけで賄をしない。皆各々の飯屋、酒場に出掛ける。朝、眼覚めると、天気さへよければ、飯屋で朝飯を引掛けて、軒下に突ッ佇って仕事を待つ。

人夫狩り出し

……立ン坊の直接頭をハリ、それで食ってゐる職業に人夫狩りと言ふものがある。(自称人夫出し)。これが、方々の工事現場か会社から所要人夫を引き受けて、立ン坊街へやって来る。そしてここで労働市が成り立つのだ。

「さあ、二円五十銭、行かないか?」

「どうだ、受取二円仕事」

「どうだい野郎共、水揚げ常雇ロレ《ママ》、行かないか!」と。かう云った調子で怒鳴る。声の主を取巻いて立ン坊があちでも一団、こちでも一団と云った具合に、かたまって、そのために往来の通行が出来ない位ゐの盛況だ[21]」。


続けて里村は言う、「富川町立ン坊街は、実に東洋の雑人種街をなして居る趣がある。ヨボ、琉球、支那、台湾――こう云った人種が、日本人の落ちぶれと同じ一定の場所で住ひ、食ひ、働きそして一言半句の小言も、反感も排斥もないのである」と。そしてそこには、「ツレがあるんだ!」という連帯の感情「インターナショナリズム」がある一方、仕事と賃金の上では「人種排斥」もあるとしている。他方で、一九七〇年代に船本洲治らの言うような流動性もそこで指摘されている、すなわち「天涯の果てまで『いい暮らし』を空想して漂泊ひつづける土方である。部屋から部屋へと、移って日本全国は愚か満州、北海道、樺太、まだ遠くはカムチャッカ、西伯利亜くだりまで巡り巡って」いく、里村によれば「コスモポリタント」であるという[22]。

そうした立ン坊街を仕切るのは、著者によれば、「金スジ」という「物凄い種類の人間」で、富川町にもそうした「『国家外』の暴力」たる金スジが居るという。「地回りの博徒や、大虎組の若者」などがそれで、普段から商店、酒屋、宿屋から幾何かの小遣いをせしめていて、いざというときに暴力を振るって店主のご機嫌を取り結ぶのだという。ドヤ街の暴力装置たるヤクザ、に他ならない[23]。

里村欣三は、そうした絶望的な状況に置かれていた彼らに、反って真の〝革命〟に向かう起爆剤たる役割さえ期待していたフシさえある。

立ン坊は、慈善家、労働運動者、社会主義者など「総ての者から見棄てられて居る」。しかし彼ら立ン坊は「あらゆる階級から落ちて来」たがゆえに「それに対する復しゅうが彼らの日常生活の全部感情である。彼らの意識の根底に流れるものには、世上社会主義共産主義を叫ぶ者よりも遙かに熾烈な反逆精神がある。……組織なき労働者が解放を望む心には『解放を信じる』組織労働者ににない悲痛な絶望がある。彼等組織なき労働者の捨身な生活感情、それを雄弁に物語って居る。彼等の行動が、大きな同一方向の流れに綜合された場合に全くの破壊手段に結果するのが即ちそのためである。」それは、彼がかつて実際に見たことのある米騒動の思い出に真っ直ぐに繋がっている。そこにおける入獄者のうち「立ン坊が六割」だったからである。

そして結論。「日本六十余州に散らばる浮浪労働者の群は、社会運動者が、考慮に入れない、未知の大勢力である。そして恐らくそれが正味の決死連であろう。何故なら『家がない』『妻がない』『児がない』『恋がない』そしてなを「真社会の夢」がない！――。破壊と闘争の役割を演じて後、彼等は『新社会』の整理を『組織ある労働者』にゆずるであらう」と(24)。

革命を切り開く勢力としてこうした寄せ場の日雇労働者を措定する里村のような考え方は、公認のマルクスレーニン主義の考え方、このもう少し後の日本共産党の路線――福本イズムであれ後の労農派であれ――とは大きく異なっており、いかにもユニークであった。強いていえば、アナキズムに近かったかもしれない。しかしながら、これほど独自の考察を為した里村をもってしても、富川町のような朝の寄せ場の開かれる「細民地区」が上記のように東京市の縁辺部に、広く分布していたことを知ったならば、細民たる寄せ場労働者をもって飽くまでも革命を切り開く勢力として措定し続けることが出来たであろうか？　それともその正反対に、東京市内外にこれほど類似プロレタリアが多いのならば、一切の既存体制を打ち破る根本革命は近い!!　と言い切ったでもあろうか？――やはり一九七〇年代の鈴木国男―船本洲治らの登場、そして釜共―現闘の活躍までは、そういったことは望めなかったのかも知れないが……とにもかくにも、一九二五年一二月当時、東京市統計課の行った調査によれば、市内の細民地区は次頁〔図7〕のようであったという。市周辺に広く分布していたことが分かるであろう。

しかしながら、いずれにせよこの後里村欣三は陸軍報道班員として中国等各地で従軍し一九四五年二月フィリピンで死亡。戦地で死んだ唯一の報道班員となる。富川町寄せ場もやがてその第一の位置を譲ることになった。山谷が最大の寄せ場としてせり上がってきたのである。〔図8〕の表を参照されたい。高橋では労働者の平均年令が四三歳、山谷は三七歳。ドヤ住人は山谷は二〇歳～三〇歳代前半が四九％で、五〇歳以上は約一〇％だ。富川町の三〇歳代までの合計四六％、五〇歳以上が約二四％とは格段の違いだ。因みに、旭町が平均四七歳で一番高年齢であった(25)。

内務官僚・柴田千太郎は、「何処の職業紹介所に於ても労務者の払底より需要に応ぜられぬ枯渇状態」だと言われているが、「東京市の各労働街頭に溢れている」「自由労働者」は「大量に不熟練労働者の資源として潜在している」ではないか、と言う。ではその統制はどうするのか？　と自問して、「職業的には非公式の人夫供給業者であるが、実質は地廻と称す賭博の常習者である」「親方」を使うべし、と言いきるのだ。その上、言葉を継いで次のように主張した――「本職は、各労働街で最も集合数も多く、最

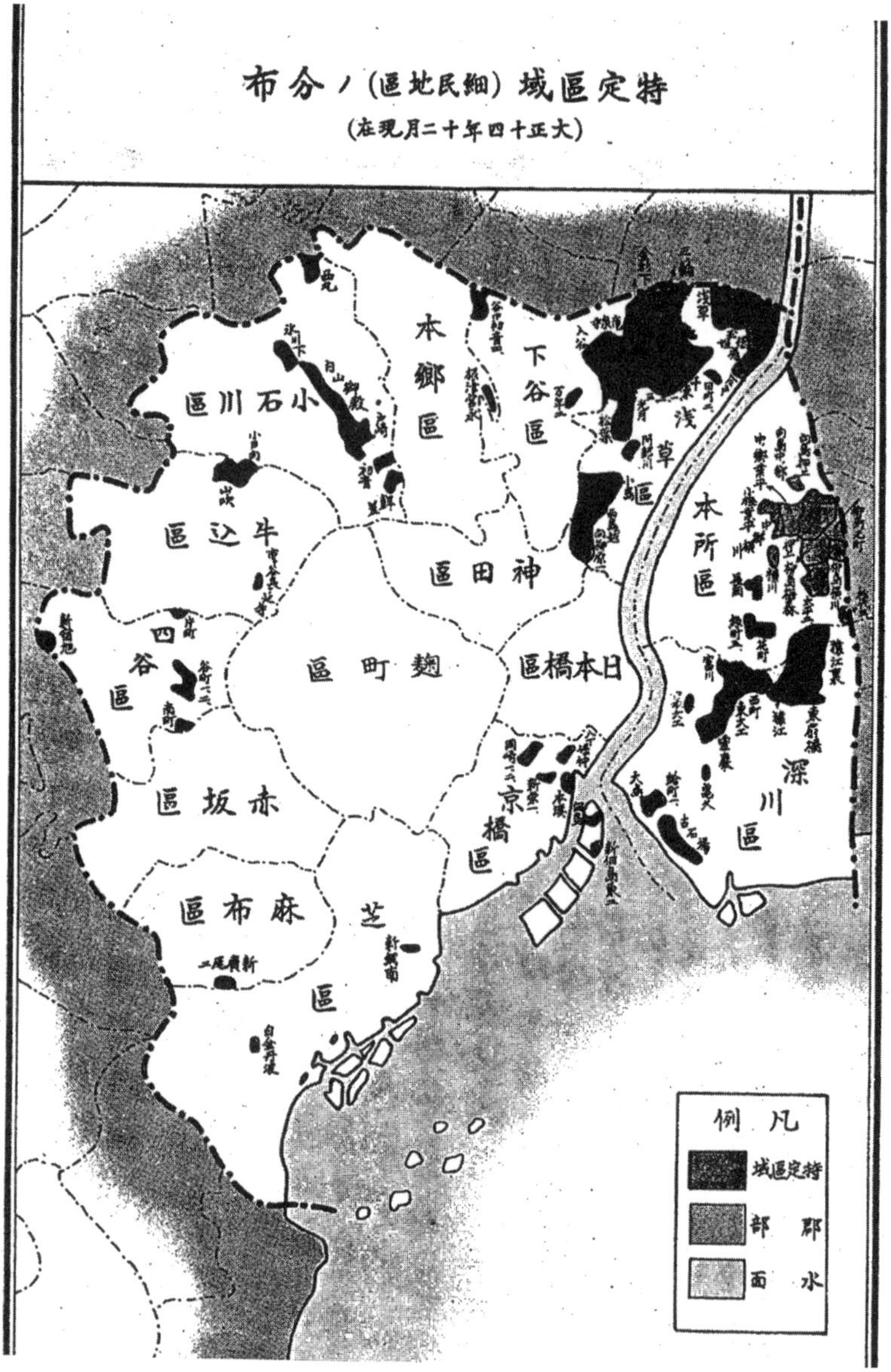

〔図 7〕『特定区域ニ関スル調査』東京市役所一九二七年三月

も就労成績の良い泪橋に於ける取引が全部親方（関根組配下秋葉組）が介在している実情に鑑み、何等訓練のない、教育的にもレベルの低い労働者を集団的に取り扱ふには、ロシア、ドイツの如く強制労働と反社会的人物を収容する法律のない現段階に於ては、労務統制の過度期に於ては親方利用は止むを得ない」と断言していたのである（「東京市内の自由労働者集散状況」厚生省職業部の御用雑誌である『職業時報』二―九、一九三九年七月所載）。

柴田のこういった提言は、いうまでもなく一九四二年九月以降に労務報国会として実現された。そこでは、警察とヤクザが手を結んで日雇労働者を極限まで追い回し酷使する国内体制を実現しつつ、アジア太平洋の広域に向かっては「八紘一宇」の美名のもと極度の侵略と搾取、そして大殺戮の「大東亜戦争」が展開さ

〔図 8〕東京市内の屋外労働者集合状況調査票

集合地名	宿屋数	宿泊人	宿泊人に対する労働者割合	街頭集合数	午前9時に残れる者	契約数　労働種類　賃金	供給数
本所区東駒形	62	2 000	8 割	162	45	人夫 5 名（2 30 ～ 2 50） 土工 24 名（2 30 ～ 70） 鳶 3 名（2 50） 自動車人夫 4 名（2 50 ～ 3 00） 運搬 12 名（2 50）	48
本所区江東橋	91	3 500	9 割	120	50	人夫 4 名（2 00） 鳶 5 名（2 50） 雑役 7 名（3 00 ～ 3 50） 自動車人夫 6 名（3 00 ～ 3 50）	22
深川区高橋（富川町）	96	3500	9 割	450	180	人夫 10 名（2 00 ～ 50） 雑役 13 名（2 50 ～ 3 00） 自動車人夫 41 名（2 50 ～ 3 00） 土工 10 名（2 50） パイスケ 11 名（3 00）	87
四谷区旭町	27	1500	4 割	150	70	土工 36 名（2 50 ～ 3 00） 人夫 6 名（2 30 ～ 2 50） 自動車人夫 8 名 (280 ～ 300) 鳶 7 名（2 30 ～ 2 50）	57
浅草区泪橋	108	4000	6 割	500	45	芝浦人夫 70 名（3 00） 人夫 121（2 20 ～ 2 50） 土工 32（2 50）	223
芝浦	需要地			600	40	沖人夫（3 50）	
	384	14 500	10 900				

れたのであった。

3　日帝敗戦以降——首都圏の寄せ場の戦後史

〈首都圏東京の寄せ場〉

先ずは、日帝敗戦後の東京を見てみよう。上野を頂点とした東京全域が言わば寄せ場であったと言えるのではなかろうか。少し詳しく見てみよう。

邱炳南・薄信一など東大社会科学研究会に属する学生（約三〇名）は、一九四五年一一月一五日～一一月末日までの約二週間、壕舎生活者の調査に当たった（調査Ⅰと略称する）。続いて、同年一二月八、一一日同じく同会の延べ三五名をもって厖大な都市浮浪者群の調査に当たった（調査Ⅱと略称）。

調査Ⅰの引くところによれば、当時「戦災者は全国で千万人、なかんずく壕舎生活者は数十万人であり、東京都だけでも冬を越すことの出来ない壕舎は約二万戸、壕舎生活者は約十万人と言われている」という(26)。そのうちの東京都三五区全部四八五戸と千葉市五戸、合計四九〇戸に当たったという。

その結果は以下の通りであった——平均建坪は五・八坪、最高は一五坪で最低は一坪。ほとんど全部が焼け跡の赤錆びたトタン板を継合せたバラック。防水採光ともに不充分だが、電灯は八一％で設備されており、あとの一九％には全然なかった。畳はほとんどの所に無い。蒲団や毛布を持っている者は少なく、その数量もひどく少ない。便所は個人所有が大部分だが、共同便所もかなりありまったく無い壕舎もあった。全体の七七％が平均四三坪の家庭菜園をやっていて買出しをしないで済ます戸数三六％を越えていたという。壕舎の一戸当り世帯員は四・三人だから、一人当りは畳ないし筵一・一枚で、寝具一・五枚でもって一人当たり一・四坪の壕舎住まいをしているということになるという。もちろん家計失調である――大抵ほとんど日常品に至るまで焼失しているけれど、その日の食事に困らない程度ではある。ただし、三分の一は失業者ないし無収入者である。有職者中の過半数を占めているのが「進駐軍の人夫、バラック建築の日雇人夫、闇商人の如き不安定なその日暮らしの仕事に従事している」(27)。その家計は破産一歩手前にあり、行く付く先は餓死、暴動に参加、ルンペン収容所に行く、といった選択肢しか無かったという。壕舎が無ければ、ただの「浮浪者」と何も違わなかった(28)。

これを要するに、かつてのドヤ住まい日雇労働者で壕舎生活者になっている者、あるいは上野駅に寝泊まりしている者の少なくなかったと、結論しても大過ないであろうという。逆にまた、上野駅に寝泊まりしている者の「上限」は、前職が日雇労働者であっても無くても、現に今は「日雇人夫（進駐軍関係の人夫が相当に多い）」として労働しているとされている(29)。

上野駅とその近傍は、その頃すでに「東京都における浮浪者寄場として著名(30)」であり、そのうち終列車発車後もその場に留まる者は「真の浮浪者と認定され」て浅草本願寺へ送られる（ただしそこにあるのは私人の慈善的経営であるという(31)。また、住居が無いだけで定職のあることが証明出来る者は、近くの櫻ヶ丘国民学校の講堂に一時的に収容されていたこともある(32)。

［ただし、浅草本願寺も、櫻が丘国民学校講堂も「土地の顔役」がしきっていたことに変わりは無いという――「櫻が丘国民小学校では講堂に筵を敷きつめただけのところに、毛布一枚の貸与もなく、土地の顔役の配下（係員）の厳重な命令と監督にしたがって、適当にゴロ寝の一夜を明かすのが唯一の『救済』である。

又、本願寺は、不衛生を極める地下室に、そこここで暖をとる焚火の煙に渦巻かれつつ、冷ややかなコンクリートの床に毛布一枚をあてがわれて彼等は不安な夜を送る。粥一杯が一食の食事は支給される。だがここでも土地の顔役が役員として入りこみ、農村の篤志家から時たま送られてくる食糧其他、それに正規の配給主食等の行方については彼等のまったくあずかり知らぬところである。[33]」

少し後の時期をも含んでいるけれど、竹中労は以下のような修辞の多い描写をしている。

「……台東区にかぎって言えば、戦前（一九四四年）四〇三、四一七であった人口が、四五年六月、敗戦の直前にはわずかに七〇、〇六五名という激減を示している。とりわけ、旧浅草区は全面積の約九〇％を戦災によって焼失、ほとんど無人の焼野原と化した。

家を焼かれ、身内を殺され、あるいは外地から引揚げ、復員してきた人びとは、上野駅周辺に蝟集した。一九四六年、上野警察署が狩りこんだ浮浪者一万七千余名、一七ヶ所の収容所、仮泊所にそれらの人々を〝監禁〟したのだが、脱走して再び舞いもどり、また狩りこまれるというイタチごっこの果てに、翌四七年夏、そのネグラである地下道は閉鎖された。上野の浮浪者群は、都内全浮浪者の八五％をしめるといわれた（台東区役所調査）。何故人々は上野駅に集合したのか？　そこに喰うものがあり、寝るところがあったからである。上野駅乗降人口は、一日四〇万人をかぞえる。主として列車待ちの乗客から残飯を分けてもらおうという、浮浪児、ニワカ乞食が定着し、その中の目先のきいた連中が……もらい溜めた食物を地下道に持ち帰って仲間に売る。……右や左の旦那様という乞食のキマリ文句から、復員、引揚、孤児と看板を書きかえた……敗戦非人の誕生である（中略）

上野の地下道……〝浮浪者〟と一括していうが、彼等は生きていくための〝職業〟を持っていた。モク拾い、籤拾い、切符売り、闇の女、靴磨き、進駐軍人夫等々である。」

「一九四六年冬――私は、東京・上野駅の引揚者仮伯所（在外同盟救出学生セツルメント）で働いていた。そこの光景は、悲惨などという月並みな形容を通りこしていた。……そうした現実の修羅との触れあいから、私は〝革命の思想〟に傾斜していったのである……

駅前の職安［上野職安と推定される］には、雨の日などモサコケ（飯ぬき）の日雇労働者がひしめいた。かれらは上野駅をねぐらにして、アメリカ軍の人夫に通っていた。山谷泪橋、千住、高田馬場等の人足寄場が潰滅し、土方飯場もほとんど全滅して、肉体労働の市場は占領軍の荷役、建設工事に集中し、東京芝浦、横浜港、あるいはベース・キャンプ等に、トラックで運ばれていく。一九四七年春、私は横浜埠頭の荷役に度々アルバイトにでかけた。出ヅラ（日当）七十円、八時間メイッパイ（全稼動）という重労働であった。仲間の大半は、復員軍人であり、私のような学生アルバイトも珍らしくなかった。港湾には労働組合があり、赤旗がひるがえっていたが、プー太郎と蔑称される私たちには、弁当の特配もなく、まったくの差別待遇だった。組合事務所に文句をいいにいくと、次に働きにいったときに点呼から除外されて、仕事にあぶれてしまった。横浜から徒歩で、東京の九段（そこの学生会館に私は起居していた）まで、棒のようになった足を引きずって帰った辛さを、忘れることが出来ない……[34]」。

竹中によれば、当時の山谷にも仮小屋が建てられ仮泊所とされたという。

「一九四六年暮、東京都は一七ヶ所の困窮者収容所寮をつくって、生活保護法を適用し、四千二百名の無宿の復員軍人、引揚者、日雇労働者をそこに収容した。一泊十円、天幕の仮小屋にムシロをひいて、シラミのびっしりたかった毛布を、二枚貸してくれる。山谷、高橋、森下、浅草本願寺等に、都営、民間の仮泊所が簇生した。それは戦後の非人小屋であり、もうろう宿の復活であった、ということができよう。本願寺地下の浅草厚生寮のように、右翼暴力団〝新鋭大衆党〟の根城となり、配給物資の横領、強奪をほしいままにするといった例もあった。東京都は仮泊所の経営を民間業者に委託して、ほとんど監督を行わなかった。したがって、それらの施設は、暴力団の支配下におかれたり、闇の女の巣と化したりした。とくに浅草山谷、新宿旭町、深川高橋の三つのドヤ街は、一九四七年から四九年頃にかけて、街娼とヒモ（情夫）のターミナルといった観を呈した。」

「当時、山谷には、すでに百七、八十軒ものバラック旅館が軒をならべて、天幕ホテルの大部屋には主として日雇労働者が寝泊まりし、割部屋の木賃宿は、闇の女、に占拠されていた[35]」。

「反乱の高揚は去り［一九四七年二・一ゼネスト挫折を指す］、餓えた青ぶくれた人民大衆は、コケのように焦土にしがみついて、必死に生きねばならなかった。東京の広大な焼跡には、いちめんの掘立小屋、バラックが簇生し、中には防空壕、破船、焼けのこりの公衆便所などに住むものもあった。……バタヤ部落、不法占拠住宅、電車住宅、兵舎住宅、それに戦後発生（復活）したドヤ街を一括して、東京都内に、約三百地区（一九四九年都市調査）に上る〝戦災スラム〟が形成された。とりわけ規模の大きなものは、荒川区千住地区の日雇労働者居住区（約二千戸）であった。戦前のスラムである日暮里、三河島、今戸、橋場とつらなり、山谷のドヤ街と隣接して、千住は戦後の東京における最大のスラムとなった。また、新らしく登場した足立区本木のバタヤ部落（約千七百戸）、江東区枝川町の朝鮮人スラム、不法建築の集落である浅草聖天町の蟻の街部落、本願寺境内のガンジー部落等、都内の至るところ、〃敗戦非人〃の居住区が誕生した。

浮浪者の大半は、バタヤ部落に吸収されていったり、ドヤ街の住人となったり、街娼も「赤線」「青線」の売春地帯へと流れこんでいった[36]」。

次に、移ってその頃の〈横浜の寄せ場〉を見てみよう。

周知のようにGHQが東京に移った後も横浜には占領軍の主体を為す第八軍が駐屯し、沖縄を除く全国占領の本拠地であり続けた[37]。従って、横浜には占領軍将兵の数も多く四五年一二月末で九万四千人程度、接収された土地は市の総面積の二・三%で、中心部では三分の一程度に広がっており山下公園・横浜公園なども含まれていたという。芹沢勇によれば、港湾施設は九〇%程度が接収され以後軍貨（ミリタリカーゴ）の集積基地と化したとされる[38]。〔図9〕

ここから言えることは、一、雇用は常用固定より臨時の流動的形態が主、二、種別としては連合国軍業務が圧倒的に多く、一般土建、公共事業、そして港湾運送業の順となる。川崎は比重が低く、横浜での占領軍人夫か、輸入穀物の荷下ろしなど仲仕の仕事が断然多いということである。

神奈川県下雇用状況

			常用	日雇　臨時
A	神奈川	総　　計	25,639	468,530
B	内 種別	公共事業	1,660	105,990
		連合国軍	3,179	246,109
C	内 職業安定 所　別	横　　浜	7,539	329,825
		鶴　　見	2,527	588
		戸　　塚	2,347	58,479
		川　　崎	3,298	9,249
		以下略		

昭和23年8月～24年3月計

日雇労働者就労調

種別	実人員
公共事業	10,039
一般土建	18,050
港湾運送業	4,638
計	32,727

昭和24年1月現在

〔図9〕

〈その後の首都圏の寄せ場〉

その後首都圏の寄せ場は変遷していく。先ず第一に、進駐軍の作業をする労働者は次第に常傭いになるか、アブレて街頭に出て従来からの日雇労働者と合して進駐軍作業場付近か、港湾地区など前々から寄場のあった地域に集まるようになって新しい溜まり場ないし寄場《よりば》をつくる。港湾地区では従来からの仲仕、いわゆるアンコウと利害衝突をすることが多い。一定の寄場との地域的関係性が深い。工場地帯の寄場では、常用になり損ねた（或はそれを拒否した）元の進駐軍人夫や、次第に増えつつあった潜在失業者などが多数集まってくる。この後者が「新興日雇労働者」で今後の日本経済の再建と復興の「基礎的労務給源地」として重要だとされている（「日雇いの労働市場とは」（芝浦公共労働安定所執筆）、『職業問題研究』一九四八年六月号、三八頁）。当時のデフレ政策による新たな失業者群の生成を肯定しそれを下積みとし鎮め石としつつ、従ってその犠牲の上に新日本資本主義は発展して行くであろう、そういう風に進んで欲しいという考えに他ならない。その限りでは鋭いものがあると言って良いかも知れない。

しかしながら、溜場《たまりば》から監督規制の入った寄場《よりば》へ、そして寄せ場へという流れの見極めが、職安制度の成立すなわち新しい日雇労働者調達法の成立を背景に登場してきたことと無関係では無いことは忘れてはならないであろう。端的に言えば、寄せ場の成立は、職安制度による新しい労働統制と同時であったことを我々は銘記しなければならないであろう。自由な相対の労働契約であるところに、国家権力が旧内務官僚を先頭にたてて介入し統制しようとしてきた（またも!!）のが新職安制度であったからである。

四七年四月公共職業安定所設置。同一一月、職業安定法制定。翌四八年三月以降、職業紹介始められる。同七月には、山谷では今まだある山谷労働センターの場所で職業紹介が開始され、日雇失業保険も開始された。国家権力は、自由な私人間の労働契約を踏みにじる替わりに、と言いながら失業手当を差し出した、に他ならないあろう。職安制度の導入から暴力的な輪番制の採用によって、その意図は暴露されたも同然であった。

先走った議論になってしまったが、ここで「進駐軍人夫」とは何であったのか、を再確認しておきたい。米軍が日本を占領した最初期には、飛行場や港湾施設を含む既存の建物の接収や維持整備、または改善などの工事とそのための労働、また米軍兵舎の建設、その家族の日常生活維持のための労働、後には車輌・兵器・機械器具などの管理を米軍に代わって請負う仕事もあったという。そして、それらの実際業務は、ＬＲとＰＤという方式の違いはあったものの「都道府県において処理」すべきものとされたのであった[39]。具体的には、必要とされた「労務者」は「全国共通的」に「警察機関の手を通じ、或は隣組等の組織を通じて動員され」るべきであり、実際そうされた、というのである[40]。

これより先、職業紹介事業は、一九四一年二月一日国営化されて国民職業指導所と称され、上野には同上野出張所がおかれた。翌一九四二年三月一〇日下谷国民職業指導所に昇格し、同一一月一日付で警視総監の指揮監督下におかれた。労働者のより厳格な調達と管理が必要とされたためである。四四年三月一日下谷国民勤労動員署となり、戦闘以外の役割を担わせて戦陣に人を送りこむ役割を担った。

しかしながら、日帝敗戦後の四五年一〇月六日には警視庁下の下谷勤労署と衣替えをし、一二月二四日付で都知事の管轄下に繰り入れられた。その間の一一月、国民に対する勤労動員令が撤廃されて新しく職業紹介業務規定が制定され、そこで「大日本労務報国会を改造して労務協会を作りこの手持労働者を活用する」と規定していたのであった。「窮余の一策」だとしている[41]。一九四六年三月には流石に労務協会は廃止されるけれど、〃旧来からのヤクザな「労務供給業者」の介在は容易に廃止されなかった〃と同書は嘆いて見せている。四七年四月八日公共職業安定所発足。当該官庁のこの公式歴史書でさえも、違法な業者手配は依然として続いていたと嫌々ながら認めている、四八年位までは、と留保を附けつつも。

周知のようにそれは今なお続いている、というのが歴史の真実なのではあるけれど……。

ここで、首都圏の寄せ場で今や完全に姿を消してしまった寄せ場について言及しておきたい。一例として新宿旭町をあげたい。

一九二一年一〇月内務省社会局は、「東京、大阪、京都、神戸、横浜及名古屋の六大都市に於ける代表的なる細民集団地区一四ヶ所を選定調査しこれを相対照する」とし、東京では深川猿江（猿江裏町、本村町）、浅草町、そして四谷旭町を「代表的」とした(42)。そこで旭町は、「其の土地湿潤」「人口集中の密」「道路の幅員狭隘」「飲料に不適当なる井戸多く下水は旧式なる開渠」で、全体として他都市に較べて一番「不良の地的環境」にあるとされている。四谷旭町は、上掲全都市一四箇所の中で土工と工夫は一番多く（釜ケ崎が二番目）、人力車挽は同二番手であった。屑拾い屑撰びでも一番であった(43)。

四谷旭町は、次に示した図のようであった。一つ目の**〔図10〕**は内務省による大正年間の図（前掲内務省社会局『細民集団地区調査』巻末付図）である。それに対して、**〔図11〕**は旭町に住んでいた人々による記憶をもととした図である。時代も、明治大正昭和と一括りにしてあって、ひどく大雑把である。しかしながら、後の明治通りなども記入されており、その上次のような一節が極めて貴重な証言となっているのでここで引くことにした。

「早朝の明治通りは日雇い労務者《ママ》や手配師、顔役などの群れでにぎわった。新宿貨物駅寄りの直ぐ近くに労務者の登録をしている新宿職業紹介所（千駄ヶ谷になるが）の建物があり、その辺から中［仲］通りの入口辺りまで日雇い人夫が道路を塞ぐほど群れ集まるのである。ここで仕事の割り振りがあって、その日一日の就労が決められるのである。

夕方になると、再び中通りの出入り口は仕事を終えてきた労務者でにぎわった。仲通りの角に氷長というポク屋があった。牛の百ひろだの馬の肝だの豚の胃袋の臓物を串にして、煮込んだのを売る一杯飲み屋である。煮込みにはポクだのフワだのと名があったが、これが安くて旨いので日雇い労務者は群がるのである。店の土間に入りきれなくて、道路まではみ出した男たちが立ったままコップ酒を片手に唐辛子をぼてぼてにかけた串を噛みながら高声でわいわいやっている」さまは、いかにも寄せ場風とも言えるだろう。この著者は「すざましい感じで子供の私なんかは怖くて側へも寄れなかった」というけれど……(44)この人の描写する風景は、一九三〇年代初めの頃だったのかも知れない。そこには、一日の日雇い仕事から帰ってきて仲間同志で和みつつ仕事先の情報を取り交わし、親方ボーシンの追回しやガメッサ厳しさなどを非難し合う、いかにも寄せ場的な風景があったのであろう。

最後に、大独占資本＝ゼネコンが、戦後においていち早く復活しさらに膨張を遂げた歴史的経緯について、ここで簡単に振りかえり、締めとしたい。

戦時中すでに帝国陸海軍の特別需要に応じることによってすっかり潤ったゼネコン――鹿島、大成、竹中、間、また清水等々――であったが、敗戦以降は朝鮮人と中国人の使役によって種々損害を受けたと唱えて関係会社を糾合して「華鮮労務対策委員会」を結成、その〝補償〟を求めていった。また、敗戦以降中国人や朝鮮人労働者は活溌に待遇改善運動に起ち上がるとともに反日―反日帝運動へと向かっていたが、そういう中朝労働者を本国送還まで預かるのでその費用を寄越せ、と団体を組んで〃運動〃した。主として大蔵、商工、厚生などの大臣や主要官僚などに面会し説明し、しばしば料亭などで饗応

東京市四谷區

（前掲内務省社会局『細民集団地区調査』巻末付図）

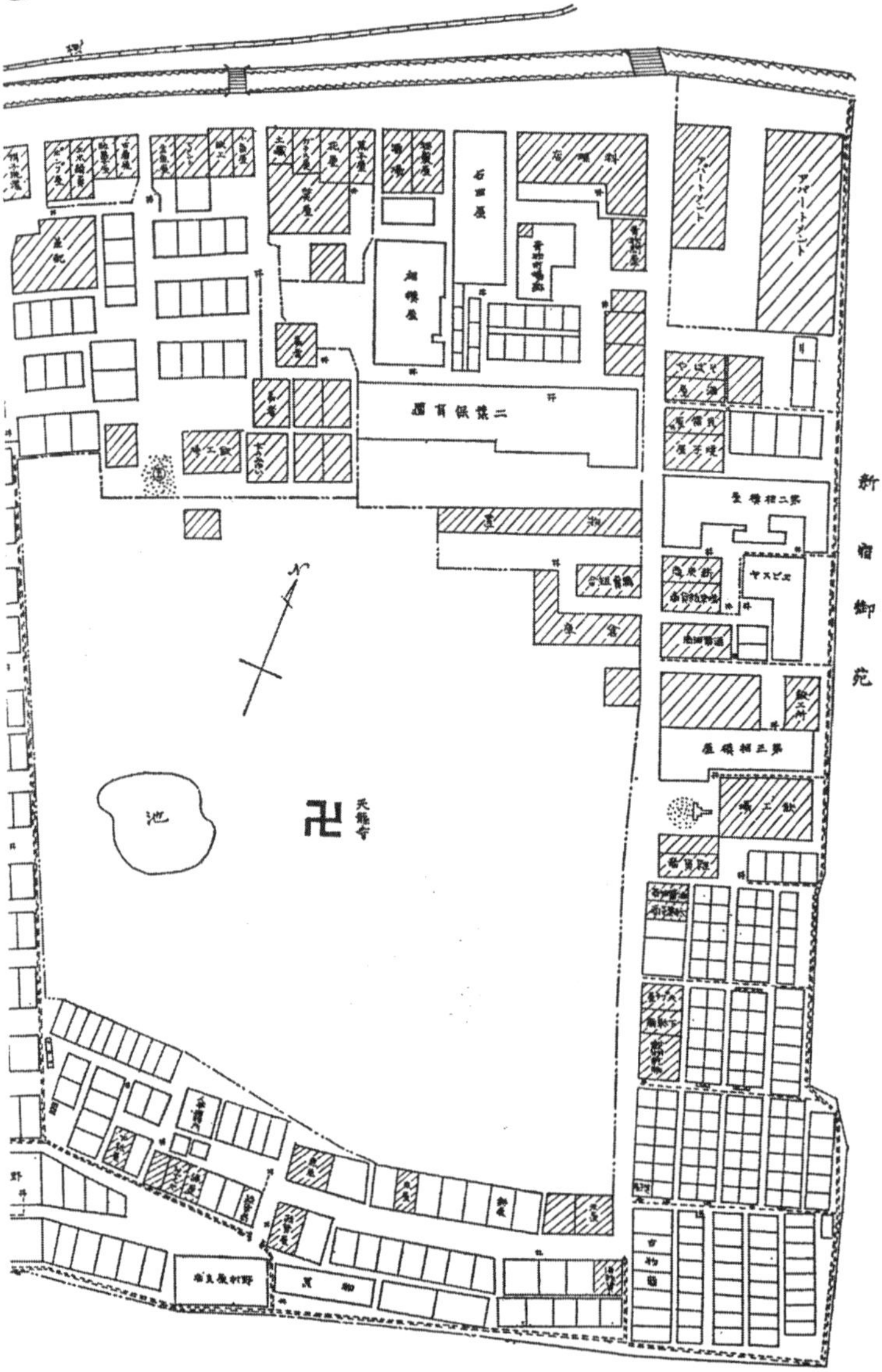

接待をしたのだった。その働きかけは組織的で執拗だった。次に掲げる〈華人労務者内地移入〉の閣議決定や〈移入〉促進の次官会議決定が、彼等戦後ゼネコンの強硬だった理由に他ならない。政府が決定してわれら土建業者側に中朝労働者を押しつけたという理屈なのだ。ろくに飲み食いさせず着るものもほとんど与えないまま長時間の重労働に追いやり多数の死者や病人を出し、従って実にタップリと儲け

〔図 10〕東京市四谷区旭町地区図

たに拘わらず、なのだ。

　次頁に示す〔図12〕の二つの文書でもって、当時の日本の政治責任者たちが公式に中国労働者の導入と促進を決定し〝国策〟としてかれらを使役し酷使した、ということが分かる証拠となるような文書。上は閣議決定文書で、首相以下各閣僚の花押または判が押されている。下は次官会議決定で、さらに導入をドンドンやろう

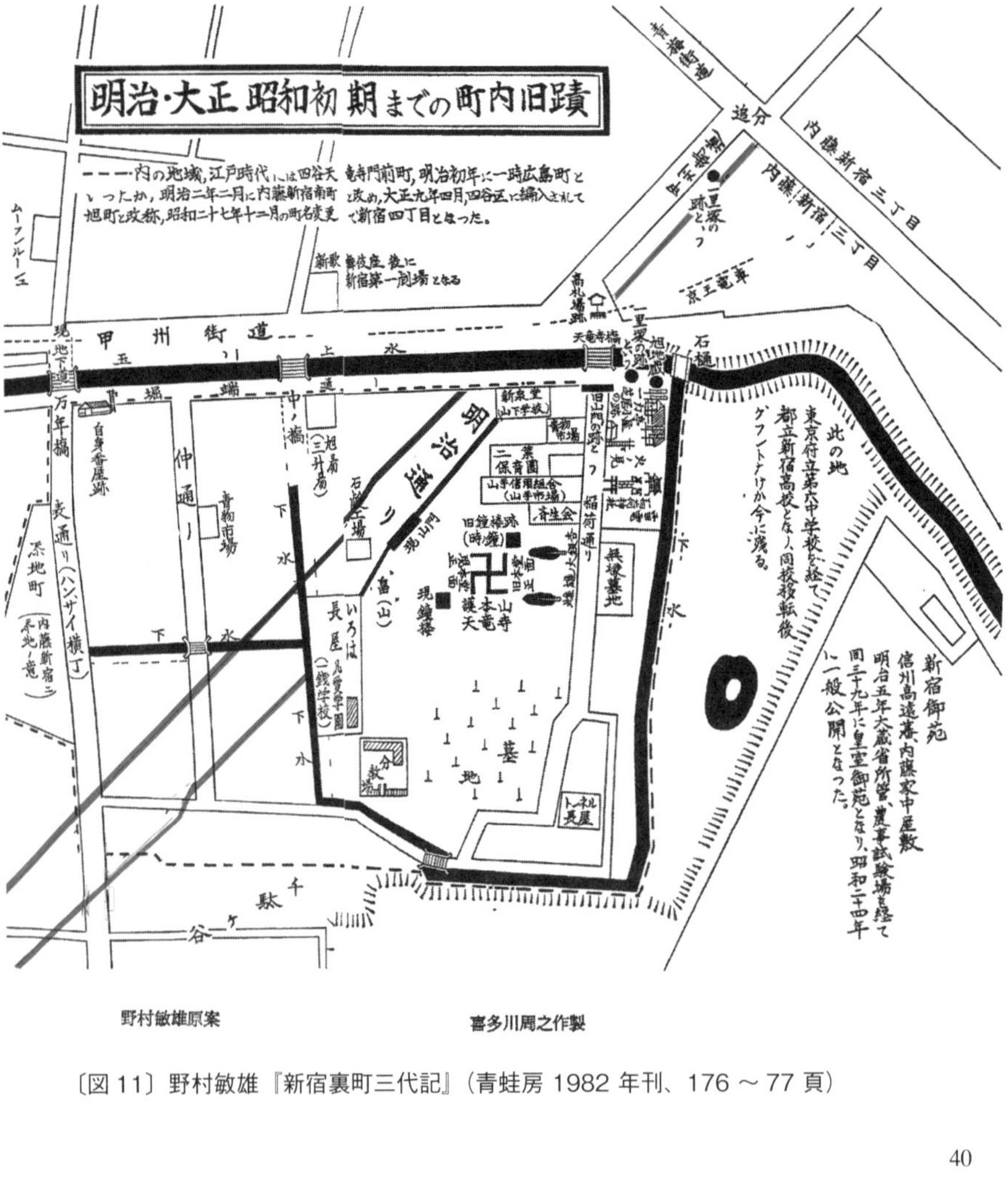

〔図 11〕野村敏雄『新宿裏町三代記』（青蛙房 1982 年刊、176 ～ 77 頁）

と促進を決めた次官会議決定を、各次官や法制局長官情報局総裁、技術院総裁に告知した文書。何れも原文は日本の公文書館やその他の図書館などには納められて居らず、研究者などが探索していたものである。松沢を含めて花岡事件調査団が一九九二年に渡米した時に、米国文書館で発見した現物を撮影したもの。当時の政府の最高責任者たちが強制連行を公式決定したという歴史的事実を証拠立てるものである。のち、ゼネコン関係者などはこれを証拠に戦後の政府関係者に脅しをかけた当の物である。

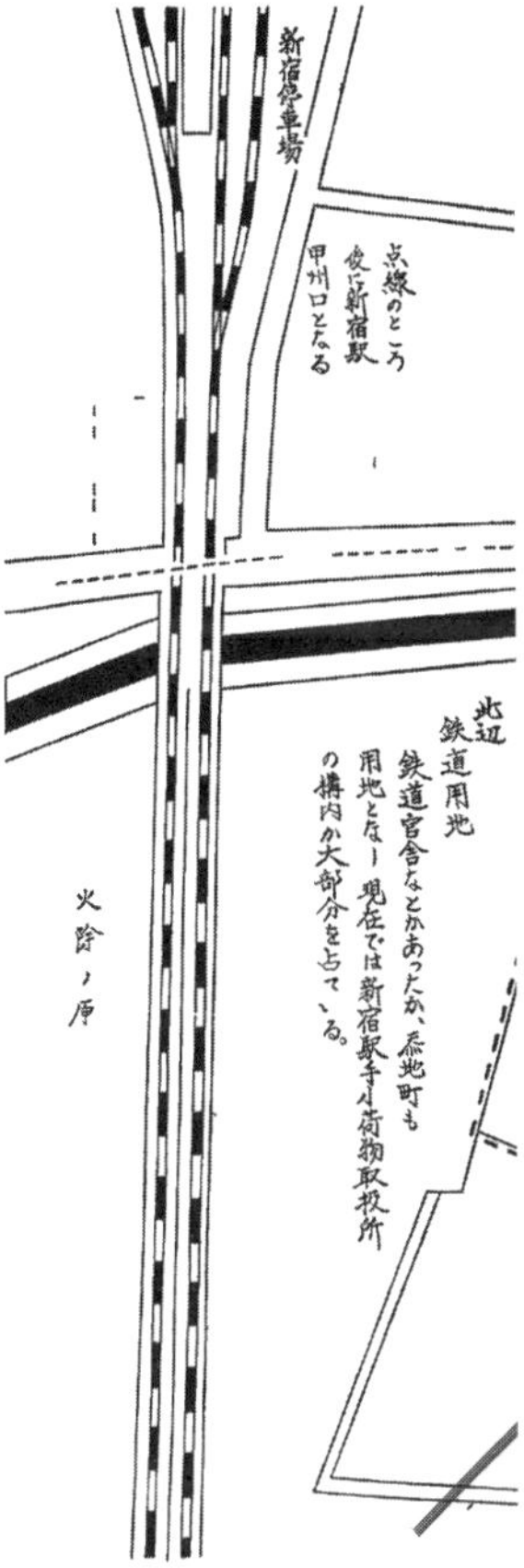

そうした運動の結果、四六年二月一二日には日本興業銀行から二六〇〇万円という多額の融資を受けた。さらに、敗戦後の一ヶ月間、工事停止中にも拘わらず各業者が朝鮮人労働者を解雇せずに「確保収容」した費用として八、五〇〇、〇〇〇円受け取ることが決定した。四六年二月五日商工大臣から戦時建設団へ渡され、後者は地方団ならびに鹿島や清水など「直接構成員」に四六年四月一七日までに分配したという(45)。次に同年三月三〇日「終戦前の損害に対する補償」分として「華人労務者移入費補助金」の名目で土建関係として総額五、四五三、〇〇〇円の交付を商工省から受けた(46)。それらは、直ちに鹿島組、大成建設、間組、西松組、鉄道工業、飛島組、熊谷組、荒井合名、伊藤組、地崎組、瀬崎組、菅原組、川口組、土屋組の間に分配された(47)。最後に、「終戦後の損害に対する補償」として三二、〇〇〇、〇〇〇円が厚生省

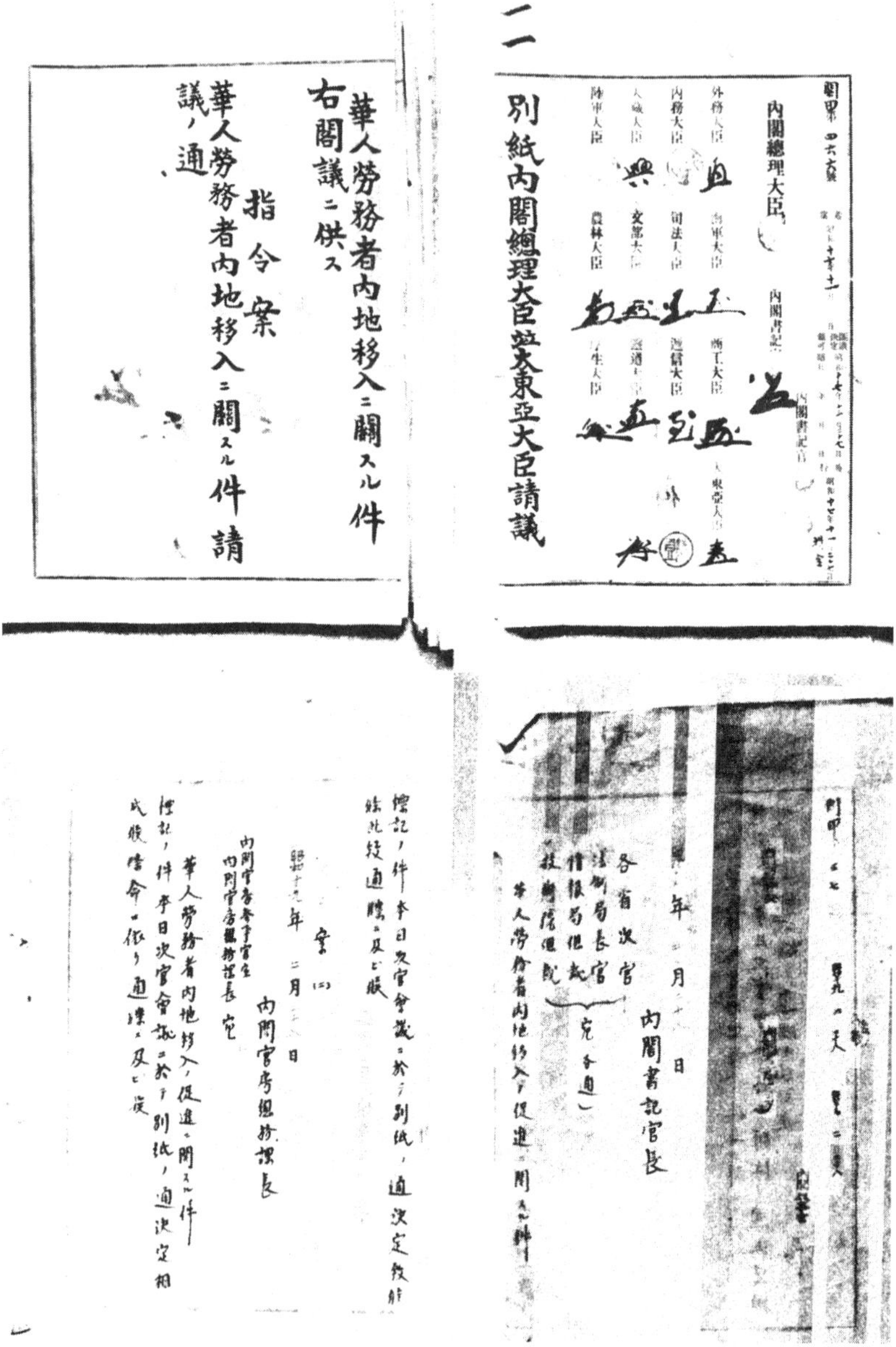

〔図 12〕〈華人労務者内地移入〉の閣議決定や〈移入〉促進の次官会議決定

から支払われた。四六年四月二三日付である。この補助金で先の興銀融資を支払い、他は適当に配分したという[48]。

融資と補助金の獲得のほかこれらゼネコンなどは、GHQと日本政府から多大な仕事の注文を受けていた。しかもそれは敗戦直後から始まっていた。

四六年三月以降、GHQからの要求に従って日本側は戦災復興院を新設し（官制公布は同月二〇日で勅令一四九号）、各地方にその出先実施機関を設置した。特別建設出張所がそれであるが、これは所在地の終戦連絡地方事務局とほぼ兼任であった。当時は何にせよ終連地方事務局が窓口であったのだ。主としてGHQの厖大な住宅などの新築要求に応えるためであったという[49]。

GHQ・第八軍は発注元であり（元請）、終連地方事務局はその手先である（仲請）。しかしながら、建設の実際の仕事を受け負って労働者の手配をしたり、業務を分担したりする各種の下請が、その下に必要である。その間の事情について前掲書は次のように述べている。

「三月二〇日、三課制をもって出発した戦災復興院特別建設部は業務の増加に伴って同年五月一五日、分課規程を改正、新たに四課制となった。（中略）このようにして建設工事の機構は、中央、地方を通じて漸次ととのえられて行ったが、二万戸の家族住宅を占領軍の指示どおりに設営する現実は決して容易なものではなかった。その間の情況は後章で説明することにして、まづ、要求の内容そのものが、敗戦日本が終戦後、半歳余で背負う責任としては過重であったし、またそれは外国軍隊を要求者とするまだ経験したことのない一大建設事業であった。したがって、単に官公庁機構の整備ばかりでは達成されるものではなく、広く建設業界各種メーカー等民間側の協力を必要としたのである。そこで戦災復興院は、民間の協力を確保する措置として、五月一五日、資材供給者、土木建築請負業者をあつめ、官側への協力、業者相互間の連絡協調をはかるために、特建協力会結成準備会を開いた。

一方、業界もこの状勢に応えて、同一四日、日本建設工業統制組合理事長竹中藤右衛門ほか関係業者二十数名が特建協力会設立を協議し、六月一日その発足をみるにいたったのである。特建協力会の主たる活動は、金融関係業務、特殊物件事務取扱、納入資材の検収の迅速化、工事現場における隘路打開に関する協力、右隘路打開のための会議開催、「特建情報」頒布、業者間の連絡協調等であったが、創立一ヵ年をもって、おおむね所期の設立目的を達成し、かつ調達一元機関としての特別調達庁発足の決定をみるに至ったため、昭和二二年五月末をもって解散するにいたった〔(引用者註)特別調達庁は実際には一九四七・九・一発足し、五二・三・三一法改正で調達庁と改称、五八・八・一に防衛庁外局に移され、最終的には六二年一一月一日防衛庁外局の防衛施設庁に含まれた〕。

その他民間協力機関としてあげなければならないのは、交易営団の買付代行、旧三井物産、三菱商事その他の納入代行等がある（これらについては需品編で説明する）かかる官民の協力体制の中に特別建設部は、二月一日、終戦連絡事務局より、『維持管理を除く一切の建設工事に関する事務』を引継いでその組織を拡充し、特別建設局に昇格、さらに福岡市に特別建設出張所が増置されたのである[50]」。

日本建設工業統制組合とは、その下に前掲の華鮮労務対策委員会を持つ、建設業界大手ゼネコンの集合体組織である。そこと密着相提携して米占領軍の仕事をやろうというわけである。これならば、国庫金から多額の援助、補助金を引き出すことも可能なわけである。そもそもの最初から、官民が癒着していたのだから。

いずれにせよ、ＧＨＱ―第八軍の発注する厖大な建築工事をこれら日本の土木建築業者が引き受け、〝土建ブーム〟〝建築ブーム〟という事態が生み出されたのであった。日本の側からすれば、スーパーゼネコン成立の前哨戦のようなものであった。

ここで、竹中工務店などとはやや違った道を進んでいたかに見える、清水建設の場合を簡単に見ておこう。結論的には、清水は清水なりに甘い汁を吸っていた、と言って良かろう。

『清水建設二百年・経営編』は、正直に次のように述べている。

「昭和二〇（一九四五）年一一月、内閣総理府に戦災復興院が設置され、復興促進のための土木建築行政に着手した。翌二一年一月に戦災復興計画基本方針が発表された。しかし、徹底的に建設資材が不足しており、国力・民力ともに疲弊した状況では、本格的な建設など望むべくもなかった。

こうした戦後の状況のなかで、膨大な建設需要はあるものの、目先の受注は減少するうえに、多くの引き揚げ社員を抱え、大手建設業者は明日をどう生きるか必死であった。

終戦直後の大手建設業者にとって特記すべきは、進駐軍接収施設の改修工事（進駐軍工事）の施工を命じられたことであった。膨大な終戦処理費の大部分が進駐軍施設設営費に充てられ、また復興金融金庫（昭和二二年一月発足、二七年一月に日本開発銀行へ改組）の資金貸し出しもあって、一時は〝土建ブーム〟といわれた復興景気が現出した(51)」。

「敗戦で海外支店を失った当社は、戦災復興工事はもちろん全国各地の工事を大小にかかわらず入手する方針のもと、支店、営業所、出張所、連絡所を増設して受注活動に努めた。また工事入手できたとしても、建設資材の不足と高騰によりその調達は困難を極め、施工にはたいへんな苦労がともなった。

そうした当社が、戦後復興へのあゆみをいち早く開始できた背景には、GHQから進駐軍接収施設改修工事（進駐軍工事）の相次ぐ発注があり、当社が万難を排して改修・復旧・補修および住宅などの設営をおこなったからにほかならない。

昭和二〇（一九四五）年九月、GHQはマツダビル（昭和九年に当社施工）を接収し進駐軍施設として利用する目的で、当社に改修を命じた。これを皮切りに、昭和二〇年には公共施設、金融機関、オフィスビル、ホテル、デパートなど、二一年には飛行場、ホテル、工場、軍施設など、全国各地の接収された各種施設工事を受注していった。しかし、GHQの厳しい監視下、緊急な工期、食糧や資材の不足、輸送難に加え、契約慣習の違い、米国人担当官との摩擦、言葉の行き違いなどの苦労がつづいた(52)」。

つまりは米占領軍の支援を受け、被占領国日本の国家資金の注入によって進駐軍工事を施工し、そのことによって清水などの建設会社は「生き」延び、「復興景気」を謳歌してゼネコン再生への第一歩を踏み出したのであった。（余り判然とはしないけれど、清水は改修工事が多く、竹中以下の日本建築統制組合参加企業は新築・新造工事が多かったと言えるのかも知れれない。ただし検証が必要だ、今は予感のみである）。

もうひとつの史料によれば、「「土建ブーム」または「土建インフレ」と言われたこの時の復興景気は、生産の停頓した荒廃の焼土の中で特に地方都市の商店・住宅の建設に目覚しく、その上厖大な終戦処理費の支出は殆どが進駐軍施設の設営に当てられているままに、之等を請負って工事の完成して行く建設業界の活躍は大きく経済界を刺激した。／社報第一九五号別冊第四一～四二頁（昭二八）」[53]」というふうに描き出されている。清水建設は、地方進出―全国各地への発展においても目立っていたのかも知れない。

いずれにしても、進駐軍の命ずる工事・役務は、残存する日本国家の資金で賄なわれ、一九四七年までは従来通りの労務供給業者＝人夫出しを介した（後には公共職業安定所体制を通じた）日雇い労働者の底辺労働―進駐軍人夫！―を通じて遂行されたのであった。

敗戦にうちひしがれ地に落ちたかに見えた大日本帝国は、より強大な占領軍・米帝国に抱き竦められつつ、しかもなお、官僚制の骨組みを依然しぶとく維持しつづけ、日本社会の底辺と普通の人々を搾取し抑圧し続けていた（し続けている）。この権力複合体系は、普通の人々や底辺下層階級との間に、途中中間的な結節体を保ちつつ、多岐にわたる上下の体系を築き、権力を維持し支配を貫徹している。改めて言うまでも無く、スーパーゼネコン、大独占企業・資本は、そうした帝国による国内支配の忠実なる一の子分であり枢要な中間結節体であった。彼等は、そうした基礎の上に立って、今やアジア太平洋から中東湾岸地域へと進出し、〈抱き竦められた帝国〉として経済政治的、そして軍事的覇権を（再び）握ろうとしている。ジョン・ダワーが言うように〝戦後日本人は敗北を抱きしめて生き抜いた〟というよりは、無残な野垂れ死者の累々たる山を脇に見つつ、自らもひどくやせ細りながらも何とか生き残り、生き続けたのであった。生き残りのために必須であったのは、この〈抱き竦められた帝国〉との闘いであり、それこそがおそらく唯一の手段であり方法であったに違いない。そこにはまた、学生や在日朝鮮、中国人、また底辺や未組織の労働者、各方面の組合活動等々による死に物狂いの反権力反体制闘争があったであろう。

日本国家権力を覆いそれを絡めとる米帝、逆に絡みつく米帝を自己利害の回路へと導いていく日帝――そういった結びつきは複雑ではあるものの、底辺下層階級を始め日本やアメリカ本国などで生活する普通の階層の人々の上に、じつに重くのしかかり、それを抑圧搾取し続けている。そういった戦後史を〈敗北を抱きしめて日本人はたくましく生き残った〉というように単純簡明に描きだすことは出来ない。

日本列島を覆うこの〈抱き竦められた帝国〉という複合権力構造にメスを入れ、その間の亀裂を現実に深めていく行動に進み入ることが無いならば――少なくともそうした方向に歩み入り確実に歩を進めて行かないならば、未来に向かって暗闇を切り開き事態を突破していくことは出来ず、従って我々に明日は無いであろう。

註

(1)内務省警保局編『庁府県警察沿革史其ノ一警視庁史稿』上巻、五五一頁。
(2)『警視庁史稿』は警察令一六号と一七号を併せたものの解説であって、初期の条文とは若干の異同があるようだ。新たに付け加えられているものや地名変更などがある。ここでは『警視庁史稿』に従った。
(3)前掲『警視庁稿』上巻七〇三頁。
(4)石井『日本経済史』東大出版会一九七六年、一三一頁。
(5)『新小説』一九〇三年三月号。なお、同文は、中川清編『明治東京下層生活誌』(岩波文庫一九九四年刊)にも収録されているが、横山と未解放部落民の関係などについては触れられて居らず、特段の解説は無い。
(6)東京市社会局『地方人夫部屋に関する調査』一九二三年刊。

(7)岩波文庫版、五五頁。
(8)雲水道者談・秋水生筆記、『平民主義』一九〇七年刊所収。中川編前掲書にも収録されている。
(9)石井前掲書一四八頁以下を参照。
(10)『統計集誌』四七四号、一九二〇年八月刊に掲載。
(11)〔図三〕の出典『自由労働者に関する調査』の七〇頁。
(12)『朝鮮及満州』一九二〇年一〇月号所載。
(13)『社会政策時報』一九二〇年一二月号所載。
(14)前掲『朝鮮及び満州』三五頁。
(15)『社会政策時報』前掲号。
(16)同五〇頁。
(17)同五一頁。
(18)同五四頁。
(19)同前頁。
(20)同誌一九二一年一月号、六五頁。
(21)東京市社会局『自由労働者に関する調査』一九二三年刊か。
(22)『文藝戦線』一九二四年一一月号所載。
(23)同一二月号。
(24)里村「どん底物語 富川町から(一)」同一九二五年八月号。
(25)同「どん底物語 富川町から(承前)」同一九二五年九月号。
(26)拙著『天皇帝国の軌跡』れんが書房新社、一九六頁以下を参照のこと。
(27)調査Ⅰ、同Ⅱとも大河内一男編『戦後社会の実態分析』(日本評論社一九五〇年)に収録されている。引用は調査Ⅰからで同前書一七七頁。
(28)調査Ⅰ、同前書一八二頁。

(29)同前一八三頁。
(30)薄信一「東京都に於ける浮浪者」大河内編前掲書二〇四頁。
(31)同前二〇一頁。
(32)同前二〇七頁。
(33)同前二〇一頁。
(34)同前二〇六頁。
(35)『山谷―都市反乱の原点』全国自治研修協会一九六九年刊、一二二~三、一二九頁。
(36)同一三一~一三二頁。
(37)同一三七~一三八頁。
(38)服部一馬・斉藤秀夫『占領の傷跡』有隣堂一九八三年刊、四四~四七頁。
(39)芹沢勇『ドヤ街の発生と形成―横浜埋地(西部の街)について―』横浜市総務局行政部調査室、一九六七年刊。
(40)占領軍調達史編さん委員会編『占領軍調達史―部門篇Ⅱ役務(サービス)』調達庁総務部総務課一九五八年刊、三五五頁。
(41)同前三四頁。
(42)前掲『職業安定行政十年史』七五頁。
(43)内務省社会局『細民集団地区調査』一九二三年刊、ただし勁草書房の復刻本『戦前日本社会事業調査資料集成』第一巻一九八六年刊に依った。引用は同二三〇頁。
(44)同前書二三五、二四一頁。
(45)野村敏雄『新宿裏町三代記』青蛙房一九八二年刊、一七九~八〇頁。因みに著者の野村は一九二六年に昔の内藤新宿南町、つまり四谷旭町で生まれている。
(46)『華鮮労務対策委員会活動記録』一九八一年アジア問題研究所復刻版、六八~七五頁。
(47)同前八二~五頁。
(48)同前八四~八六頁。

(49) 同前九六頁。
(50) 占領軍調達史編さん委員会編『占領軍調達史―調達の基調―』調達庁総務部総務課一九五六年刊、一四三頁以下、特に一六五頁。
(51) 同前一七一、一七三頁。
(52) 清水建設編『清水建設二百年・経営史』二〇〇三年刊、一九四頁。
(53) 同前一九八頁。
(54) 清水建設兼喜会五十年史編纂委員会編『清水建設兼喜会五〇年史』九〇~九一頁。

第1章　敗戦前後における日本社会の変容と持続

序

普通八月一五日とされている日本の敗戦だが、その前後で日本とその住民はどのように変貌したのだろうか？　それとも変化しなかったのであろうか？

それが長年疑問だった。

変貌説が最も多いだろう。どの時点で日本は敗北したと捉えるのか？　また、変貌したというのならその変貌の始点はいつなのか？　言い換えれば、敗戦をいつの時点で認識したのか、それが問題だろう。

敗戦を八・一五とする同時代者は意外にも圧倒的多数でも無いようだ――九月二日の降伏文書調印の日をもって敗戦と決める者も、またそのもう少し前、八月一〇日いわゆる御前会議でポツダム宣言受諾を決定し、翌日それを連合国に通知した時点とする者も、少なくないようである。八月一五日は単なる「玉音放送」であって、最終的にポツダム宣言を受け入れたのは一四日の御前会議だという考え方もかなり多いようだ。その間の八月一三日・米軍機による〃日本はポツダム宣言を受諾し無条件降伏した〃というビラの撒布をもって、という考え方もあるようだ。

野坂昭如『「終戦日記」を読む』は、山田風太郎、徳川夢声、高見順、海野十三、中野重治、永井荷風、大佛次郎等々の日記を引用しつつ、そういった諸説を紹介している。

八月の後半頃から〈こりゃ負けだ〉という漠然とした認識が徐々に広がり、中旬以降九月前半頃までに、敗北確定を認識した、といったところで大まかに纏められるであろう。

問題はその認識の質である。敗戦で、どういった認識を得たのか？　認識の転換はあったのかどうか？　である。とくに国家権力の質、社会体制の在り方について、多くの人々の考え方は変わったのかどうか、それが大きな疑問なのである。

役人と役所の方は、忠誠対象を変えただけで、体質的には何の変化も無かった、あるいは無かったように振る舞ったといって良いであろう。先に年報『寄せ場』二四号（本書第3章参照）でも一部述べたけれど、次のような野坂の認識には賛成である。

「……また、役人も、八月二十日あたりから、ほとんど機能しなくなった軍隊に代り、占領軍を遺漏なく迎えるべく、積極的に動きはじめた。天皇の官吏は、一日にして、GHQのしもべと変じ、何の変りもない、建物は爆撃により破壊されたにしろ、機構、気質はそこなわれていない。敗戦の事態にあって、役所だけは、役人気質により、一日の空白もなく機能していた。役人が占領軍のいうままながら、国の機構を保った。さらにいえば、意識しないながら役人気質が、良し悪し別に、戦前の日本を引きついだ(1)」。

1　被治者の精神態度

では、〝統治された人々〟の側はどうであったろうか？　もちろん激変した人も、余り変わらなかった人も両方居たことであろう。しかし、本論が問題としたいのは、忠誠対象の変化というか、体制と権力への被支配の在り方というか、そういった言わば表層の違いでは無い。従属であれ反逆であれ、あるいは我関せず焉であれ、いずれの場合においても、支配権力をどう捉えているか、あるいは支配権力と自己との関係如何ということを問題としているのではない。上にある、あるいは外に聳えている（ように見えるだけの場合もあるが）他者、それと自己がどう向かい合っているか、というこちら側のレベルの心的性質如何、その在り方を今は問題としたいのだ。

（1）深沢七郎の以下のような場合は、既存体制に対し、まったくノンコミットメントというか、我関せず焉、という精神態度である。彼は、人と人との交流を最重要視し、個人的には食うことに最大の価値を見出していた、或はそういう態度を装っていた。

「あの戦争を我が世の春と思っていた末端の軍人とか在郷軍人とかいう実はいつの時代にもいる代物は別とすればあの頃は助け合うというのが当り前なことに思われてそれだけに文字通りに有難く受けられた。

そうするとあれはいい時代、或いは日本の歴史でのいい一時期だったのだろうか。何でも白か黒かと決めずにいられないのが戦後に殊に顕著になった、話にならない陋習である。いつ国が亡びるか解らなくて自分も死ぬかも知れないのがいいことだろうか。ここで言いたいのはただそのような状態にあって人間は素直に生きるものだということである。これは自分に対して嘘をついても始まらないということだったとも考えられる」[2]。

いつ国が滅びるか分からない、自分も死ぬかもしれない状態にあって〈助け合うというのが当たり前なことに思われて〉いた、言い換えればそうした中で〈人間は素直に生きるものだ〉という切実な実感を、深沢は自分の生きる根拠としていたということであった。それは、食うことだけが切実な要求であり、人間の本性に根ざしている、という信念でもあったろう。塩山勤労動員署のような人出し稼業の末端のしがない官僚になっても闇の買出しに出ていたことは、そのことの証しに他ならないであろう。戦争国家体制の下における、これは実に美事な非服従――ノンコミットメントの精神態度に他ならない。

（2）元の職業軍人の場合、例に取り上げるのは海軍関係のみだが、上記とはほぼ対極にある。それらは、すべて、既存体制権力への忠誠心で貫かれており、上にあるもの＝権力・権威、要するに既存体制がどのようなものであっても、どういった方向を向いていたとしても、それに限りなく尽くすという精神態度であると言ってよかろう。

特攻機桜花に乗り「人間爆弾」として「搭乗員もろとも敵艦に突入することになっていた」湯野川守正（中尉、のち大尉）は、振り返って言う――

「……最善を尽くして死ぬのは本望、淡々と順番を待つ。私自身の思いは、一人でも多くの敵をやっつけてやると、それだけでした。まだ若かったですから、生きるの死ぬのということはあまり深刻に考えない。ただ、人に後ろ指をさされまいという気持は常に持っていましたね[3]」と。

「その後の湯野川は、神雷部隊の生き残りを集めて下関で掃海艇部隊の指揮官をやったあと、沈船引き揚げ、水産業などさまざまな仕事につき、曲折を経て航空自衛隊に入った。自衛隊では、航空実験団初代司令などを歴任し、一九七五年に空将補で定年退官した。

『人生の半分は運命に支配される。行ったところでどこでもベストを尽くすしかありません。そういう意味で、海軍生活は性に合っていたし、のびのびとして楽しかった。もちろん、辛いこともずいぶんありましたが、それは戦争だから仕方がない。遭遇した青春のひとコマひとコマはすべて、今日顧みる時の微笑であると思っています[4]』。

〈人に後ろ指をさされまいという気持〉だけを堅固に保ちつつ〈行った先々どこにおいてもベストを尽くす〉――そういった精神態度で、戦後の復興および自衛隊、とくに航空自衛隊の興隆を支えたわけである。日本の戦後史は旧海軍に依って支えられた一面があると、とかつて発言した人が居たのではなかったか。

より端的な形は、次の竹林博（旧姓は高橋）の場合に表わされている。

「竹林博（たけばやしひろし、旧姓・高橋）（七十九歳）は、大正十四年、札幌生まれ。小学校卒業後、家庭の事情から東京に出て、魚河岸の、陸軍士官学校、予科士官学校、経理学校等を主な取引先とする問屋で働きながら夜学の昌平中学に通う。朝四時に魚河岸へ行って、そこからトラックやオートバイ、あるいはリヤカーで魚を納入し、時間ぎりぎりに店に戻って、時には歩きながら路上で読書し、須田町の軍神廣瀬中佐の銅像を仰ぎ見ながらの通学であった。

中学五年の昭和十八年、海軍甲種飛行予科練習生を志願、同年十二月一日、十三期生として三重海軍航空隊に入隊した。時すでにアッツ島の玉砕、山本元帥の戦死などが報じられ、戦局の逼迫は誰の目にも明らかであったが、『合格は嬉しかったですよ。この戦争で、日本のために死ななきゃいかんな、というのは私たちの自然な感情でした』と、回天に乗って特攻攻撃をするはずだった竹林は言う。……『予科練での生活は厳しいものであったが、小さい頃から他人の飯を食ってきたそれまでの苦労を思えば、竹林には十分に耐えられるものであった。冷たいのも痛いのも怖いのも、別にどうということはなかった』」と。

「北海道に帰った竹林は、（中略）その後、三十年間にわたって炭鉱に勤務、無我夢中で働いた。いろんな資格を取得し、職員組合の幹部に就任、労働運動の先鋒に立ったこともあった。『経営側とはずいやり合いましたが、義務を果たして権利を主張する、という方針を貫いていたら、くびにならずに生き残りました。その後、労務部長を務めて、昭和四十九年の閉山の時には、逆に組合側と対立して、所長、経理部長が心労で倒れる中、孤軍奮闘して閉山協定を取り付けるまで頑張りました』。炭鉱の残務整理を終えてからは、職業訓練校などの事務長や町内会長を務め、地域社会に尽くして現在に至る[5]」。

既存の体制権力への忠誠心で貫かれており、上にあるもの＝権力や権威権力がどのようなものであっても、どういった方向性を目指していても、それに限りなく尽くすという精神態度であったと言えよう。既存制度への拝跪、とでも言えようか。

（3）野坂昭如の場合は、それまでは（いちおう）大なり小なり繋縛されていた既存の体制権力から、強制的に、突然切り離された例と言って良いであろう。言い換えるならば、野坂は、日常性として存続していた既存体制＝権力から、まったく突然にその庇護圏の外へと抛り出されたのである。しかも、彼はそのことを一時的偶然として忘れてしまうのでは無くて、その〈抛り出され経験〉に飽くまでも拘りつつ、それならば自分の方でも既存の権力と体制を信じないぞ！　とでも言うべき態度に出たのであった。言うならば、何事も信じないぞ！　と言うか、既存体制・権力は胡乱のものだ、そんなモン俺は信じないぞ！　とでも言ったら良いか、そういった反発あるいは反抗の精神態度である、とでも言おうか。

野坂のこの三月（注・二〇一三年）に刊行されたばかりの『終末の思想』には、その辺に関連して左記のような言及があって、非常に興味深い。

即ち、（軍国主義への同調と、平和と自由のもと目先の豊かさだけを追求という違いはあるものの）、統治（体制）に対する批判の欠如という点では、戦前期と今はまったく同質だ、という主張が際立っているのだ。曰く「かつて大日本帝国は、腐敗した軍、悪しきリーダーのもと、戦争に突っ走り崩壊した。国民も挙国一致でこれを支持した。今の挙国一致は、目先きの豊かさを追い求めること。戦前とどこが違うのか。

右へ進もうが、左へ行こうが、お先真っ暗には違いないのだ。冷え冷えと沈むばかりの日本。日本は世界的規模の食糧難、資源枯渇、地球滅亡とやらとも関わりなく、一足お先に衰弱し、独自に滅びる」。「平和だ自由だと言いながら、漂い流されているだけ。世間は平和と自由のもとに、没個性化が進んでいる。その置かれている状態について、いささかの疑問も持っていない。今の日本を統治するのは、赤子の手をひねるより楽だろう」[6]。

〈無関心〉、〈既存態への拝跪と献身〉、〈不信ならびに（あるいは）怨み〉なる三類型がここに示されていたと捉えることができよう。

（4）次の類型が、最初は〈深沢型〉に近いが実は何となく〈現体制を信じている節〉もあり、だが後になると、ある契機から怨みならびに（あるいは）不信型へと急劇に移行していった例である。言うならば、上記の三類型間を前者から後者方向へ劇的に移行していった典型として、尾津喜之助の場合が挙げられよう。

尾津喜之助は、露天商を商いとするテキ屋であった。(7) それ以前にも、人の行かない裏街道を歩む人生であった。で、敗戦前後頃以降の時期のことであるが――

「……私の営業発展上、中野から新宿へ活動の基礎を移す為に、無理算段をして買って入った指差横町の家が、越して丁度二年目で強制疎開を命じられた。……移転先も近所に限ると思ひ……それは家並を一側隔てた次の通で、岡田大将の筋向に当たる門構の立派な家である。（中略）

家の前には千五六百坪の空地がある。ここは日露戦争に第三艦隊司令長官であった瓜生大将のゐた邸跡であり、東京都が淀橋第二国民学校建設敷地として買収した儘戦争に入ったので、子供の遊び場となってゐるのである。

私は今後の穴居生活を想ひ、壕舎敷地として此處の中央へ眼をつけ、淀橋區役所の土木課の許可を受け、疎開家屋の古材木を拂下げて貰って、淀橋區内で最初の壕舎を築造した。（中略）

まづ昭和二十年四月二十三日山之手最初の空襲で、淀橋の柏木町は三丁目の一部を残した丈で殆んど廃墟となった。この時に……家が直撃弾でやられ［た］。（中略）家は出来たが電氣をどこから引くかが問題であった。……そこで千葉電信派遣隊に叩頭百拜し、焼跡から撤収した線でもって、成子坂の電車通りから遙々引いて貰ったが、私はその長距離の間に立てる電柱を買ふのに骨を折った。……

新宿第一の目抜の場所、即ち新宿角筈一丁目、二丁目の一圓も、命の惜しい人ばかりで、人っ子一人ゐなくなって仕舞った。私も焼け出される前に、随分疎開を親戚に勧められたものだが、私は恩を受けた新宿の土地と、運命を飽くまで共にする覚悟であったから、親戚の好意も拒絶したのである。されば五月末日頃には流石の警防団の御歴々も町会長も、町内有志もみんな何處へか消えて無くなり、一人も姿を見ず、斯く言ふ尾津喜之助一人になって仕舞った。

只私を頼りとして、私の周囲に残った貧困者達が、焼けた立木を切ったり、焼トタンを拾って来て、石塀を利用して片流れの差掛を作ったり、掘立小屋を作ったりした七、八軒が、私の壕舎を中心にして、隣組を作って生活している以外、新宿一圓猫の兒一匹棲んでいなかった。

私は更に現在の壕舎と並べて、八畳に押入床の間附きの木口のがっちりした壕舎を急造してゐる」[8]。

自画自賛で多少（大いに？）臭いのだが、善かれ悪しかれ尾津喜之助の人柄をさらに大きく映しだした場面が左記である。日付はハッキリしないが、四、五月の空襲後間もなくのことでもあろうか。この炊き出しが大成功だったので、やがては尾津マーケットへと発展していったと推察される。尾津が露天商業界へと乗り出す初発過程の一駒であったと言えよう。

「火に追はれ、煙に巻かれ、泥にまみれた異様異体の罹災者に、貧富も美醜もあらばこそ、皆煤ばけた襤褸と肉塊の移動である。そのほとんどが履き物なぞ履いてゐるものはなく、血に染んだ跣で歩いて行くのである。

だが何と謂ふ荘厳さであらう。一人として苦痛を訴へたり、他の救ひを求めたりする者は、見當たらないのである。

罹災者の群は皆敗け戦の運命を甘受し、黙々と重い足を引きずりながら、郊外へ郊外へと流れてゐるのである。

この疲労困憊名状すべからざる避難者の光景を目撃した者は、同じ血を享けた人間として、何人と雖も惻隠の情を犇犇と感じない者があらうか。此の際疲労困憊のこの人達を、餘所目に見過ごすことは、男として許されない。この危急の場合、何を差し置いても救いの手を差し伸ばさねばならぬ。

『ヨシ、先づ俺が火蓋を切らう!!』

と、私はたちどころに意を決し、自宅へ飛んで歸って、部下の重立った者に圖った。そして彼等に指圖させ、第一、第二と倉庫の扉を八文字に押し開き、印半纏に向ふ鉢巻の若い者が、十臺の大八車に慰問商品を山と積み、轍の音も高らかに次ぎ次ぎと運搬が始まった。

土木部の荷車が、井戸端に米俵を積み上げると、七人の米磨きが始まり、大釜の下に火焔があがった。

……部下を遣って、新宿大通りの有富《ママ》さうな商店群を個別に訪れ、罹災者の救済方を勧誘してみたが、糠にかすがい、皆急に不景気な顔をして断ったそうだ。

今も昔も同じ事、土地の恩恵や財産で暖衣飽食をしてきた人間に、他人の痛さを身に思ふ美徳の有らう筈はない。さればこそ、天災地変に、任侠の血液が逆流を覚へるのだなと。

下駄帽子チョッキの外に、鋏、針糸、鼻紙、ボタン、箸なぞを入れた慰問袋を大八車に積で、駅前派出所の隣の廣場へどんどん運ばせた。『慰問品無料進呈　関東尾津組』と筆太に書いた二間の立看板を、電車通りの辻々に立て、揃ひの印半纏の若者はメガホン隊を組織し、『『罹災証明』を御持参の御方には慰問品を差上まァす。どうか皆さん、ご遠慮なくお並び下さァい……』と、熾んに呼び掛けてゐる。一方、自宅では、井戸端から臺所、座敷の中まで大騒ぎ家内總掛りで『おむすび』の焚出しで大童なのである。（中略）

……なんと云っても罹災者は皆旱天に慈雨のやうな喜び方なので、見てゐる私も實に嬉しかった」。

「（前略）さも感に堪えぬやうな面持で、幾度びも握飯を押戴き美味さうに食べてゐた上品な老人は、若者の一人に向ひ、

『私は本所のはずれから新宿まで五里近くの道を歩いて参りましたが、途中個人はおろか官廳の救護班でも、こんな奇特な人助けをしてゐる所は有りませんでした。本當に後にも先にもこちらきり実際功徳になりますよ。本當に助かりました……』

『何ァに、日本人同志お互ひの事を家の組長がやってゐるのです。罹災者は實にお気の毒ですが、やがて吾々も焼出される組ですよ。仕方がない天災と諦めて、貴方も氣落ちなさらずに元気で頑張って下さいよ』

『ハイ、有り難う御座います。御免下さい』

『では、気をつけておいでなさいね』

感謝と慰問のひと時は往く者も止まる者も渾然一和の世界である(9)」。

〈惻隠の情〉、〈男として許されない〉、そういった感情が《任侠の血液》だというのである。コンパッションcompassionという風に言えるのかもしれない。〝前後見境もなく、心が揺すぶられてしまう〟ことと、言い換えられるであろう。そうしたことの結果、〈渾然一和の世界〉が生ずるのだともいう。

深沢七郎の〝〈助け合うということ〉があの頃は普通だった〟というのと、通底する所がそこにはあるかもしれない。被治者間における感情の上での交流――そして（淡く、しばしば短期間・一時的の）心的結びつき、という意味においてである。「渾然一和」「見てゐる私も實に嬉しかった」というのが本心であるならば、そういうふうに表現しても良いのではなかろうか。

尾津のそうした「惻隠の情」あるいは「渾然一和の世界」は、しかし直ちに商売に結びつく。そこがまた《妙》ではあるのだが……

「署の依頼［詳細不明］に私は使を八方に飛ばして、元から新宿に出店してゐた露天商人の誰彼を召集し、速時《ママ》復興奉仕隊を組織して混乱の焼跡整理に着手した。……一同が良く氣を揃へて熱心にやってくれたから、作業もどんどん進行し、最初はどこから手をつけたら良いか解らなかった、鉄筋コンクリートの崩壊した厄介千萬な鉄の混乱も、路上に横たわる電信電話電燈の各線麻の如き混亂も、案外早く片附いて、早や六日目にはみんなが出店出来るやうになった。

さア、翌日から出店と聞いて、露天商人一同は愁眉を開いた。……然し、昼間と雖も何回か空襲警報があるので、一日の中に何回店を仕舞って逃出したか解らないので、落ち着いて商売など到底出来やう筈は無かったのである。

……地下室に於て、一月の中三八と一六の日を市日として、同業者のみの商品交換市場を復活した。

何せ野中の一軒家、而も鐵筋の地下室だから、空襲でもこんな安全な場所はないと云ふので、市日には押すな押すなの満員。静江の内職と思った小売［自家菜園の茄子、トマト、白菜、南瓜など］が、また予想外の好成績であった。……

當時小石川、本郷、牛込、中野、四谷、世田谷の山之手の何處を尋ね歩いても露店以外、店舗で商品を揃へ営業をしている所なぞは一軒もなかったから、遂には、柏木の一軒家の評判を乙から甲に傳へて、わざわざ砂町だの大森あたりから買物に来るという塩梅であった……

そして利益はどんどん品物で殖していった。そこへ第二壕舎が渡邊傳三氏の手でいとも美事に落成したので、ここでも商品交換市場を始めた處、新宿駅が近いので大手筋の荷主が殖え、京濱間の商品が市場に出廻るやうになった。市［私カ］の分金収《ママ》入は壱萬圓以上が四分、以下は五分である。私はまた露店の使用人五名を督勵しながら、罹災前の取引関係の復活を心掛け、一方市場では、或は賣り或は買って、利鞘を稼ぎながら、先を見越して大手買ひに廻ったので、一日《ママ》と余裕が出来てきたのである」[10]。

この後、一九四五年八月一八日、ヒロヒトによる例のラジオ放送のたった三日後、尾津はいち早く、焼け野原の新宿に葦簀を張り、各店の売場臺から棚まで吊って、屋根には一字一字間隔をとって百燭の裸電球を百十七燈取りつけ、〈光りは新宿から〉とぶち上げたのだった[11]。同時に、十月下旬頃までの間都下五大新聞に次のような広告を打ったのである。

「『転換工場並びに企業家に急告』

平和生産への転換指導は勿論、其の出来上り製品は当方自發の『適正価格』で大量引受けに應ず、
希望者は見本及び工場原価見積書持参至急来談あれ
新宿マーケット　関東尾津組
淀橋區角筈一の八五四（瓜生邸跡）」[12]

八月二〇日、新宿＝尾津マーケットは一二駒（店数大小三二駒のうち）でもって、開店発足した。しかし、その後一〇日ほどいったん休業させられたけれど、九月二日に「また大手を振って商売が出来る事になった」という[13]。

その辺の事情について猪野健治はもう少し客観的に記している。曰く――

「……このたくましく簇生した露店商は、初期の段階では、ばらばらで出店地域間の連絡はなく、統制もとれていなかった。そこでこれを一本にまとめるため、警視庁の指導下に二十年十月十六日結成されたのが東京露店商同業組合だった。組合は初代理事長尾津喜之助（関東尾津組組長＝飯島一家小倉二代目）で、本部は港区田村町の交差点角に置かれ、露店商の最高協議機関となった。本部のもとに警察署管内ごとに支部を設置し、この支部に各組、一家が所属するかたちであった。たとえば愛宕署管内には愛宕支部があり、その支部長は、関東松田組組長、松坂屋五代目〝カッパの松〟こと松田義一といったぐあいである。各支部には、それぞれ複数の組、一家が所属し、その互選によって支部長が選出され、支部役員は、支部長の事実上の指名で決められた。つまり支部長や本部役員には、テキヤの有力親分が就任したわけである。その人選については警察は干渉せず、組合の運営

も親分衆の自主性にゆだねた。露店商は、否応なく各組、一家の傘下に入ることになり、その統制、警備にはいわゆる〝若い衆〟が当たっていた。露店商の資格は、当初は何らの制限も加えられておらず、出店地域の所轄警察に届け出るだけでよかったが、昭和二十一年二月六日、警視庁令第二号「臨時露店取締規則」により、それまで認可されていた者以外は、戦傷者、戦死者遺家族、障害者、戦災にあった小売商の何れかに該当する者に限られることになった」[14]。

こうしてみると、尾津喜之助は金儲けが上手い、つまりは機を測り、損得を抜け目なく勘定する一方、人との感情的繋がりを異常なまでに重視し激しく感動する、つまりは情に強く流されるタイプだった。他方、組合の長に納まった後では、自分自身が事務能力を強烈に発揮したか、あるいは事務能力の非常に高い人間を部下に持っていたことが推定される。東京都江戸東京博物館に残されている大量の露天商組合関係書類を一覧すれば、そのことは一目瞭然だろう[15]。

尾津は、一九四五年九月頃には、新宿大通りに面する中村屋二階が焼け出されたのを機に、そこに住み込んだらしい。自伝の「事務を執るのに壕舎では如何にも不便なので、六畳に三畳の假事務所の建前をした」という記述がそれに符合する[16]。またその角筈八五三に「組合支部結成準備事務所」を置いて一〇月淀橋支部創建にこぎ着けたと見られる。同月、「東京露天商同業組合」も結成された。

翌四六年二月二日付の保物資第一七九号、［警視庁］保安部長發各警察署長宛「臨時露店営業取締規則執行に関する件依命通達」を見ると、この間の警察当局の意向及び危惧といったものが明瞭に読み取れる。すなわち、出店地の整理［管理のことか］、販売価格の掲出による責任の明確化、禁制品の監視制限などを、先に結成許可した露天商同業組合を通じて実施してきたが、露店営業者はその後増加して三萬五千五百余名となった。しかし「一部無自覚なる業者の横行に依り一般に価格極めて高く、却て都民の生活を脅かすの一面を生じ、闇市場の呼称さへ蒙り喧々たる指弾を招くに至れり」というのだ。

そこで、改めて警視廳令第二号臨時露店営業取締規制を定めて、「露商自治統制の強化、販売価格の正常を計らんとす」というのである。露天商同業組合のいわゆる自主規制＝統制（営業許可の木札掲示、販売品目の届け出など）を通じ、膨れあがった露天商などを統制しようとしたのであった。

これから遡って見ると、前年一〇月に結成された東京露天商同業組合が、紛れもなく、尾津喜之助達テキ屋ないし露天商らが自らを縛るようにと警察側の誘導した組織であったことが、明らかであろう。そのためにも（1）許可条件を厳しくし優先順をつけて、①軍人遺族優先、②すでに営業中の者、③被災した小売業者、④身体不自由者、⑤その他署長が「事情止むを得ずと認めたる者」の順で許認可、（2）組合の支部長の決定は警察署長と協議の上行う、などと改めて規定したことが分かる。

その前後、とくに以降の時期において東京露店商同業組合の自主規制＝統制の動きは、ひどく慌ただしいものがあった。日付を追ってその辺の事情を少し詳しくみてみよう――。

一九四五年一二月四日　東露組合理事長　尾津喜之助　「今般関係当局の指示に依り緊急支部長会議を開催重要協議打合せ度」云々。一二月一二日下谷公会堂において（92000909）
同一四日　支部長会議決定事項通知に関する件……
組合加入申込受付　昭和二十年十二月二十五日以降一ヶ月……支部結成費十円　支部後援会費二円　ゴミ代〇・五円（92000948）

一九四六年一月二四日　東露組合二四号　尾津理事長「理事会決議事項通知」(92001001)
一月二五日「東露組合第十四号　昭和二十一年一月二十五日　東京都露店同業組合　理事長
尾津喜之助　主食物販売禁止に関する件
曩ニ通知済ノ通リ米麦及其ノ加工品等ノ販売ハ厳ニ禁止サレ居ルニ拘ラズ未ダニ□種営ム者アル
ハ食糧事情愈々緊迫ノ度ヲ加ヘツツアル今日如斯行為ヲ持続スルニ於テハ都民食生活ノ不安ヲ一層
増大シ剰ヘ主要食糧配給確保ノ見地ヨリモ憂慮スベキアルヲ以テ組合員ニ於テハ即刻本通知ニ則リ
自発的且積極的ナル御協力ヲ煩度尚細目ニ係ワル品目ハ追ッテ所轄警察署ヨリ通知アル筈ニ付中シ
添フ」(92000945)

前掲『江戸東京博物館調査報告書』二二九〜四二頁に、撮影された「吉沢巌氏寄贈資料」が掲載されている。その二四二頁に「東露組合第一七二号」が載っており、同文書後半に「……前述新規則に付て只今当局と種々接衝中でありますから……」という明文がある。この露天商組合の、警察など当局との密接な関係を窺うことができるであろう。

上からの外圧を意識し、自分ら同士の結束と規制強化によって事態を乗り切ろうとした尾津喜之助達の意向と志向、そのための実務家的処理のありようの一端を知ることができる（これ以降の措置や試みについては註（15）にやや詳しく記したので、それを参照されたい）。

この後、尾津は、内部のコミュニケーション活性化のため、及び自己権力基盤強化のための手も打とうとしている。

即ち、四月一六日尾津理事長名で「東露組合」五七号「第六回理事会（四月一二日）経過通知」を発し、「飲食店に対する統制がますます強化されて来ました。之に対する措置を講ずるには都内全般の数及その業態を知らなくてはなりませんから各支部毎に至急お知らせ下さい」と檄を飛ばし、併せて「組合の機関紙『露商新報』を五月中旬若は下旬迄には創刊号を月刊として発行の予定」で一部三十銭、理事各位は掲載記事を書いて「四月中に本部に到著する様原稿を御送りください其の際封筒の表紙に『原稿在中』と朱記願います」と令を発している。(92000961)

七月一四日「東露組合一一四号」に尾津理事長名で「『露商新報』第一号を目下本部に於て無料でお渡し致して居ります」「組合費完納の有無に拘らず御渡し」する、と掲載した（92001009）。

計画は着々実施されていたのであった。残念ながら、『露商新報』の現物は見ることが出来ていないので（現存しないのかもしれない）、これ以上の詳細は不明である。

こういった細かい指示は、実務に長けた人でなければ仲々出来ない仕事である。強力な実務能力の持ち主が尾津自身でないとすれば、側近にそういった者が居なければ辻褄が合わないであろう。

しかも、（警察権力の）統制強化に対抗しようとして、配下組合と組合員から、商売の状況、具体的に数とか業態を知ろうとしていたのであるから、単なる実務家的枠組以上の人物であって、内部を固めることによって外部に当たろうとした一種の権力者、あるいは権力志向者であったことが推定されよう。

しかも、その権力を内部に向かっても相当振るった側面も否定出来ない。例えば、次のような史料がある――「内店に於て禁制品及価格違反の品を販売して居るものの住所氏名並屋号を先の表に記入の上お知らせ下さい之れは露店新報並対外交渉の資料に致します」と明記されていたのだった（前掲組合報五七号より。原文はカタカナ)。まさに内部権力者以外のものでは無いと言えよう。四六年七月四日付「東露組合第一〇八号」では「調査、取締を強化致しますから今後必らず店頭に木札及價格表を出して営業を為して下さい。出てゐないものは組合員と認めず摘発されることがあります」と露骨な恫喝を掛けてもいた(17)。

そうした延長線上に、いわゆる新橋事件は起こったのであった。

これを尾津喜之助の側から見れば次のようになる。

「そのころといっても、終戦直後のこと、新橋界隈の露店をあずかっていた松田君(通称カッパの松)は、かねがね警視庁から特別の依頼をうけ、華僑の進出を出来るだけ圧えるようにと申し渡されていた。それは、終戦の声をきくと、にわかに第三国人の鼻息があらくなり、治安行政の上からも、敗戦国の役人のにらみが利かないのである。わけて、新橋は商売には一等地である。日本人の露店商が百枚(一枚とは六尺、三尺の区廓)華僑の方が三十枚と地割をきめておいても、いつの間にか華僑が食いこんでくる。すると、警視庁から叱言がでる。しぜん、松田組と華僑の小ぜり合いが絶えなかった。とにかく当時の第三国人は、統制品にしてもお目こぼしにあずかっていたし、のちの新円の切替にしても、痛痒も感じないといった有利にある。その上、特別な組織で、スキを狙っては強引に割りこもうとする。なにしろ彼等に戦勝国という優越感と、いままで抑えられていた反動で、暴力沙汰も辞せぬ形勢であった(18)」。

猪野健治によると、もう少し客観的描写でちょっと違った話になっている――一九四五年一一月結成された関東松田組は、間もなく麾下の露店や屋台を率いて「新世マーケットの建設を開始した」。台湾人などはこれへの入居を申し入れたが、断られた。そこで四六年六月実力行使に出て五〇人で松田組の現場事務所を襲い、一人を殺し九人に重軽傷を負わせた。

その直後からことを煽るかのような「奇怪なデマ」が飛び交ったという。「このため松田組側は、檄をとばし兄弟関係にあるてきや、博徒に支援を要請、東京露商組合（尾津喜之助理事長）も傘下の親分に緊急動員をかける。松田組側は短銃、日本刀などのほかに航空機用機関銃一丁と歩兵用軽機関銃一丁（使用不能）を用意する。

この過程で数回の衝突があり、新橋周辺の商店主は松田組支援を決議、米や酒、肉などの〝兵糧〟の原価提供を松田組に申し入れ、即日〝供出〟を開始した。地方から運び込まれる〝支援物資〟……これらの物資はおびただしい量にのぼり、当時のカネで二〇〇万円相当と言われた。……当時、松田組の〝影の参謀〟だった塙長一郎（当時『毎日新聞』社会部記者）の語るところによると、都内の某地下室で松田組員に短銃射撃を教えていた〝やくざ・デカ〟がいたという(19)」。

松田側の武装防御を食らい台湾側は渋谷の華僑総会本部へいったん引き上げる。ＭＰも装甲車と武装兵を新橋、渋谷に出動させた。渋谷では警察との撃ち合いとなり、死傷者が出た。台湾側は被逮捕者の実力奪還をはかって渋谷署を包囲した（成功したか否か不明）。

……結局、こういったことから台湾側は新橋、渋谷地域から締め出され、また同胞からも批判されその間に亀裂が入ったという。しかし、尾津に言わせればこの「新橋事件」によって「私という人間がやみくもに暴力を振るう任侠のボスという印象を、GHQに植えつけた」のだと認識されている。[20]

しかし実際には、台湾人や中国人、朝鮮人等々が強制的に排除されたので元の新宿居住者が舞い戻り、居住権を主張することになっただけであろう。尾津のような戦災地に実力占拠した者が、〈土地不法占拠〉として断罪されるのは客観的には必然とも言えるだろう。一九四七年六月二四日、尾津は新宿歌舞伎町の旅館「歌舞伎」で武装警官や検事などに包囲され逮捕された。八年の刑だったが三年で出獄したという（減刑があったのか?）から一九五〇年のことである。新宿に戻った尾津は、「予期しなかった数々の事実を眼前に見せつけられて怒り心頭に発した」と言っている。[21]

狡兎死して走狗烹らる。怒り心頭に発した「走狗」は、烹られる前にどういった感慨、あるいは考えを抱いたであろうか？……

尾津喜之助は、それまでテキ屋＝露天商として、どちらかと言えば既存体制とは関わりを持たず、しかしそれをある意味では受け入れつつ、商いをし、身過ぎ世過ぎをはかり、旨く行った場合は利益も貪ってきた。深沢七郎型とまでは行かないまでも、原爆投下、天皇のラジオ放送、九・二降伏文書調印等々の現代日本史上決定的に重要な出来事の次々起こるその直ぐ側で、それらとはまったく関わりなく、新宿で壕舎を作り露店を開き商売に励み金儲けに没頭していたのであった。言うならば尾津は、戦争推進の当代現存体制に対し非協力的であった、と言えるのではなかろうか。

その後、GHQと日本警察に協力して、朝鮮人や中国人（本土や台湾出身の）が日本国内で勢力伸張する動きを押さえる努力をした。体制に協力しそれに《忠誠》を尽くす第二類型に転じた、あるいは移行した、と言うべきであろう。

その彼が逮捕され受刑し釈放されて新宿に戻った時に、改めてどういった認識を持ったであろうか？

尾津は「怒り心頭に発し」、すべては嘘だ！　ペテンで固まっている‼　と思ったに違いない。
例えば、アメリカンデモクラシーだ。戦後日本人の圧倒的多数がそれを信じているとした上で尾津は、それを全面的に否定する。アメリカの軍事裁判は根拠のない、とんでもない証拠で重い刑を科した「残虐なるもの」だ、しかもその後何年も経ったのにそれを訂正していないのだから、無茶だ。また、いわゆる言論の自由には、「納得のいかないものを感ずる」。「活字の上の暴力」には「私は断固反対する」等々と。[22]
翻って、「帝国主義者として、侵略国として、世界の鐵鎖を受けた吾々日本國民は、克く克くその非を反省し、過去の日本の社会組織や習慣の中に潜在する封建的なものは勿論、民主々義に合致せぬ不純な點は、即時是を改めなければならぬ」。その責任は当時社会体制を荷っていたすべての日本人にある――敗戦「當時四拾歳以上の年配者は皆、大なり小なり社會の指導層にあった人達であった。従って戦争遂行に當り、有形無形の責任が大なり小なりあると見ねばなるまい」と断定したのであった。[23]
非体制型から体制忠誠型へ、そして怒り、不信……を燃え立たせて、これまで体制を担っていたすべての人々、およびそうした人々によって作られた組織体制は「封建的」であり「不純」であるので一切信じられない。従って今後は、すべての「封建的」なものを捨てて真の「民主主義新日本」を建設しなければならない、と主張する。ただし、天皇のもとに於いて、というのであるけれど。
最後に野坂昭如のような全的不信型へと展開していくのでは無くて、一種の新らたな体制づくりに向かおう！　というのであった。新体制設立に向けて、という方向への転進である。一種の（あくまでも一種に過ぎないが）反体制思考への転身、と見なしても良いであろう。最後のところは、先に提示した野坂的な全体不信型とはまた異なった方向であるが、二人の類型をやや分けたものは両者における絶望と不信の強さが原因していたかもしれない。

2　敗戦後の石炭不足と労務動員

それでは、敗戦後の石炭不足とそれに向かっての一種の労務動員は、どう捉えたら良いであろうか？上記の諸類型のどれかに属していたのであろうか？　それともまったく新しい類型だったのであろうか？

まずは、当時の状況を一瞥しておこう――

北海道や九州を拠点として実力闘争にたちあがった大量の朝鮮人や中国人の坑夫を、大至急かつ一気に本国送還とすることによって、事態の平穏化を図ろうとしたＧＨＱとその手先たる日本政府官僚達(24)は、しかし、その思わざる結果として、極端な石炭不足、そもそも石炭を掘る労働者が居ない、という事態に直面した。

そこで第一に、そういった事態に直面した官僚の状況認識であるが――

「……これを當時所管した厚生省勤労局業務課は文字通りてんやわんや……局長は後に次官になられた亀山孝一氏……課長は斎藤邦吉氏、直接担当者が中村文彦理事官と筆者［阿佐美弘道］が補佐に当たった……（中略）

……全国の炭砿労務者は当時石炭庁としては石炭生産量確保のため、坑内夫坑外夫合せて概ね三十数万を必要とされ、これが不足数は確か十万～十五万程度であったと思う。昭和二十年十月二十六日「石炭生産緊急対策要綱」の閣議決定において十三万の労務者の緊急確保が決められ、職業安定機関は……当時は職業安定機関という呼称はなかつたが……この栄誉ある使命と責任を負うこととなり、充足目標として掲げ、その日標に向つて全力を傾注し、募集充足活動を展開することに至ったものである。

先ず作業としては、石炭庁及び業界の代表的存在である石炭統制会より資料を求め、北海道、常磐、山口、北九州、筑豊、長崎各地区の主要炭鉱の各事業所別に所要供給数を定め、従来の縁故供出関係地等を勘案し、炭砿の有経験者を中心として、供給時期を第一次と第二次と二回に分け供給することとした。

給源地としては、これを全国に及ぼすことにし、全国各都道府県に対し、供給先、供給数及び時期を指定した責任割当方式によって強い示達がなされ、その完遂を要請したものである。なおこの問題のみで各都道府県の勤労課長を数回に亘って中央に召集し、完全充足の奮起を促したものである。

各地方の意見は、終戦直後の虚脱状態のこともあり、闇物資の交換や新興企業に従事すること等により他に有利な収入が得られること、また戦時中における動員業務の反響等が患ひしてること等の理由を挙げ、中央の強力な対策が打たれなければ殆んど困難な旨の結論で、静岡県の勤労課長石田久太郎氏など強弁されたのを覚えているが、前途容易ならざるものを感じさせられた。とにかくやれるだけの事をやってみるということで、極めて悲壮なものであった。(中略)

終戦によって勤労動員署は勤労署と衣替えして、戦時動員体制より職業紹介体制に百八十度転回し、本然の姿で再発足することとなった。当時の勤労署の窓口は連合国軍の進駐により大量の要員の提供を求められたところを除き、大部分は軍需工場の解体に伴って厖大な離職者が巷に出て行ったにも拘らず、現われる人もなく全く閑古鳥の泣くといった状態で、平常時に処する態勢もできていなかつたし、今後の方向、目標、在り方について見当が付かなかった時に、突然この石炭労務充足の緊急指令に接し、平時体勢《ママ》における最初の試練に当面することとなったわけである」。

具体的に打った手は、

一、賃金の引上げ――一般賃金よりも八割増で、結局坑内夫一五円、坑外夫一〇円
二、食糧の増配――米五合増配、家族にも三合増配
三、衣料地下足袋等の特別配給
四、輸送の確保――特別配車、炭砿労務優先乗車制。旅費等の前払い
五、石炭労務充足対策本部の樹立
六、募集広報活動の展開――ラジオのスポット・アナウンス、新聞広告、ポスターやリーフレットの掲示

ここで言われている、責任割当方式とは、下記のような上からの命令方式であった。

厚生省勤労局業務課↓各都道府県勤労課長↓各勤労署別に責任額が割りふられる、すなわち、坑夫の供給先、供給数、供給地が上部権力から強制的に割り当てられる仕組みであった(25)。

その具体的なやり方の一例につき福島県知事の増田が、以下のように述べていた――

「……労務者も十二月末まで福島は二千五百名を入れる計畫が各市町村に割當て勤労署等で大いに頑張ったので去る十五日に完了し現在三千六百名に達した」。しかし、二月に三・六万人居た労働者が現在二万人なので、勤務者の質や定着にも「配慮するとともに受入体制の整備について業者と協力している」と。各市町村や勤労署は、それぞれ強制的に割り当てられた労働者数を掻き集めるために腐心し、挙句

の果てに「業者」に相談したのであった。この業者というのは、かの悪名高い〈労務供給業者〉である可能性が高い(26)。

札幌、小樽では進駐軍が人夫を募るようにと道庁に命じたが「動員署でいかに努力しても一日六百人の人夫が集まらない。そこで両市では隣組に割当て一般市民を勤労奉仕させている」という。〈隣組の再登場〉であった(27)。

そうした結果「明るい曙光」が見えたと新聞は報じている、「炭坑労務者の確保に厚生省では年内に六万人の緊急募集を目指して各県に割當てたが……二十日現在……四万二千二百四十八名に達し……目標の六万人は年内に確保し得る見透しがつ」いた(28)。

ではその実際の詳しい状況を、東京の下町の場合について見てみよう。年報『寄せ場』二四号（本書、第3章）で引用した下谷勤労署における「炭鉱労務者斡旋状況調」を参照されたい。その意味するところをここでもう一度詳しく読み解くこととしよう。

北海道住友奔別には、四月、応募者二六三名で採用者数一四〇名。

同北炭夕張には、四月一八三名、五月六二〇名、六月八〇名、七月一〇名、八月一三三名、九月一六〇名、一〇月一〇一名、一一月一〇九名、一二月六〇名、翌一九四七年一月三五名、二月三〇名、三月二七名で、合計一五二八名。

同北炭空知には、六月五三名、七月二二二名、一一月五三名で、合計三二八名。

同北炭幌内には、六月三〇名、九月二四名、一〇月一一〇名、一一月三四名、翌年三月四三名で、合計二四一名。

同三井美唄には、四月二五名。三井芦別には、九月一〇名、翌年三月一八名で、合計二八名。三井新幌内には一一月一二名。三井美留渡には一一月に二二名。

同三菱茂尻には、一一月九名、翌年二月一一名、三月五六名で、合計九三名。

これらを併せると、北海道へは一年間で二四一七名送り出しており、送り先は北海道炭鉱汽船株式会社の炭鉱が二〇九七名となり、最も多い。

九州はどうだったろうか。住友忠隅に、四月七一名、五月五九名、八月五一名で、合計一八一名。同貝島大之浦に、五月一名。日鉱北松に、五月五八名。

従って九州は、合計二四〇名で、住友が主となっている。

他には秋田の大日本炭鉱へ四月に一五名を送っているだけである。

こうしてみてくると、上野下谷に割り当てられたのは主として北炭の夕張と空知向けであったと言えよう。北炭は当時石炭の主要供給源地であったから、下谷勤労署は大きな期待を掛けられていたと見られよう。

当時下谷勤労署は、上野駅（省線と地下鉄）南口を出て広小路を目指して進み京成上野駅入口を過ぎて間もなく、上野広小路に出る大通りを少し行った先、通りの反対側にあった（下谷区上野三橋町十三番地）。管内の会社工場で働く労働者は一九四七年六月現在で商業（物品販売及びその他）が一九六名、電気機械・器具製造業が七二一名、製薬業工業・薬品製造業が四九八名、土木建築業が四八六名、他に織物製造業一三〇名、金属工業一三二名、水産業が三七三名などである。合計して、男の従業員一九七七名、同女性六七五名という規模であった。管内には、東武浅草駅もあった。

給源別の求職者と就職者を見ると、一九四六年四月から四七年三月までの男性求職者数の合計が三四三七〇名、同女性五六九三名で、その内訳は離職者が男六三二九名、女六一三名で、其の他は男二四〇九五名、女が五六七名だった。給源は、復員軍人軍属、傷病軍人、離職者、引揚者、戦災者、其の他に分類されており、其の他と離職者に続く第三位は復員であった。しかし復員は離職者のほぼ半数の三〇三〇名だった（男）。戦災者は離職者のほぼ十分の一の六一六名に過ぎない。

このうち就職出来たのは、離職者が一七一四名で離職者総数の約二七％、復員は八六三名で総数の約二八％、其の他は五八五〇名で約二一％であった。大まかに言って、四分の三程度は就職出来ずアブレていたという勘定になる[29]。

そういうアブレの中から、北海道や九州の炭坑行きが敗戦前後における日本社会の変容と持続選択された可能性が大である。ここで問題となるのは、「其の他」はどういった人達によって構成されていたのか、ということである。この公式史料に依ってだけでも二六五一〇名がアブレていたということになる。下谷勤労署管内の工場や店で働く各種労働者の数とほぼ同じ数のアブレである。

そういった多数の仕事の無い、従って収入の無い人達は何処に住まい、どういうふうにして食を確保していたのだろうか。もちろん衣服その他の蓄えのある人は、それを売って食う筍生活だったろうが、それもない人や無くしてしまった人が多かったはずだ。そういった人々は上野（省線や京成の）地下道、あるいは東武浅草駅にも寝泊まりしていたであろう。また、上野公園での青カンもあったであろう。——それらの人々はまとめて浮浪者とかルンペンと呼称されていた。学問的に言い換えて、壕舎生活者という言い方もある。こうした人達の中から、北海道など遠隔地の炭坑へと持って行かれたひとは少なくなかった筈である。

一九四五年一二月六日付『朝日』に、左のような記事がある。

「炭礦へ―浮浪者も征く必ず頑張らうぜ……固い握手がつぎ〳〵に交わされた、思はず万歳が起こる、乗客も駅員も聲のある限りに絶叫した、車窓の笑顔が大きくうなづいて列車は走り出した『魂まで喪えるルンペン』――と、ともすれば冷たい酷評を受けてゐた浮浪者六十一名が、石炭増産のために五日上野、東京の両駅から北海道と九州の炭礦へ希望に燃えて出発した。

北海道班は中谷昌吉さん（四七）を隊長として十名、九州班は谷口利男君（三三）を隊長に五十一名。新らしい外套に巻ゲートル、戦闘帽、全員復員軍人そっくりの身支度、五日分のお米に煙草、乾パン、薬品等々急場を救ってくれる炭夫さんとして都廳からの贈り物も至れり盡せり、帝都の燃料難を解決して下さい、汽車を動かして下さい、体を大切に……民生、経済両局長の激勵を都廳で受けると全員は先月二十五日までいろいろお世話になった思ひ出深い上野駅に向ひ　駅長はじめ駅員に心からお禮を述べたが、構内に地下道に癈人同様の生活を續けてきた人達の再起の姿はなによりも強くひとびとの心を打った

「断じて永住の覚悟です」長男良弘君（一七）と九州へ向ふ山下薫さん（四二）は決然と語ってゐた、魂を喪へる人々として再起さへ懸念されていた浮浪者がどうして起ちあがったか――」

ここで同紙は、「平和日本建設教団」なる宗教団体を持ち出すのだった。曰く、同教団は「先月二十五日深更救済の手をさしのべた、徒食の秋ではない、まづ働くことを条件に収容を約した、教団経営の世田谷区下馬町一丁目の収容所にはさきに戦災者六百五十世帯が入ってゐて町会の創立、協同組合の結成、さらに国民学校、託児所等あらゆる機構が完備してゐたため突然収容された浮浪者長い間求めてゐた社

會生活をここで一氣に取りもどすことが出来た、ここから眠ってゐた魂がめざめ社會人としての生活への意欲をつかみ得たのだ」としている（前掲日付）。

「まづ働くことを条件に収容した」というし、石炭不足の折柄、官民大童で人夫出しやら隣組等々によって動員つまりは人出し（人狩り？）が為されていたのだから、この慈善団体は人々を炭坑で働くようにと強要したのに違いない。

しかも、こうしたやり口は、民間の宗教系慈善団体にのみ止まらなかった。

東京都の公式見解だと表明している『都の社会救済に関する調査報告書』に、都下の「浮浪者」について次のような見解が示されていた。

「昭和二十二年十月一日午前零時を期し、全国一齊に国勢調査が行われたが、浮浪者については所轄警察署の協力の下に、駅、社寺境内、地下鉄等の集合場所について虱つぶしに調査を行った結果、都内において浮浪者は次表の如く把握された。

すなわち、一、一八七人中九四〇人は台東区である。その台東区の中心地はいわゆる上野地下道である。……

当局は……しばしば大仕掛けの狩込みを行ひ、一齊に強制収容を行うのであるが、廣大な浮浪者予備軍が直ちにい集し、収容先から逃亡した者と合して再び浮浪者のプール犯罪のプールとなってしまうのである。（中略）

……無職、乞食等本来の浮浪者的性格を持つものは、僅かに二一％に過ぎない。これに反し現職の日雇人夫の如きは、全体の四五・五％を占めておる。その事は浮浪者と雖も、このインフレ下何らかの生業を持つ事なくして生きられない事と、先天的浮浪者でなく、家なき下層労務者が多く、いはば上野地下道を無料宿泊所として日傭労働に従事せるものが多いことを物語っている[30]」と。

さらに大谷進『生きてゐる――敗戦日本の縮図　上野地下道の生態――戦後日本生態史（第一集）』という本にも、次のような一節がある。進駐軍人夫が、数は少ないとしても、現存していたことを示すもう一つの史料に他ならない。

「進駐軍人夫

これら地下道居住者の中に約三十名ゐるが、何しろ青カン（野宿）生活者のことだから身體が續かないと見えて、行ったり行かなかったりする者が多いやうである。これらの人々は警官に不審尋問を受けると一様に進駐軍人夫をやってます、といふのであるが、多くは置引、ポッポ屋（切符場所賣り屋）をやってる者と見られてゐる[31]」。

もう一つの関連史料である――名古屋駅裏のことを扱っている、平岩甫『駅裏の一ケ年』は、同駅裏住人たちの職業について調査し、下記のように報告している。西裏のことだというので、現在笹島などもあるドヤ街と知られる地域である[32]。

男の場合――

刑務所出所一二　商人一二　印刷工八　菓子工七　料理人七　軍人六　洗濯屋六　船員五

農業五　織布工五　その他四八　　計四八八名

女の場合――

無職二四二　賣淫（パンパン）四〇　女中三八　女工三六　娼藝妓二〇　女給・ダンサー一六

事務員・店員一四　看護婦・教員六　その他一〇　　計四二二名

国を挙げて石炭不足に対処しようとしている折柄、こういった地下道住人や「浮浪者」、今で言うホームレスたちもまた動員されて、北海道など遠隔地の炭坑へと運ばれ、厳しい労働を強いられたことは確かであろう。ホームレス自身も、食にありつけるなどいくつか優待措置もあるから、と思い、そこに参加していった者もあるだろう。また、前掲の『朝日』一二月六日付にあったように、狩込みで捕まり、いわゆる「社会事業団体」や慈善団体に運び込まれた上選別されて、病院や各種隔離施設へ、あるいは労働現場へと強制的に送りこまれた例も少なくなかったであろう。

最後のところで問題としたいのは、そうした場合の各ホームレス当事者がその当時どういう風に事態を捉えていたのだろうか、ということである。邱炳南・薄信一の調査研究に依れば、配給所、区役所、警察に対する怨嗟と非難の声が相当に高い。つまりは、食糧不足が一番の問題で、その他は「不満なし」だという。敗戦の原因は分からないとする者が多いが、多分、政府の責任や軍閥の横暴のせいだろうという。ひたすら生活の安定、食糧増配を願っていると理解されるとされていた(33)。

我々の関心事に引きつけて言えば、当時の壕舎生活者などの世界観は、本論冒頭で述べた、深沢七郎型にやや似ていたのではなかろうか。ただし、深沢の場合は〈現存体制には無関心で食べること・人々間の交流にのみ興味がある〉と言っていたのだが、この時の壕舎生活などにはその肝心の食が保証されていなかった。従って、食に対して圧倒的に関心が集中しており、遠隔地の石炭掘りにさえ応じた人々は食を軸とした生活の保証だけを求めていたと推定される。

そこには、食に対する非常に強い関心が存する（ごく当たり前だが）一方、既存体制に対する無関心の深さと強さが、異様なまでに強く看取されるのである。一種の深沢型、あるいは疑似深沢型とでも言えば良かろうか？

所で、この時の石炭不足状況においては、もう一つ別の対策がとられていた。大手の既存会社・工場の従業員＝労働者を、北海道の炭坑へと振り向けたのがそれである。すなわち――

一九四五年一一月二八日米第八軍司令部軍政部経済担当の大佐バラードは日本鋼管、日本鉄鋼、三菱重工業、東京ガスなど重要産業代表を集め、石炭危機だから会社従業員を炭坑へ送って正規の労務者が揃うまでの場を繋ぐように、と事実上命じた(34)。それに応じて、川崎市日本鋼管工場従業員二四〇名が翌々日三〇日に北海道砂川・赤間両炭礦へ出発する、と報じられた。続いて同日付『朝日』によると「同工場は既に銑鐵製造の溶礦爐も鋼鐵製造のコークス炉も停止、石炭は進駐軍から千五百トンその他から掻き集めた千六百トンも十二月十日には消耗し尽くすので炭礦進出となったもの」という(35)。続いて一二月五日報道では、全国貯炭高は一一月末現在二七三万五千トンになっているので「百三十七万トンをいちおうの積み出し対象として、鉄道、鉄鋼、ガスなど関係官民が組織する石炭応援隊が主としてこの貯炭の積み出しに當たってゐる」と。続いて一二月六日『朝日』は、東鉄石炭増産隊のうち五四〇名が常磐炭坑に向けて出発した。本局、新橋、上野、千葉、八王子の各管理部ならびに大宮、大井両工場管下の各業務課機関〔下請けという意味と解される〕から選ばれた一六～四八歳で、期間は二ヶ月交替で一日三交代の八時間制、と報じた。

これらに対する報償はバラマキであった――賃金の新円払い、米・小麦粉と酒・タバコの増配、衣料・石鹸・縫糸・殺虫剤・DDTの増配であった[36]。

既存の会社の従業員の中から、石炭坑夫になっていくのはさまざまな動機付けがあったであろう。しかしその基本は、上に見るように、餌付けに他ならなかった。餌に食らいつく側の動機は、会社＝体制に対する忠誠心、あるいは忠誠心の表明だと（上司から）受け取られること、であったろう。

この場合の精神のタイプは、本文で先に第二番目に挙げた例――既存体制にひたすら尽くす、言うならば〈制度拝跪型あるいは滅私奉公型〉に他ならなかったと解される。

結びに代えて

こうしたいくつかの事例を見てきても、いずれも、現存体制権力に対して、切り揉みしながら食い込んでいくといった言わば肉薄の思念でも、まして怨念でもなかったのであった。野坂昭如や尾津喜之助の口惜しさといったものが、現存する壁にぶち当たり、それを破壊せんとして燃え上がるといった、怨みや恨みの情念と方向性、何よりも迫力と推進力に欠けていたと言わざるを得ないであろう。

はたまた、深沢七郎風に、既存体制・上部構成がどんなふうなものであっても、我関せず焉、春風駘蕩、我が道を行く、ひと同士の情の細やかな交流こそ命、という風には〈現実には〉やっていけない。食うことこそが第一であり前提なのであるから……。ただし、何ほどか基盤があって食べるものを創り出すことが出来るならば、そうした時にはそれも可能かもしれないけれど――大地に種をまき育てて果実を得る、あるいは動物を飼い乳を搾り子を育て（最後には食う？）、山に籠もって森林に囲まれその生態系の中で生き、または海辺や河川で魚を捕っては生で、あるいは蒸したり焼いたりなどして食べることが出来るのであれば、そうした生き方も、あるいは可能かもしれないけれど……。

註

（1）野坂昭如『『終戦日記』を読む』（朝日文庫、二〇一〇年刊）一三二頁。
（2）深沢七郎「塩山勤労動員署」『深沢七郎集』第八巻（筑摩書房、一九九七年刊）八五～九〇頁。
（3）神立尚紀『戦士の肖像』（文春ネスコ、二〇〇四年刊）二二三～二四頁。
（4）同前二三〇頁。
（5）同前二三四～五頁。
（6）NHK出版新書、二〇一三年三月刊、一八〇～八一頁。
（7）尾津喜之助が露天商になったきっかけと経緯は、自伝に次のように記されている。

――シベリア干渉戦争の頃、尾津喜之助は満州に居た。北ハバロフスク方面で「ある任務のため」「暗躍」していたと本人は言う。その後、満州から「東京へ舞い戻」り……「徴兵隊査」を受けると「甲種合格」となり「大正九年世田谷の野砲第一連隊に入隊した」。従って尾津は一八九八年生まれということになる。

「扨、兵隊から帰ってから自分の家へも今更行けないので、叔父の所を訪ねた。叔父は本所で佃煮の卸小賣をやっていた……

よし、これだ。……これからどんどん伸びる山の手がいい。山の手なら新宿、という譯で裸一貫、新宿で屋臺の鰻屋を始めた。

当時鰻は高級品の方で鰻丼は大抵八十銭、安いと言われた所でも五十銭だった。それを私は三十銭で売った。大道のテント張、お客の目の前で鰻をさきながらの速戦即決、それも珍らしかったかも知れない……

この大道鰻屋が圖に當って懐具合も大分よくなったところで、新宿邊一帯の露天商の親分小倉米三郎という人とつき合が出来た。私は別に露店商になる氣はなかったんだがこの小倉さんに頼まれて露店商のゴタゴタに首を突っこみ、武勇傳を発揮したこともあり、何時の間にか子分ともつかず舎弟分ともつかね立場になってしまい、小倉さんの家がなかったので私の家をかし、私はほかへ間借をしていた。そこへあの震災だ。(後略)」『新やくざ物語』(早川書房、一九五三年刊)一五頁などから。

(8)同書一八、二〇、二一、三四~三五頁から要約し、また引用した。

(9)同六~八頁、一〇~一一頁。

(10)『娑婆の嵐』(喜久商事出版部、一九四八年一二月刊)三五、三六、三七頁。国会図書館マイクロフィルムから。なお同商事の名は、妻の名の久子と喜之助とを組み合わせてつけられたものと思われるので、同書は自費出版のようなものと言えよう。

(11)同五七~五九頁。

(12)同六三頁。

(13)同九八頁。

(14)『東京闇市興亡史』(双葉社、一九九九年刊)二七頁。

(15)ここで、江戸東京博物館が所蔵する尾津喜之助関係の厖大な量の史料について、本文と関係ある部分を抜き出して、摘記しておこう。『東京都江戸東京博物館　調査報告書　第二集』という冊子の二二一~二八頁に「吉沢巖氏寄贈資料リスト」一覧として番号が振られて掲載されている――下記の( )内の番号がそれである。また同『調査報告書』二二〇~五〇頁にそれらの資料の写真が掲載されている。ただし、リスト一覧は簡単な表題名が記されているだけで、これを見ただけでは詳しい内容を知ることはできない。また、掲載されている写真は不鮮明で、内容などの読みとることができるのはごく一部だけである。ただし、同博物館の付属図書館で閲覧することは、おそらく出来る筈である。以下には、筆者が目を通したものの中から、本論にとくに関係の深そうなもの・部分について幾分詳しく書き出しておいた。網羅的とは到底言えないが、一端だけでも、と考えて記しておくことにした。なお、閲覧と写真撮影に関しては、江戸東京博・西村直子氏に大変お世話になった。厚く感謝したい。

一九四五年一〇月　「東京露天商同業組合規約」出来る（92000906）
「昭和二十年十月　東京露天商同業組合規約」［抄］
第三条　本組合ハ組合員ノ共同親睦ヲ旨トシ互助救済ヲ計リ営業状態ノ粛正改善ヲ期スルヲ目的トスル
第四条　本組合ハ前条ノ目的ヲ達成スル為メ左ノ事項ヲ行ウ
一、組合員ハ従来ノ弊風ヲ改善シ勤倹貯蓄ノ美風ヲ作興スルコト
二、組合員不時ノ災害疾病又ハ不幸ニ際会シタルトキハ内規ニヨリ救済ス
三、組合員死亡ノ際ハ弔慰金ヲ贈リ葬送日ニ会葬スルコト
第五条　本組合ハ事務所ヲ東京都ニ置キ所轄警察署管区毎ニ支部ヲ置ク……
同じ頃（日付は無いが推定）「警察署別組合支部結成準備事務所所々在」（九二〇〇〇九三九）と題された名簿がある。これの淀橋支部のところに尾津喜之助の名があり、淀橋區角筈八五三に在住となっている。
聞き書きなどを元とした図によると、尾津マーケットは「高野フルーツパーラーから武蔵野映画館東側へ延び」、また新宿大通りの三越デパート辺りまで広がっていたという（『東京都江戸東京博物館調査報告書第二集＝闇市模型の調査と展示』一九九四年刊、二二頁）。表通りに面した中村屋一階の木造部分八〇坪が空襲で焼け、それを尾津が占拠したと元店員が証言している（同一一四頁参照）。
一九四六年二月二日　保物資第一七九号、［警視庁］保安部長發各警察署長宛「臨時露店営業取締規則執行に関する件依命通達」（92001008）
一九四六年二月七日　同二一号　尾津「定例理事会開催」（920009743）
一八日付　東露組合二八号　同上「営業許可願出並間接税徴収取扱方に関する件」そこに「今般警視庁令臨時露店営業取締規則発令に依り……」（92000917）
二月一九日　同二九号　尾津理事長発、二三日緊急理事会を浅草公会堂で開く（92000928）
二八日　同三二号　同、国民生活用品統制に関する件
「今般左記ノ通商工次官ヨリ通牒有之候條的確ナル方法ニ依リ可然御取計相成度候也

追而三月一五日ヨリ聯合軍側ニ於テ価格統制又衛生状態其他ニ関シ調査致ス趣ニ付萬遺漏ナキ様御願致度尚衛生ニ関シテハ特ニ御留意相成度候也

記

一、纖維製品、燐寸及ビ塵紙ハ販売禁止ノコト尚現ニ手持品アル場合ハ来ル三月五日マデニ公定ニテ本部宛売却相成度、本部ニ於テハ取リ纏メ統制組合ニ引渡スモノトス

二、一号品及ビ二号品ノ販売ハ公定価格ニ依ルコト

三、三号品ノ販売ハ限界価格ニ依ルコト、尚限界価格表ハ至急印刷送付可致ニ付御諒承被下度　以上」(92000941)

三月一日　東露組合三三号　尾津喜之助理事長から各理事宛『「国民生活用品ノ統制ニ関スル措置ノ件」写送付ニ就テ』写一五頁が添付されている　(92000915)

六日　同三四号　尾津「定例理事会開催通知」(92000971)

一三日　同四二号　同「蔬菜並鮮魚介類の最高販売価格に関する件通知」(92000957)

一三日　同四三号　同「第六回理事会決定事項… 通知」(92000960)

四月六日　同四九号　同「定例理事会開催通知」(92000972)

八日　同五二号　同　理事名簿を作るので電話番号などを知らせよ (92000976)

一六日　同五七号　同「第六回理事会（四月一二日）経過通知」飲食店の都内全般の状況を知りたい、組合機関紙「露商報」を五、六月頃、月刊で発刊したい…… (92000961)

一八日　東露組合六〇号　尾津喜之助名で「靴磨き料金に関する通知」(92000933)

二四日　東露組合六四号　理事長尾津「清掃費（ゴミ銭）に関する通知」改正規約で清掃費一円と取り決めているのに「種々の名称で多額に徴収している個所がある由、当局からの注意がありました。今後清掃費の徴収は必ず右の規定を遵守されるよう特に御協力願ひます」(92000955)

五月八日　同上七五号　「定例理事会開催通知」(92000970)

一七日　同上七八号　理事長尾津より「第八回理事会決定事項通知」慶弔費の件、清掃費改正の件―参円以内。

「但し店舗、電燈及び水道等の諸設備に修理を要するとき、又は借地料に付いては所轄警察署の許可を得、領収証発行の上実費を徴収出来ることに決定」（92000959）
六月六日　東露組合九一号　尾津「定例理事会開催通知」（92000969）
一五日　理事長尾津より「営業之證（木札）引換に関する件通知」（92000918）
一七日　東露組合九六号　尾津理事長「営業之證引換に関する件再通知」（92000919）
二〇日　同上九九号　同「占業の許可制並に花火の販売禁止に関する件通知」（92000956）
二六日　同上一〇三号　尾津　臨時理事会開催通知（92001004）
二七日　同上一〇四号　尾津理事長「禁制品販売禁止に関する緊急注意」（92000929）
七月四日　同上一〇八号　尾津　理事会決定の通知（92001005）
八日　同上一一二号　同上　七月一二日予定の理事会中止
一二日　同上一一三号　同上「木札一斉掲示実施期日変更に就て」（92000925）
一四日　同上一一四号　同上　『『露商新報』第一号を目下本部に於て無料でお渡し致して居ります」「組合費完納の有無に拘らず御渡し」する（92001009）
一七日　同上一一九号　同上「重大なる件に関して緊急会議を致したき事項がありますので……」七月二三日芝区役所内芝公会堂にて会合（92000927）
三〇日　同上一二〇号　同上「〈要熟読〉禁制品販売取締に就ての再通達」（92000930）
八月一日　同上一二八号　尾津「定例理事会繰り上げ開催通知」（92000973）
一〇日　同上一三〇号　尾津「理事会示達事項通知」露商新報第二号頒布、前号同様無料頒布、経費その他の関係上印刷部数は減らした（92001003）
一五日　同上一三四号　同上「業種別売上高調査提出方督促に関する件」
「業種別売上高調査……は、マッカーサー総司令部、内務省、警視庁などと折衝する際の極めて重要な資料となるもの……」でありその「整備は実に喫緊事なのであります」。なので「早速御回答願ひます」と。（92000931）
一九日　同上一三九号　同上「東京都水産物販売許可申請に就て」（92000964980）

九月七日　同上一五〇号　同上「定例理事会開催通知」（92000968）
　一三日　同上一五四号　同上「組単位靴修理業者（磨を含む）数報告方依頼」（92000938）
一〇月五日　同上一六四号　同上「定例理事会開催通知」（92000967）
二三日　尾津喜之助発各理事宛「（一〇月二七日）緊急理事会開催通知」（92000926）
二八日　東露組合一七二号「新取締規則に関し営業方法の暫定措置に就て」（92000949）
一一月二日　同上一七三号「新取締規則に関する件通知」（92000950、92000951）
一九四七年一月一六日　同上一九七号　副理事長・横井剛平「直接税税務協議会決定事項通知」（92000965）
一月二九日　同上一九九号　尾津「中古衣類販売に就いて」（92000964）
二月四日　同上二〇四号　尾津「取締規則改正に伴ふ新規許可並八・一取締再強化……」（92000992）
五日　同上二〇五号　尾津「定例理事会開催通知」（92000966）
一四日　東露組合二〇八号　尾津理事長「組単位業種別営業者数報告依頼」
「今般米国第八軍より業種別露店営業者数を提出するよう要請がありましたので諸注意事項熟読の上別紙に記入……［されたい］
これは組合本部として極めて貴重な資料でありもしこの統計が不備であった場合は、露天商の今後に重大な影響がありますからこの点特にお含み置き下さい」（92000966）
一四日　同上二〇九号　尾津理事長から各理事宛「理事名簿資料提出依頼」
　本籍及生年月日を知らせよ（92001000）
二二日　同上二一三号　尾津理事長「理事会決定事項通知」
「第三勢力（第三国人ではありません）に対抗するため」「外部対策委員設置」をすることに決定（92001001）
（16）『娑婆の風』一一一頁。
（17）資料番号は92001005。
（18）『「新宿事件」の舞台裏〈からくり〉』『話』二―一〇（一九五二年一〇月刊）。
（19）『やくざ戦後史』（ちくま文庫版、二〇〇〇年）三五～三六頁。

(20) 前掲『話』一九三頁。
(21) 同前二〇〇頁。
(22) 同前二〇二頁。
(23) 前掲『娑婆の嵐』三二一～二二頁。
(24) 年報『寄せ場』七号(一九九四年)所載の史料紹介「天皇帝国に対する植民地・アジアの反撃――一九四五年夏～秋」参照。またこの件について詳しくは、拙論「『外務省報告書』の作成過程と歴史的背景」(田中宏・松沢哲成編『中国人強制連行資料――「外務省報告書」全五冊ほか――』現代書館、一九九五年刊所収)を参照されたい。なお、同書巻末には詳しい関係年表が記載されている。
(25) 労働省職業安定課編『職業安定行政十年史』(一九五九年刊)三八～四〇頁参照。

本文引用部分の後に、以下のように詳しい説明が続いている――

「労務募集の成果の最初の報告を蓋を明けてみると、当初の観察のとおり、全く不成績であった。その概況を、おそるおそる報告に及んだところ果してカロビンスキー氏と言う軍人の方からだと思うが、極めて不満の意見があり、重要な問題であるから不振の理由を探究し隘路を打解《ママ》して、労務の確保に全力を尽せとの強いお達しで、今後全国よりの供出情報は、前週分を必らず翌週の火曜日まで報告せよとの御命令であったが、この報告のことには全く閉口した。というのは当時の通信事情は悪く、地方からの報告の取り纏めは一苦労であった。

殊に全国津々浦々の第一線機関よりの報告を府県で取纏め、更に中央に報告するのを僅か一日で纏め総司令部に報告することは全く至難であり、これらの事情を何と説明してもわかってくれず困ったものだが、とにかく命令なので、種々研究した結果、内務省にある無電の使用を認めて貰うことにし、そのときの内務省の酒井技師の全面的な御協力を得て、彼等の要請に応えることが出来、漸く安緒の息をついたものだった。この報告の作業には地方も大変なことだつたが、司令部の担当官は大いに気をよくしたものだった。

その後あい次いで来る地方よりの速報は、極めて悲観的であり、総司令部よりも強力な申入れもあり、一方国内の生産事情や、交通事情も悪く、火力発電不能による停電等で、石炭の不足による影響は深刻な様相を呈しつつあった。そこで労務の充足のため特段の措置をすることが強く要請せられ、これに対し爾後採られた対策を挙げれば概ね次の如きものがあった。

○賃金の引上げ……炭砿夫の労費は他のすべての物価の基礎をなす地位にある炭価に影響する関係もあって、これを引上げることは、極めて困難な問題であったが、労務充足上第一の隘路となっていたので、当時坑内夫の平均賃金を、（四円乃至五円前後）石炭庁及び石炭統制会等関係機関協議の上、これを引上げることとし一般賃金より八割増ということで閣議決定がなされ、その後も更に増額し、坑内夫十五円、坑外夫十円、と記したのを記憶する。

○食糧の増配……労務加配米は、生産増強の見地から、軍需産業を重点に行われていたが、終戦とともに撤廃になった。石炭産業の特殊事情と、炭砿夫の労働の特殊性に鑑み、米五合増配の措置をとった。特に注目されることは、その後であるが家族まで三合増配の措置を講じたことである。即ち本人の食料の充実を図るには家族全体の食料の充実を図ってやらなければ意味がないために、優遇措置を採ったものである。これには食糧管理局も意見があり、その実現には相当困難があったが、閣議の諒解によりその実現をみたものである。この労務加配は戦後その他の産業にも及んだがその嚆矢をなしたものである。

○衣料地下足袋等の特別配給……軍用の衣料、地下足袋の放出物資その他の日用品数を出来るだけ優先的に炭砿労務者に向けることにした。

○輸送の確保……戦後の交通事情は、特に窮状にあったので、運輸省の業務局旅客課と交渉し、当時担当者であった落合氏や恵花氏の全面的な協力があって特別配車や、戦後いち早く撤廃された公務優先乗車制に似た炭砿労務優先乗車制を創設し輸送の確保を図った。なお炭鉱応募者の赴任旅費、及び仕度金については、石炭統制会（担当者田中丑之助氏及び戸村氏）と話合いして受入側より前払等の措置を講じた。

○石炭労務充足対策本部の樹立……部内関係をもって構成し、対策の樹立と労務充足の推進に当った。

○募集広報活動の展開……広報活動は、職業紹介機関プロパーの業務として取り上げ、特に課員の衆智と電通本社の商業宣伝の専門家である大智氏の協力を得、その着想規模は、従来の官製宣伝を脱皮した大胆にして雄探《ママ》なもので、国民感情にアッピールするに足るものがあった。宣伝の内容としては、富山さん（現在宮城基準局長）の御活躍で当時百万円、今の額に換算すれば相当な額になると思うが、驚くべき多額の予算の獲得が出来、多種多様な方法を思うとおりに採用することができたものである。先ず第一にラジオの利用で、民間情報教育部の了解を得て、NHK第一放送のニュース時間に「いま炭鉱では多くの人を求めています、日本再建のため炭砿に行きましょう、お希望の方は直ぐ最寄の勤労署へお出で下さい」と連日スポット・アナウンスした。また、中央紙の全国版に中島寧綱さんの名案による「御存知ですか」の書き出しで、二段抜きのスペースによる広告を厚生省の名で数回行い、ポスター、リーフレットを全国津々浦々にわたり隈なく掲示し、駅、汽車電車隣組回覧板も、広く活用された。今では何等不思議はないが、全く意表を付《ママ》いたもので感嘆の目をみはったものである。このような中央地方を通じて呼吸を一にし躍起となって努力した……」同書四〇～四二頁。

(26) 一九四五年一一月二三日付『朝日』は報じている、「本年十二月までに炭坑労務者六万人来年一月から三月までに七万人計十三万人の炭坑労務者を確保するため厚生省では過日来全國府縣に対し炭坑別労務供出割當数を指示すると共に、十一月二十日までに労務供出準備並に受入炭坑側との連絡を完了するやう通牒を発してゐたが、更に受入条件を整備するため賃金に関しては未経験者は日給八円乃至十一円に決定、一方労務者の主食糧に関しては一日平均五合を特配することゝとし、その他現品供與、住宅施設などの整備も手配を進めてゐる（後略）」と。『朝日』一九四五年一二月二八日付も参照のこと。

(27)『朝日』一九四五年一二月二八日付。
なお、これに関連しては、拙論「日帝敗戦以降の日雇労働者と寄せ場」（年報『寄せ場』二四号所載。本書、第3章）を参照されたい。そこに、少なくとも一九四五年一二月から四七年初頭頃までの間は、横須賀の進駐軍への労務供給において、古くからの労務供給業者が相変わらず活躍していた。その逃れられない証拠＝史料を、同書八〇～八七頁に掲げておいた。

(28)『朝日』一九四五年一一月二七日付。

(29)『朝日』一九四五年一二月二二日付。

(30)『下谷勤労署事業概要　自昭和二十一年四月　至昭和二十二年三月』の第一篇管内事情の中の「七、産業別会社工場ノ業態及労働条件」に依る。

(31) 従って、東京都としては、〃宿泊施設を作れ〃という政策提言をすることとなる……まず第一に「都は建設局、業者と協力し、また台東区旅館組合と協議し」て、一時収容所（簡易宿泊所、無料宿泊所、天幕仮宿舎など）を上野公園内につくる。次いで、「半恒久的な共同住宅を建設し、漸次居宅を与える」もちろん授産、職業指導と就職あっせん付きで。その上で「新しい『勤労の街』」を台東区内に設けることが最終目標だというのであった。――（財）東京市政調査会・東京都総務部調査課『都の社会救済に関する調査報告書』昭和二十二年十二月、『資料集　昭和期の都市労働者一［東京：日雇・浮浪者］第一回配本七　昭和二一年・二二年』（近現代資料刊行会、二〇〇六年刊）四四四～五〇頁による。

実際には、荒川区と台東区にまたがる三ノ輪～南千住～山谷一体に、簡易宿泊所、通称ドヤを多数つくりドヤ街としただけであり、彼等の計画の上で言う「第二段階」に留まったことは、歴史の明らかにする所である。壮大な同計画の途中における変貌過程、あるいは途中挫折はどのようにして生じたのであろうか？　詳細は今の所不明だが、いずれにしても戦前以来の山谷のドヤ主や地主が戦後暫く経ってから舞い戻り、その利己的利害を主張したことは間違いなかろう。今後詳しく解明したい。

(32) 大谷『生きてゐる』（悠人社、一九四八年刊、福岡教育大学蔵書）四三頁。

(33) 平岩甫『駅裏の一ケ年―浮浪児、浮浪者の生態』（（財）名古屋公共福祉事業団、一九四九年刊、国会図書館蔵）七五～六頁。著者の平岩は、当時名古屋駅西裏にあった鷹羽寮という社会事業団体で働いていた者のようである。なお、狩込みとこの団体との連携について次のような注目すべき一節が同書に記されている――「〃狩り込み〃と云っている一齊収容は大体週一回實施される。この時には縣、市合同で、それに警察、驛員、寮と皆が一緒になって作業をする。即ち驛裏や驛のコンコースに寝ている連中を収容するのであり、當寮は収容してから色々と相談したり、検査して夫々適当の施設に送致する」と。同一〇四頁を参照せよ。

(34) 「東京都における壕舎生活者――一九四五年一一月調査」および「東京都における浮浪者――一九四五年一二月調査」大河内一男編『戦後社会の実態分析』一九五〇年日本評論社刊、による。

(35) 『朝日』四五年一一月三〇日付。

(36) 『朝日』四五年一一月二九日付。

第2章　戦後日本史論の試み

——闘いが胎むもの、押し潰す力、そして……

はじめに

戦後日本史は三重の視点から見なくてはならないだろう。

第一は、ロームシャから、つまり下層からの視点である。

第二は、天皇帝国の崩壊からもう一度の再生という視点である。

第三は、アジア、あるいは東アジア全域からの視点である。

戦後日本近代史を見る上においては、そういった三重の視点が欠かせない。一つの史実を見る上においても、上記三重の視点を欠かすことはできない。しかし、それは言うは易く、行うはほとんど至難である。ひとつの歴史事象を語るのに、いちいち三重の視点から、どういうふうに語ることができるだろうか⁇　かなりの疑問が残る。本当のところ、仲々実現しがたいことは、それほどの卓見がなくとも諒解し得る所であろう。

しかも、今、〈語る〉、と言ったけれど、じつはそこには、歴史事象を見る、捉える、ということと、それを叙述するという二つのことが含まれている。

いずれ至難に近いことを、我々は試みることになるのだ。また、試みざるを得ない。何故なら、時代の構造自体が、さまざまな要素を複雑に絡めた多面的なものとして、あるいは多層より成り立っているからである。そういった複雑多岐な現実を捉えるべく、複数の視角から照射することを通じて、可能な限り時代構造という巨大な怪物の全体像構築へと迫っていかなくてはならない。

ざっと戦後日本史を見た場合、一九五二年前後で大きく分かれることになると考えている。その前半は、米軍中心（本当は連合軍）の占領時代である。そこでは、「本土」は、日本政府の行政権力が表面上保持されたまま米軍・GHQによる統治が貫徹される一方、分断された沖縄は、米軍の直接統治下に置かれ、米による極東支配のための軍事的・政治的橋頭堡とされた。二次大戦後の米国は、一方で、ヨーロッパに経済援助をバラマキ「軍事援助」を注ぎ込むことを通じて大国としての傘を広げ、アジアにおいては革命後の中国を封じこめ朝鮮半島に政治的軍事的影響を増すことによって、ソ連を中心とした陣営と国際的に対峙し、そうすることによってもうひとつのブロックを形成し、世界帝国への歩を進めた。第一に、部分的に日本を軍事占領し軍事拠点としたこと、第二に日本本土を間接統治することを通じて将来とも変わらない〈アメリカの友人化〉策を浸透定着させたことは、米の世界帝国への道推進に大いに役立ったと言えよう。

振りかえってみて、戦後日本史は累々たる屍で覆われている敗北の歴史とせざるを得ないであろう。屈辱の出来事、その積み重ねがうずたかく山となって後世の我々にのしかかってきている。戦後史の行き着いた先には、天皇帝国の再生、あるいは新天皇帝国の生誕への途でしかなかったのか、という想いはある。――しかし、しかしである。そうなってはいけないという闘い、そうさせるべきではないという抗いは、確実に存在していたし、そこに、何程か、何らかの灯あかりがあると確信する。それほど光明に充ちていたと言えるほど楽観的にはなれないけれど、だが確実に、闘いの中に、のしかかる現体制の惰性、押し潰す力に対する抗いの中に、一筋の明るいもの、未来を胎むものが存在する。近代日本史の中では戦後史の中に（だけ）、そういうものが確かに存在するのだと言って良いであろう。闘ってこそ、抗い続けてこそ、何ほどか肯定的なものがそこから生まれ出てきたし、また今後もそうであるだろう。闘いが胎むもの、そこにこそ唯一の望みがある。

〈ロームシャ〉から見る戦後史

1　労務供給制度の「民主化」、労基法、職業安定法、同規則の制定

周知のように、日本を占領した連合国軍（その実質は米軍だったが）は、当初日本軍国主義の解体と民主主義化を目標としていた。その一環として「人夫供給業とか親分子分による口入れ稼業というものを根本から廃止してこの封建制度が生んだ最も非民主的制度を改正し労働者を鉄か石炭かのように勝手に売買することを日本からなくそうとした」(1)。

四五年九月三〇日にはかの悪名高い労務報国会の解散を命じ、一二月三一日にはその「転身形態」たる労務協会をも解散させた。山谷関係では、四五年一二月労報浅草支部が解散し、一方で労務協会に、他方で右翼体制べったりの東京玉姫自由労組にそれぞれ衣替えをしたという（前者は四八年頃に解散したと見られるが、後者は五〇年頃まで存続し日共系労組との対立関係に入ったとされている(2)）。

占領当局によるそうした「民主化」の方向性は、下記のようなスケジュールでその後も順次実現していくはずのものであった、といちおうは見られる(3)。

一九四六年五月　失対事業（公共事業費六〇億円放出）における請負方式の排除
七月　ＧＨＱ勧告――厚生省の占領軍向け労務供給における労働ボスの利用禁止
八月二二日　総司令部労働諮問委員会最終報告
一二月　日本政府、労働ボスの解散を指令
一九四七年 四月　労働基準法（とくに六条）成立
一一月三〇日 職業安定法成立――とくに同四条四、同法施行細則で従来の部屋制度を法律上は廃止

しかし、ＧＨＱの施策は、徹底を欠いたというばかりではなくて、矛盾を内包するものでもあった。自らが関係するいわゆる進駐軍労務に関し、あまりにも短兵急で効率的な労働の実施を求めたため、進駐軍労務が政府やその下部権力のさまざまな強制力に支えられざるを得なかったこと、従ってまた前記のような建前とは異なり実際にはしばしば従来型の監獄部屋、タコ労働に依拠していたからである。

一九四五年一一月半ば頃の「終戦連絡各省委員会議事録」の中に、次のような下りがある。

「第四部 寺岡課長より
第八軍「ゴッサー」少佐より呼ばれ先刻面談し来たれるか先方は我が方よりする労働力供出状況の悪きこと、労働者自身の働き振り等に対し極めて不満の意にて政府の無策を難じたる上早急具体的措置立案し提出する様要請し本件は「マ」司令部の問題となりつつある旨言へり。本件に付ては早速警視庁とも連絡をとる積りなるが関係者に於ても右承知の上関係の向に通ぜられ度し(4)」。

ＧＨＱは非常に苛立ち、日本政府官僚に恫喝を加えている訳だ。では、いったいそれは何のための労働であったのだろうか？　前後の事情を勘案すると、米国軍の日本占領に伴う各種建物や設備のためのそれだったように思われる。

関係記事が「米側設営要求に応ずるための物資徴用に関する命令発布方の件（案）」と題されてあり、上記の「理由」として、以下のように縷々〝窮状〟が述べられている。

「連合軍東京進駐に際し曩に「マッカーサー」司令部より兵二万二千名分宿舎用一三、二〇〇、〇〇〇立方呎其他事務用建物提供の要求有之たるが、之が準備の責任は一応各府県当局が主体となる建前をとり、東京都内に付ては都庁に於て都内主要建物「リスト」を作成、之を連合軍側に提示し、米側の選定を待ち、各個の建物に付き請負業者を選定、之が清掃、改修、設備新設等を行はしめ、必要の監督、援助を為した放出物資に付都庁に於て調弁し得ざるものは或は商工省、農林省等に之が斡旋を仰ぐことと成り居る処、手持資材を以てしては米側の要求に応じ得ざること多く、之が調弁に多大の困難有り。加ふるに、施行の労務者、業者等に対する監督にも遺憾の点尠からず。

例へば、九月一四日付「マッカーサー」司令部より命令ありたる連合軍使用建物に暖房装置取付方の件に関しては十月八日連合軍総司令部技術部長「ケーシー」少将より商工省、都庁係官と共に同司令部に出頭方を命令せられたるが、其際同少将は工事進捗状況甚だ不満足なるのみならず、提出せられたる予定計画表に依れば僅に四、五の建物以外は「マッカーサー」司令部の命令を実行し得ざることとなり居り、右は日本政府として同司令部命令を拒否するものと解すべきやと難じ、終戦連絡中央事務局は「マッカーサー」司令部よりの命令を受け、之が実行に付強大なる権力を有すべく、従って終戦連絡中央事務局に於て右の責任を負ふべきなりと述べたり。（中略）漸く最近に至り商工省を中心として計画具体化を図りつつある次第なる処、尚本件に関する主管省の問題解決せず……（中略）。……

然るに本件解決せざるときは、「ボイラー」「ラジエーター」に止まらず「エレベーター」其の他各種物資竝に家屋労務等に至る迄、必要に応じ措置することを得ず、結局連合軍要求に応じ得ざる結果となる次第なり。

就ては別添連合軍よりの要求施設、設備竝に物資に付之が実施の責任者を決定せらるると共に設備、物資に付各省大臣、地方長官に対し連合国司令部要求実施に必要なる限り之が徴用に必要なる命令を発するの権限を賦与するよう、立法措置を採らることと致度[5]」。


要するに、各省大臣や地方長官が「ＧＨＱのためだから」といって日本の普通の人々に設備や労働力の提供を求めることが出来るようにする、というものである。これを拒否すると、「三年以下の懲役若は禁固又は五千円以下の罰金に處」せられる、というオマケ付きである。

当時の日本政府はＧＨＱの前掲のような恫喝に簡単に屈して下記のような通達を発している（幣原喜重郎内閣。終戦連絡中央事務局長官は児玉謙次、専任次長は西山勉）。

「政府は連合国進駐軍関係労務者の充足を円滑ならしむるため左記の如き通牒を各地方長官宛発送せり

勅発一一二九号
昭和二十年十一月二十九日

各廳府県長官宛

　進駐軍関係労務者の充足に関する件

標記の件に関しては屡次の通牒に依り既に夫々措置相成、所要労務の確保に努力中のこととは存候処、之が成果は地方的には未だ必ずしも良好ならず、殊に雨天に際しては充足著しく不良の実情に有之も、本件労務充足は極めて緊要にして食糧、嗜好品、作業用品の特配、雨天の場合の賃金の歩増等をも併せ考慮し、之が絶対確保を期せられ度、尚之が為要すれば厚生省令第四十一号に依る所属命令を発動する等の強制的措置をも講じ所要労働の完全充足方に万遺漏なきを期せられ度追而進駐軍の要求に依り提出すべき各種報告、資料等に付ては必ず報告期日厳守相成度、報告遅延せる為罷免其他処罰を受けたる事例も有之たるに付為念尚進駐軍との交渉に際し意思の疎通を欠くが如き無き様当該終戦連絡事務局と常時緊密なる連絡を保持せられ度[6]」。

占領軍当局に対しこれほどまでに媚びへつらい、しかも日本権力内部では〈虎の威を借りるキツネ〉までやっていた以上、労務調達の各当事者たちが、命令などの一種の法的強制力の他に、かつての人夫供給業者＝タコ部屋経営者の〈手腕〉や暴力に頼らない筈はなかったであろう。また、タコ部屋のオヤジたちは、オヤジたちとして、さまざまな手口を使って職安法の規定を破り自分たちの立場の合法化を図っていったのであった。そのやり方は、大きくは、労務などを担当する社員となるか、さまざまな手口を使って職安法で規定された請負業者に認定して貰うか、二つに一つであった。

その間の状況について先の『臨時工』所収の三好論文は、人夫供給業「解体」の顛末、と題して次のような説明を行っている。

「まず経営外の残存をみれば、（1）「解体」の鍵であり、しかも短期間に実施することを求められていた最大の難点＝「規則」第四条ノ四は＝「自ら提供し使用」すべき機械・設備の入手は（イ）監督機構の「指導」により註文者の所有物がそのまま使用されるか、偽装的な名義切替えによるか（例えばせいぜい機関車・クレーン・艀などの所有を示すマークの塗替え等により、また台車・レールは註文主・枕木だけが請負業者のもの、というぐあい）、または（ロ）極めて小量の器具（もっこ・ショベルなど）で請負業者として監督官庁から認可されるか、あるいはインフレーション激化の傾向にもかかわらず（ハ）註文者からの法外に廉価なしかも年賦払（請負代金から天引きされることはいうまでもない）による払下げによるか（たとえば、トロッコ・小屋・木材などは捨て値で払下げられ、大きなものは残金を理由に後にふたたび回収された）、等によって克服された。（イ）（ロ）は解体の不徹底＝偽装性を端的に示し、（ハ）はこれまた人夫供給業温存への執着を示すものに他ならない。（2）さらにまた、「専門的な企画技術」は、単に経験あるいは、法の求めるものとは異なった「技術」たとえば棒頭的「技術」・ボス的人集め「技術」・永年の経験と顔の「技術」などにと置替えられたのである。

経營内への吸収はさきにのべたように、人夫供給業者が嘱託・社員・「職制」として編入され、以前と同一の機能を果しつづけたのであった」と。[7]

ＧＨＱがらみのタコ部屋の具体例は、いくつか知られている。次は一九四六年八月北海道での一例である。

「昭和二十一年八月、札幌市外真駒内の進駐軍関係の土木工事作業［米軍駐屯地建設］を請負っていた、鉄道工業株式会社の新野組飯場で、たまたま土工夫の不法監禁、虐待事件があることが探知され、道庁警察部は札幌検事局と協力し、現場を視察、臨検、同飯場から土工夫三名を保護検束して内情を聴取したところ、『部落には約三百名の土工夫がいるが、何れも周旋屋に勧誘されてきた。賃金は一日二円、三円程度しか渡されず、朝六時半から午後四時半まで使われ、暴行、虐待を受け夜は逃走するからと言って監視人がつき、窓には全部格子戸をはめ、自由外出を許さず、作業中は監視人が棍棒を持っている』と言う申立をし、事実が証明された。臨検の結果は、飯場は、牛小屋の二階を改造したもので、六畳に十人位の割りで土工夫を押し込め、窓には確かに格子戸が入れられてあり、監視人がつき便所まで見張っている。就寝の際は一つの入口に外から施錠した形跡もあるとの結論を得た。連行した部屋頭北河秋蔵（四十歳）、幹部岡部保、長島力蔵、竹内栄助、明光考に対する取調べがはじまり、彼等は送検された(8)」

因みに、東京京橋区銀座に本社があった鉄道工業は、美唄、神威、萬世、計根別、隈庄、鹿部、室蘭の計七事業場に、合計一六〇八名の中国人を強制連行し、石炭採掘、飛行場建設、鉄道港湾建設、港湾荷役に酷使した。その結果三六四名が死亡している(9)（死亡率約二三％）。そういった経験は、戦後のここ北海道の日本人労働者への苛酷な仕打ちとして直接に引き継がれてきていたのであろう。これには続きがある。

この真駒内事件のときの札幌警察署における取調べの際の口述書が、同書に記載されている

——「七月二十四日十六時頃私は札幌市内で真駒内土木工事人夫募集広告を見て、周旋屋笹村某を訪ね、仕事及給与の状況を訊ねたところ、番頭某は印刷した給与一覧表の様なものを見せてくれた。それによると特殊の技能のないものは一日二十五円、食費は一食二円、宿舎及び寝具は無料、病気の時は入院をさせ、事業主の都合により解雇した場合は、その基本給を支給、休日は第一、三日曜、外出は自由かと訊ねたところ、自由だと答え、さらに食料は一日どの位かと聞くと、六合だと答え、食料は白米で若干麦が入るかも知れない。何しろ官庁の大切な仕事だし勤労署も関係しているのだから「いんちき」ではないと言い、番頭某はさらに俺達がつれて行っても勤労署の人が採否を決定するのだから間違いは絶対にないと言ったので信じ、その日は遅いので明日八時迄にこいと言われ、岩見沢の旅館に一泊した……。

某（名を秘す）組の人に案内され宿舎に入った。そこで帳場の某に捜検され、所持金二十円と移動証明書、煙草証明書、印鑑を預けられた。その際帳場の某はナイフを持っていないかと訊ねたが所持していないと答えた。

二十五日十五時頃岡部（現在世話役）と言う人が宿舎へ上がってきたので、同僚の一人が帰してくれと嘆願したが、岡部某の言うには、お前達には周旋屋や勤労署に金を払ってあるからやめる訳にはゆかないと断られた。私の帳場の某に帰してくれと頼んだが取り合ってくれなかった。

十九時四十分頃、金子週番から人夫一同に紹介され、世話役及び幹部の人達を紹介してくれた。その際金子週番は、いいかここにいる世話役さんや幹部さんの言う事をはいはいと聞くのだ。口答、いざ逃げたりすると、お前をただではすまさないぞとすごいけんまくでおどしつけた。食料は

朝は味噌汁一ぱいと米一合五勺位、えんぱくと麦です。昼はお菜が若干、量は朝と同じ、夕食はパン一ケとお菜若干です。朝は五時三十分起床で川まで洗面に行きます。朝食後二、三十分休んで六時四十分頃出発して現場に出かけます。九時に約十五分位休んで十一時昼食、十二時に作業を始めます。十四時に十五分休んで十六時に終了して宿舎に帰ってすぐ夕食を済ませ、二階に上ります。二十時に点呼をとり就寝致します。夜は幹部や夜番が逃走を防ぐために監視して居ります。……七月二十九日頃かと記憶します。某組事務所前道路工事作業中、大森幹部（当時班長）に返事がないので頭を一回殴打されました。八月の幾日であったか記憶ありませんが、私が信用部屋の渡辺某と「ワイシャツ」を交換したかどによって、中村週番にきせるで二回頭を殴打されました。

八月六日頃人夫山田は宿舎に於て、真夜中腹痛を訴え、七転八倒の苦しみ最中、舎長北河から横顔一回殴打されました。

八月九日頃と記憶します。工事作業中二名の逃走者あり、中一名がつかまり、某幹部に殴打され、大森週番に殴打されました。

八月十日頃人夫松村は水を呑めないのを苦しんで呑ましてくれと頼んだが聞き入れられず、呑ましてくれなくては働けない、やめさせてくれと嘆願したが、この野郎猿と言って山田幹部、大森週番、その他某幹部達がよってたかって殴打し、顔及び目のふち青くはれ上がり、背中一面きずだらけになり、歩行出来なくなりました。それから二日位たって死んだと話に聞いて居ります。

八月十日宿舎表の天幕張り病舎から病人人夫山田某外一名が逃亡したがつかまり、宿舎に於て某幹部、大森週番に数回殴打されました。

私の知っている事は大体右に述べた様なものです。しかしこの外に沢山この種の事件はありますが残念ながら月日、名前が記憶にありません。何卒三百名の同僚をお救い下さい。市毛　利治郎[10]」

続いて同書には「違反事件続々」ということで、赤平町茂尻炭鉱の菊島組、十勝国音更村中音更の宗坂組（本社帯広市）、夕張真谷地炭鉱の野呂組、荒井組、平和鉱の石崎組、荒井合名会社を初めとして、大森組、大和組、菅原組、地崎組、川口組、石崎組、野呂組、新井組、土屋組、松島組などの暴行監禁や傷害致死等々の例が列挙されている。「この取締りによって解放された部屋数は二百八十九、土工夫一万二千六百六十三名におよび、解放後二千七百十六名が土工をやめ、残りの九千九百四十七名は、明るい土工部屋の運営を期待してもとの部屋に帰った[11]」。

しかし「事件後に於いても全道二百五十三の土工部屋土建労務者一万七千名のうち、八千名近くの労働者が「タコ」同様な取扱いを受けていた。特に雪融けの頃から九月頃まで来道した、他府県からの土工夫約七千名のうち大半以上が、周旋屋の手により入ってきており、なかには昔ながらのボン引きが使われていた事実が判明した」とも指摘されている[12]。

また、現場の追回しなどはまったく変わっていなかった――「私が入舎致す前……現場に於て仕事が出来ないと言ってスコップにて叩き、はなから、口から、血を出してトロを押して投場へ行って投場にてたおれました。……昨日現場に於て有る者［ある者］が仕事が出来ないと言って少ししかやらないからと言って手に持って居る棒にてたたかれました。

二、三日前やはり現場に於て仕事が出来ないと言って、配給食料中食をけずって食せて居りました。現在の食料に於ては配給食を皆貰っても腹がへって仕事が出来ないのに食をけずって仕事をすれ《ママ》と言うのです。余りにも解らない土工部屋と少しも解らない［変らない］やり方をして居る様な次第です」とい

う名古屋中区千早町出身・四一歳の笹野という人の証言もある。(13)

表向きは民主化を求めていたＧＨＱ＝米駐留軍の土建工事を実施するのに、旧態依然「あまりにも解らない土工部屋と少しも解らない［変らない］やり方」でもって対処されていた、というのがロームシャの見たところであったことが分かるであろう。

しかしながら、その後も相変わらず財閥ゼネコン資本の下でタコ部屋・労働は続いたのであった──「だからと言って、これで北海道の監獄部屋が完全に消滅したかというと、そうとは考えられない。現に昭和二十四年三月には全道一斉に行われた、職業安定法違反調査により、三菱美唄、三井砂川の両炭鉱土建請負業者が、周旋業の手を通じて土工夫を雇用していた事件が摘発され知事から札幌地検に告発され、十二月には同様、大成建設尺別営業所が、職業安定法違反、労働基準法四十五条の、男女差別待遇、強制労働の項違反として処分されている。また、二十三年七月には、空知町［郡カ］美流渡兼松炭鉱栗沢鉱業所の一飯場二十五名が、「タコ部屋」同様の取扱いを受けていた、と新聞が報道している(14)」。

このように、ＧＨＱの「民主化」政策は矛盾に満ちていたし、また不徹底でもあった。しかし、ここで見られたように、建前の〈民主化〉と内実における強力＝権力のごり押しは、日本「本土」における占領軍当局の労働問題についてのほぼ一貫した基本方針に他ならなかった。しかも、同じことがこの時期における行政等全般についても言えよう。このことは、とくに注意を喚起しておきたい。

また、監獄部屋と親方制度、その元たる暴力手配師（下請、請負などとも）や悪質業者などによる労働力調達機構（路上手配に典型を見るそれ）そのものは、ＧＨＱの前掲方針によっても、廃棄目標とはされていなかったことにもまた注意を向けておく必要がある。

さらに、土建業等における労働力調達の方式として、GHQ＝米占領軍当局の求めたのが、「労働者が親分の手下となって囚人の如き生活をしている」状態の廃棄、一言で言えば「昔ながらの封建制度」の撤廃[15]であって、大独占土建資本による（日雇）労働者のまったく恣意的な解雇と雇用、搾取あるいは強収奪、追い回し、また既成暴力団および暴力自体への依拠等々については、考慮の外にあったことを忘れてはならない。彼らは、労働組合による労働者の管理統制――米国にその祖型があるとされた――を、目標としていたように思われる。腐敗した組合による統制は、「封建的」ではなくて「民主的」に日雇労働者を統制し搾取するものだということを、彼らは充分には考慮しなかったのである。または、十二分に知っていて、知らない振りをしたのである。しかも、戦後簇生した労働組合なるものが、どれほど個々の労働者の主体的意思を汲み上げたものとなっていたかどうか、戦前の労務報国会などの翼賛組織の単なる衣替えが多かったこともまた否定的要因の一に数えられよう（さらには、後の時期の話になるが、企業別組合ともなると、組合の独自性、自立性はさらに否定され、組合も組合員も一企業の、つまりは一資本の枠内に止められてしまう傾向性が甚だしかった）。

2 戦後寄せ場の成立とゼネコンの甦生、重層的下請制度の確立へ

周知のように、一九四五年三月と五月、大阪と東京は相次いで大空襲を受け、ドヤ街は丸焼けとなった。敗戦直後の罹災者は、一説に、全国で千万人にのぼり、そのなかで壕舎住まいが数十万、東京都だけに絞ると壕舎生活者は約二万戸・十万人だったという。[16] 別の資料である同年八月一五日現在東京都の「戦災者現況調」によれば、現存罹災者一〇八万人のうち壕舎や仮小屋などの居住者は約三一万人、その他

「浮浪者」が多数、であるという。いずれも、homeless people、当時の言い方だと「浮浪者」を除外した数である。勘定からはずされた「浮浪者」は、都内全部の八五%が上野駅とその近くにいたといわれている。[17] 前掲『起ち上る人々』において薄信一も、上野駅周辺は「浮浪者寄場として著名」である、と言い切っている。[18] これらの人々は、寛永寺や上野公園などに仮泊したり、地下鉄に続く上野駅構内地下道に寝泊まりしていた。

こうした十数万から三十数万人の底辺ないし下層の人々に対し、東京都はどういった措置をとったであろうか。それは一言でいえば、狩りこみと隔離収容、分類選別であった。

まずは、「真の浮浪者は一括して浅草本願寺へ」と送りこみ収容した。すなわち、横浜市の中井勝太が四五年一〇月浅草東本願寺に更正会なる「浮浪者収容所」を開設し、三～四〇〇人を収容したという。同所は、のち東京都民生局の委託事業となったが、実質は新興暴力団真木組（組長・真木康年）の牛耳るところだった（真木が同収容所所長）[19]。〔図1〕のような、一面焼け野原の東京の中で唯一焼け残った本願寺＝宗教の簑をかぶり、真木＝組織暴力団は野宿者らを食い物としたのであった。

同じ頃に、上野地下道の一斉刈り込みが挙行され、一時に二五〇〇名もの人数が刈り込まれたこともあるという。しかもそうした刈り込みは、以後度々繰り返され、東京市養育院などの各種施設に収容されていった。[補註]

〔図1〕空襲後の浅草東本願寺（『寄せ場文献精読306選』れんが書房新社 2004年、177頁）

選別された他の部分、「また定職を持ってゐるが住居なき為構内及地下道等を利用せんとするもの、及汽車に乗車不能な者はこれを桜ヶ丘国民学校[20]」に隔離した。また、病人は養育院や病院などへ、囲いこんでいったともされる。

そうした「真の浮浪者」や一時的路上生活者、また壕舎生活者も、すべてを含めて運が良ければ「進駐軍の作業やバラック建築の日傭人夫[21]」、鳶とその手元、「闇商人」あるいは「露天商」とその手伝い、闇市場などの掃除人といった臨時的な仕事にありつくことができたと報告されている。

芝浦には倉庫など物流施設の大なるものがあった関係で港湾関係の日雇い仕事もあったといわれている[22]。今川勲は少し前に出た本において、東京都は前述のような収容者のなかから毎月一〇〇人前後を北海道や九州の炭鉱に送りこんでいた、と記している[23]。

米占領軍としても、民主化政策一本槍ではなくて、都市浄化政策に転換、社会防衛策に打って出たのだと捉えられよう。

もちろん以上のような策だけでは、収容人数はきわめて限られている。四六年一一月のＧＨＱの東京都民生局に対する命令の根拠もそういうところにあったかもしれない（史料を欠くので推定にすぎないのだが）。すなわち、命令に基づき東京都は、元の木賃宿経営者にベッドとテントを無料で貸付けし、上野などの「浮浪者」をこれに収容していった。山谷に二〇～五〇張りのテント村がたちまち出来上がったと言われている（これでも少なすぎると思われるけれど）。

山谷のテントは間もなく老朽化し始め、バラック建築への改造が始まっていく。都民生局の委託によって建てられた、バラック・大部屋の「厚生館」は、そういった中のよく知られた一例である。こうして山谷ドヤ街は復活の途に分け入っていったのであった。

一九四六年初頭は、GHQによる極東国際軍事裁判条令が出され、新憲法論議の真っ盛りだった時期である。昭和天皇は生き残りを賭けて、各地を巡幸中で、平和と民主主義を愛する天皇へ、つまりは抜け殻のような天皇制、あるいは菅孝行の言い方によれば「天皇制の最高形態」たる象徴だけの天皇制へと衣替えをしようとしていた時期である。

また、GHQの手先たる日本政府の方はといえば、四月二二日、看板の塗り替えに付いて行けない旧憲法主義者・幣原喜重郎の内閣が、全野党に迫られとうとう内閣を投げ出し総辞職。しかし、後継者・吉田茂は閣僚候補者の戦犯問題等につまずいて無力で無様な政治力を露わにして組閣に失敗、一ヶ月の政治空白を将来したのだった。

その空白を狙ったかのように、その間二月一二日に青息吐息の土建一四社は日本興行銀行から二、六〇〇万円の融資を受けて一息つくとともに、間隙を突いて厚生省と商工省予算から前記政治空白期の間に計一、四五〇万円の現金を引きだしたのだった（実際の受領は五月から六月にかけてだった。そのさい興銀融資は返却している）[24]。空前の闇価格・物資が横行し、超インフレが進んで、どこの会社も二進も三進もいかないというご時世だった。戦後の土建資本、ゼネコンは、こうした狡い立ち回りの故に生き残り、再び肥え太っていったのだった。

ゼネコンの復活、新生ゼネコンの誕生！　である。

次第に大きくなっていった山谷＝首都圏の寄せ場を軸に、亀戸駅前・周辺から芝浦の港湾労働や、その他各労働紹介所・付近の寄せ場から日雇労働に出ていき、ゼネコン支配下の諸会社や大資本企業の臨時労働者となっていったのがその頃のロームシャであったろう。

先にも述べたように、従来の人夫供給業者は、会社の正社員＝労務担当となるか、職安法規定通りの請負業者となることを通じ、職安法制定下の新体制、言い換えればよりスマートな、言わば近代的な労働搾取体制に乗っていった。だが間もなく一九五二年二月職安法規則が改悪され、従来のような組支配とタコ部屋労働の如き形態がヨリ強化されていくとともに、ゼネコンや大独占支配の下に何段にも下請が続く重層的下請制度が成立していったのである。それらは「朝鮮特需」による日本独占復活以後に本格化するのだが、この一九四〇年代末頃すでにそういった方向に向かう端緒の成立していたことを忘れてはならない。とくに、一方でのゼネコン大独占資本の（再度の）本源的蓄積、他方に臨時労働者をストックし溜め置く山谷ドヤ街や上野、亀戸等々の駅手配による寄せ場の成立という、二大基本要素の成立をここに特筆したい。もちろん高橋《たかばし》や河原町の職安経由も欠かせないが。

敗戦直後の寄せ場状況について非常に具体的に示している新史料として、横浜についてのものが少し前に見出された[25]。それは当時の東京の寄せ場の様相を示唆するものでもあるので、次に若干紹介していこう。

当時は桜木町から野毛方面における日雇手配が主流であった横浜について、その史料の一つ、芹沢勇『ドヤ街の発生と形成——横浜埋地（西部の街）について』は、以下のような概括を行っている[26]。

（1）雇用は常用固定より日雇臨時の流動的形態が主である
（2）種別では連合国軍、一般土建、公共事業、港湾運送業の順になる
（3）これを地域に限ると、雇用の問題は横浜にほとんど集中している
ことに港湾は少数の川崎を除き横浜の問題である。別言すると当時雇用は日雇臨時の比重が大きく、それが横浜に集中し、連合国軍要員と港湾関係が特徴をなしていることである。

以下この両者について詳しく具体的に述べてみよう。

まず連合国軍要員については、第四表［省略］が横浜でも労働出張所に集中していることを立証しており、このことは接収が当面横浜にとって、労働力吸収の役割を果したことを物語っている。

この市の中枢部と港湾施設の接収は、いま述べたように前者が駐屯基地、後者が補給基地としてのほか国内の食料不足に対処する穀類輸入業の全国八〇％が行われたため、ここに大きな労働力の特別需要を呼び起すことになったのがその事情である。そして日雇の作業としては「清掃片付が最も多く、其の他基地拡張工事、船の清掃、簡単な修理」が主で無技《マ》能《マ》者でも十分であった。（以下主として「職業安定行政の概要　昭和二三年度神奈川県労働部職業安定課」より作表し、これをもととした[27]）。

当時ロームシャにとっては「進駐軍労務」が主であったことは、東京でも同

〔表1〕　港湾労働者戦前戦後比較

	常用	臨時	計	備考
昭和13年	4,260	3,280	7,540	沖、沿岸、筏　人夫
	邦船	進駐軍		
昭和21年	5,380	11,321	16,701	川崎港を含み常用臨時別不詳
昭和22年	7,357	9,624	16,981	船内、沿岸、艀人夫

（昭和13年は横浜市土木局　昭和21，22年は関東海運局による）

様であったと推定される。

当時は、職安経由ではなくて、路上手配や労務供給業者＝組を通じた日雇労働の雇用が、むしろ主流を為していたことは、桜木町駅前近辺の寄せ場状況についての次の史料からも明らかであろう〔表1〕。

芹沢はこれに続けて「ここで若干問題になることは、これらの労働力が正規の職業紹介機関のみでなく、いわゆる『労務供給事業者（親分子分の従属関係）』によって、なお別に相当数就労しているとみられること、あるいは、手配師などによる門前雇用などである。前者については戦後職業安定法により禁止されたが、なおたとえば（1）労働者供給事業を行う者と認定されたもの一、二四七（2）これらのものから解放された労働者数三〇、九九二、また事業別労働者数は第六表のごとくに報告されている（前掲職業安定行政の概要）。また昭和二四年港湾労働に関するGHQよりのコンファレンスメモによって、人夫供給ないし下請の禁止が行われてい」る[28]と、やや恨みがましく解説している。

そして駄目押しが下記の〔表2〕である。

九〇〇近くの業者＝組があって、そこに一万五千名近くの労働者が一九四〇年代半ば以降も、労務供給業者に「所属」していた、つまりは囲い込まれていたというのである。しかも、「これらは禁止通達によって直ちに解決されるものではなく、「組」あるいは門前雇用による就労者が統計数字にさらに加わり、実際には横浜としては全体の日雇労働の数はかなりに達していたとみなければならない」、とされていたのであった。厳然として親方制度は残っていたという証言、と言えよう。

〔表2〕 労務供給事業者および所属労働者数

	土木建築	交通運輸	家事	その他	計
業者数	182	150	10	150	879
所属労働者数	5,563	745	717	7,811	14,836

〔表3〕全国主要職業安定所日雇労働紹介状況

職業安定所名	紹介数
兵庫神戸	116,131
大阪浪速港	63,763
横浜（横浜労働）	58,106（47,857）
東京芝園	55,040
愛知中	44,016
東京亀戸	37,564
愛知北	33,721

昭和24年8月（柳橋寄場現況報告横浜労働出張所）

そのことは、首都・東京もまた変わらなかった筈である。左の〔表3〕を参照されたい。

東京芝園がどこか不確かであるが、芝園橋（職安）と推定されるので、芝浦の港湾労働と見て良いであろう。ここは前述もしたように、東京における物流の大拠点の一つであった。

亀戸には日立製作所亀戸工場、（株）大島製鋼所があった。データはやや古いのだが、前者では常雇職工二、三六一名、臨時職工一七六名、後者では常雇い職工四二三名、臨時職工一一三名が雇用されていたという記録がある。[29] その他に「人夫名義職工」や、運搬夫や掃除夫など「必要に応じ取捨増減して臨機に使傭する」人夫などが、使われていたとされる。専門の人夫供給業者経由や路上手配で雇われたものと推定される。

亀戸からは少し離れていたが、一九二〇年代頃絶頂を誇った寄せ場＝富川町（のち高橋《たかばし》と言われた）があるので、ここからも働きに出たかもしれない。猿江裏町というかつての「貧民窟」も直ぐ側である。亀戸駅前だけではなくて、そういったところからも働きに赴いたことが想像される。臨時労働者の雇用については不明だが、亀戸には、〃女工哀史〃と大争議で知られた東洋モスリンという大きな織物会社もあった。

因みに、愛知中とは笹島のことであろう（名古屋市中区に労働出張所がある）。

なお、参考のために、時期はいくらか下がり一九五〇年当時になるが、横浜職安の日雇労働紹介数を〔表

4〕に記しておこう。事業別となっている。連合軍関係業務数の減少は、横浜以外の職安等や山谷釜ケ崎などにおける路上手配数の増加を逆照射しているのかもしれない（今は史料を欠くので全くの憶測でしかないけれど）。

一九四五〜四九年頃の寄せ場の形成および有り様を示すものとして、ここ横浜の寄せ場は代表的なものであったろう。東京の各地も他の諸都市も、似たような様相を呈していたと考えられる。

〔図2〕はその頃の横浜の寄せ場の様相を描いたものである。闇市と路上または組手配そして公共職安、というセットが、敗戦直後の寄せ場を構成する要素であったことが分かる。

〔表 4〕労務供給事業者および所属労働者数

月別 / 事業別	8月	9月	10月
港湾	14,556	23,208	33,908
一般	10,320	30,493	37,224
公共事業	9,397	11,356	14,299
失業対策	7,363	9,494	13,076
連合軍	6,221	3,817	597
計	47,857	78,316	99,086

（柳橋寄場現況報告同前　昭和 25 年衆議院労働専門調査委員調査事項）

〔図 2〕桜木、野毛地区概況

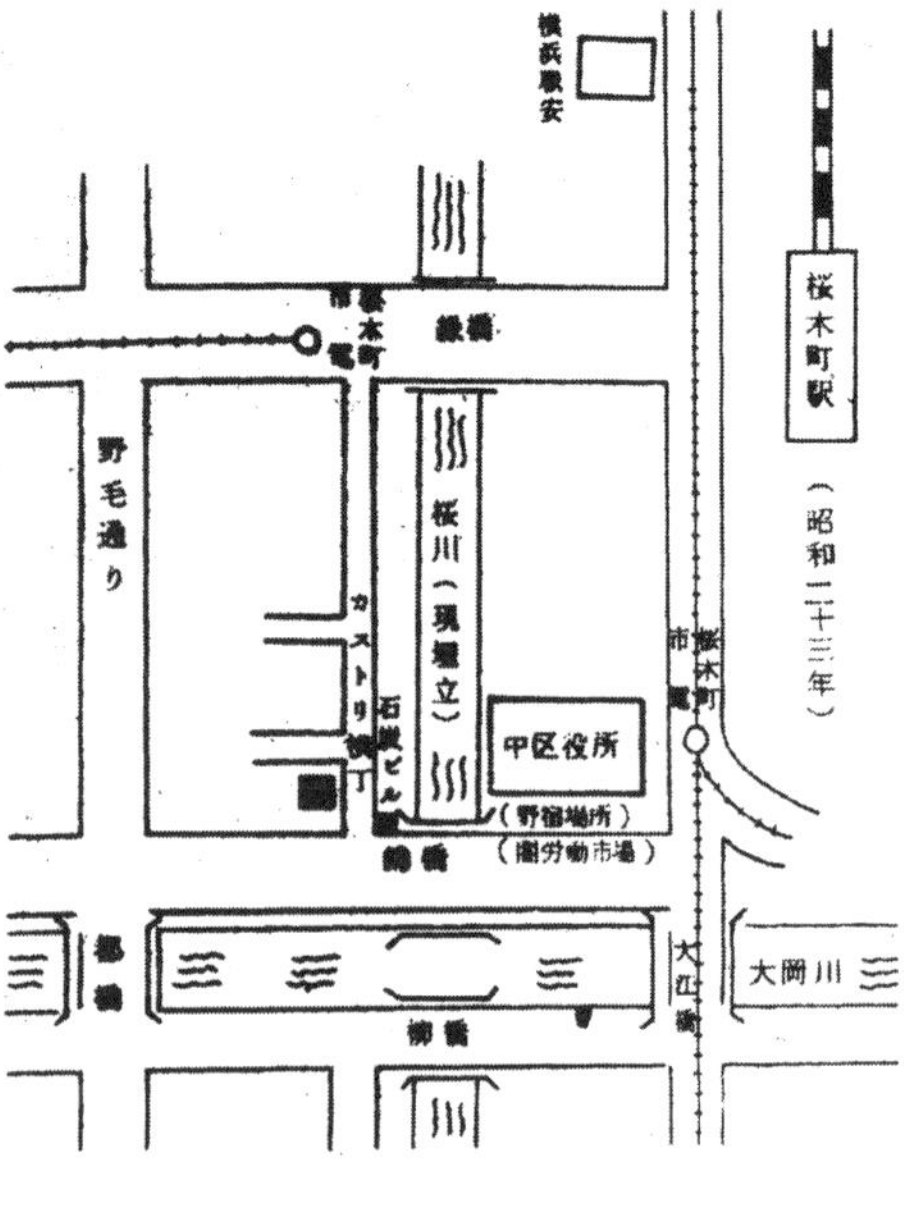

「当時の一般住宅対策は、応急仮設住宅の一部供給がようやくの時代であったから、この種の労務者あるいは無宿者への公的措置もまだ不十分で、また宿泊施設における生活も衣食の配給時代でもあったため、一般同様闇物資依存のなかで、就労機関の存在と相まって桜木町駅前の労務者浮浪者に必要な闇市が形成されるにいたった。第一ここでは職安労働出張所の存在すること、第二に手配師による門前雇用（闇労働）が行われること、第三に当時の中区役所前が野宿場となった（場所代をとることも行われた）こと、第四に当時食生活の上で唯一の蛋白源である鯨肉やカストリ酒、進駐軍残飯を加工した雑炊など食料が自由に得られたこと、第五に衣類も統制外に古着が並べられたり、極端な場合、たがいに着ているものを交換売買もできるといった状況であった。しかもそれらは低辺《底》労働に従事するものに適応する衣食流通機構確立の場所となり、名称もクジラ横丁、カストリ横丁のほか一帯をクスブリ横丁ともいった。／「風太郎」はこの頃、この場所から生まれている[30]」。

3　いわゆるニコヨン中心の職安闘争——その意義と限界

職業安定所が創立されて間もなく発行された『職業安定広報』は、「〃日雇労働者の仕事よこせ〃運動」を大きく取り上げ、次のように報じた。

「失業情勢の深刻化に伴い、日雇労働者の動向は豫てより注目すべき傾向を示していたが、在来行政整理、企業整備の実施を機として発生した日雇労働者の集團による所謂「求職闘争」は遂日その動向を明確化し、且つその組織を拡大強化しつゝあった。昨年末《一九四九年》に到るや更に強度の攻勢的態度をもって全国的に相互の緊密なる連繫の下に果敢なる活動が展開され、「越年闘争」として極めて注目すべき情勢を生じた。これがため公共職業安定所、地方公共團体等は連日にわたりその攻勢を受け、不当なる要求の貫徹を交渉し、長時間の継続、群集の廳舎内の不法侵入、事務室の大衆占拠等による暴行脅迫器物の破損紛失等を伴い、これがため、業務の一時的停止の止むなきに到った事例が随所に発生を見たのである。本年《一九五〇年》に入るやその攻勢は更に激化し、これまで潜行的に運動に参画した共産党員及びその尖鋭分子は一月下旬から積極的に大衆の組織強化に乗出すと共に大衆を動員してその表面的指導をなし、事態は一段と深刻化するにいたった」[31]と。

現象的には、一九七〇年代の現闘釜共時代、対大阪市役所闘争、八〇年代の日雇全協時代の対都庁闘争、などを彷彿させるものと言えよう。活動形態は、ひどく派手であり、その段階で出来る最大限のことをやっていたという印象が強い。また、最近とは違って、全国的な展開であったことも注目されるところである。

同誌による、全国的な運動経過の概観を、やや詳しく見ていこう。

運動経過［一九四九］

「この運動は昨年五月より顕著となり、当初においては大都市を中心として発生をみたのであるが、七月にいたって全国的に波及し、八月は昨年中の最高を示し、発生件数一七四件、参加人員七、二七五人であった。九、十、十一月は失業対策事業の枠の拡大により低調となったが、十一月下旬頃からは要求事項を「越年資金の獲得」「年末年始有給休暇」「完全就労」等の数項目に集約した所謂「越年闘争」に統一され、再び活溌となり六大都市、京都府、川崎市、大分市、平市等の各都市地区において最も激しく行われた。

この運動は一月に入るや闘争目標を「完全就労の実現」「不就労手当の支給」等本来の要求項目を前面に掲げて、擴大された規模と年末攻勢の余勢を加へてその攻勢は依然衰えず、反って鞏固な組織による

「求職闘争」に発展した。殊に共産党員反び極左分子による積極的な大衆煽動は一般求職者以外の家庭の主婦、子供までも動員し、一方朝鮮人團体の解散、密造酒部落の摘発等による朝鮮人日雇労働者の集團求職活動も活撥に展開され、事態は益々深刻化した。一月においては川崎市、日立市・名古屋市・大阪市、京都市、福岡市、二月においては平市、東京都、静岡市、名古屋市、彦根市、臼杵町等の諸都市において激しく行われた。この運動は三月労働攻勢の一環として早くより計画されたものの如く三月における活動は在来の月間求職闘争中最高を示し、大衆の廳舎内侵入、事務室占拠、交渉相手たる職員に対する暴行脅迫行為は各地に頻発し、発生件数において七四三件、参加人員五二、三二二人となり、検挙十八件、被検挙者数一六二名を算え、いずれも前月に対しては数倍の激増を示した。特に発生件数の増加した地方では岩手、宮城、秋田、茨城、埼玉、千葉、東京、新潟、長野、愛知、大阪、広島、山口、徳島、福岡、大分の十六都府県において著しかった。

この運動は四月下旬頃から一部團体の選挙運動とメーデー対策運動と結びついて三月に引続き活撥な動きをなしつつあり、四月二十五日着報集計によると既に発生件数三九五件、参加員三七、八八〇人となり今後なお相当数増加が豫定されている。」という[(32)]。

要求事項としては、完全就労、失業対策事業の拡大が一九四九年中、五〇年一～四月ともに最も多く、各々一〇二五件、二九五件に上っており、次いで賃金引き上げ、手当支給が各四〇一件、一〇八件、そして生活擁護（保護法の適用、物資の配給）各一七七件、一二九件、求職方法の改正が各一五五件、三〇件で、その後に失業保険法の改正その他が続いていた。交渉相手は、公共職業安定所が首位で約四八％、次いで府県が約三〇％、市町村約二二％となっている。

行動形態については、「大衆動員を伴う最近の求職闘争は事前に公共職業安定所周辺に数千枚の宣傳ビラ、ポスター等を散布すると共に、大会、集会等を開催し、交渉の最後段階にいたるや群集による廳舎の不法占拠等により平常な事務執行が不能となる場合が多く多集による威嚇、脅迫行動は交渉過程において器物の損壊を伴い交渉相手たる職員に対する暴行、傷害事件も少くなく、昨年一ヶ月平均三件だったものが本年に入るや一ヶ月四十件に激増するに至った」という具合に報じられている。

その結果、「アブレ手当の支給等容認」を獲得することもあったが、「断固として拒否」されたり、次第に「警察当局の協力支援を要請する事例が増加しつつ」あるとされている。

以下いくつか事例を挙げよう。吊し上げの事例としては、青森・田名部安定所（五〇年一月一六日）—輪番制に抗議、舞鶴安定所東舞鶴出張所（同二月二日）—市の失業対策会議で労働者側に立つ発言を要請。東京・澁谷安定所（二月二五日）—共産党代議士風早八十二・同渋谷地区委員長御前ら完全登録の説明を要求。同新宿安定所（三月一八日）—戸山ハイツにおける失業対策事業就労者約三〇〇名は午前十時頃職場を放棄して工事現場事務所にいたり、所前にいた所長を包囲して午後三時まで約五時間に亙り、所長を吊し上げ、前日職場放棄をした六五名の賃金支拂方を強要し終に全額支拂いを承諾させる。

暴行脅迫とされたのは、神奈川・川崎安定所（一月二五日）—所長室に乱入し罵声、消しゴムを投げる。岡山・琴前安定所（二月一日）—〃ヤッチマエ〃と云う声とともに庶務課長の左顔面などを握り拳で殴打（全治一週間の傷害）。新宿安定所（二月二日）—終日要求行動をおこし所内に侵入しておった群集が午後九時三〇分過ぎになると業務課長を包囲し失業保険の窓口に赤旗を立てゝ不穏の形勢、係長に対して暴行脅迫的に出た。川崎安定所（二月一八日）—女子の輪審《番カ》制による就労は四日に一日程度であることから、二百数十名の群集が所前広場に出ておった所長を包囲し、身動きならぬようにしてしてしまった。そして働かせるまではどんなことがあっても放さないと気勢をあげているうちに只野課長も捕った、市に二四七名の水増就労を認めさせた。愛知・名古屋北安定所（二月二八日）―矢田川改修工事現場において紹介業務の補助連絡員の廃止に抗議して、朝鮮人、共産党員等は大挙現場事務所を占拠し抗議。奈良・奈良安定所（三月六日）―円波市失業者対策事業臨時事務所に労働者二名が乱入し、優先連日採用と労務加配米就労確認証明発行を実力で強要。東京・足立安定所（三月九日）―団体交渉をやめようとした所長を脅迫し職員に軽傷。福岡・八幡安定所（三月九日）―組合側の要求により先着順紹介を実施、就労者は午前二、三時頃より安定所の門を叩き時間外に事務室に侵入しガラス、机、椅子その他の備品を破壊し、一方所の構内柵約三十間を全壊して焚火をし、隣りの食糧公団板壁を外す等暴行をなした。福岡・福岡安定所（三月一三日）―早朝輪番紹介を実施中当日の当り番以外の労働者が紹介を強要し実力を振るった云々。神奈川・川崎安定所（三月一七日）―完全就労を要求し中原現場事務所に団体で押しかけたが交渉は不調、労働者は怒号し課長を殴る。同川崎安定所（同一八日）―前日夜九時迄かかつて交渉して得たものは、市との連絡の結果当日のアプレ六六名を出番外でなしくずしの紹介をなすことにとどまった。のち六、七十名が中原現場事務所になだれ込んでき、一名が二尺あまりの太いこん棒を取り出して振りかざした。東京・立川安定所（三月二八日）―府中東芝被整理者を主力とする三〇名が早朝から登録要求をなしつつあったが、午後になると労働者は一五〇名に増加し安定所を包囲し大声でどなりちらし、所長以下は課長室に約一時間軟禁状態となった。島根・松江安定所（四月一日）―雨降りのため約二〇〇名のアブレが出た処、労働者は「雨が降っても安定所は紹介すべきだ」と怒号し廳舎内は騒然となった。一斉に、「職よこせ、紹介せよ」と叫び、所長不在のため業務課長に団交を求め組合幹部三名と面会すると約束、後から後から詰めかけ業務課長を囲み各自勝手に「竹槍で殺すぞ」「安定所へ火をつけろ」「ぶんなぐれ」「追放しろ」「不安定所」等の暴言を吐き脅迫した。京都・七條安定所（四月一日）―早朝紹介事務官が群集に取囲まれ脇腹を蹴られる。大阪・堺労働出張所（同月二日）―午前六時四十分共産党員四名を含む八名の労働者廳舎裏口の施錠を破壊して乱入し「所長を大衆の前に出せ、不在ならば紹介係長出ろ」と連呼し、所長室にちん入しようとして職員ともみ合い終に扉を破壊して室内に入り込み、「完全就職」「輪番制の改正」「交通費を出せ」の要求をした、京都・七條安定所（同月四日）―午前七時頃七〇〇名の労働者が騒ぎ出し職員の後頭部にインクの吸取器を投げつけた。岐阜・高山安定所（同月一一日）―下品町失業対策事業就労者六名は補佐員の自宅に押しかけ「毎日働かせろ」「前金をもつと高くしろ」「馬鹿野郎」等の暴言をはき暴れた。福島・平安定所（同月一三日）―内郷町自由労働者組合では雨天による不就労の手当を要求し平公共職業安定所及び平土木監督所と交渉、「男が一旦支拂うと確約したのであるから洋服を賣り拂ってでも支拂え」「自費で支拂うには上司の命に従う必要はない」「土方にはストライキの権限がないから暴動以外はない」などと発言。愛知・半田安定所（同月一九日）―輪番外労働者を含めた全員の就労、完全就労を要求し、殴打したので半田市警に連行される。大分・中津安定所（同月一九・二〇日）―紹介ミスを廉に全員の就労を要求し二日間に亙り事務室内に侵入し脅迫的交渉、窓ガラス、裏口ドア、水道引入管及び塀（四坪）等を破壊するという。福岡・八幡安定所（同月二三日）―就労手帳不正使用のかどで手帳を取り上げられた労働者の暴言脅迫。広島・呉安定所（同月二五日）―事務官が阿賀町豊栄新開現場にて労務状況検査中労働者の替玉就労を発見、番号票を取上げた処、激昂して詰問し、殴打し怪我をさせた。岡山・岡山安定所（同月三〇日）―三沢組から労働者二名の求人があり自動車で迎えにきたので、無理に就労しようとしてもめる。

同誌によって、安定所の弱體化行動、としてまとめられた諸行動を以下に列挙する。

（1）安定所の弱体化宣傳

1　大阪　淀川安定所一月十八日（声明書）

職安青年職員諸君へ！

諸君は吾々の苦しめられているやり方や、生活に対し深い同情を持っておらるることと信ずる。日雇に同情しても何も出来ず反対に叱られるという事実に対し一体誰が悪いのか、どうすれば一番正しいのか、出世する方法と人間としてのやり方にギャップはないか、若しからくりがあれば一つよく考えてみてくれないか。

2　埼玉　川口安定所　二月七日（ビラ）

失業保険で喰えない俺達に安定所は何をやってくれているんだ。保険の認定を午前中で打切り、午後は仕事をさがすどころか一軒々々内職の摘発に歩き、罰金をブッかけ俺達の保険をとり上げようとしている。これでは警察署や税務署とどこが違うんだ。

3　東京　池袋労働分所　三月三日（ビラ）

失業者に武装警官を動員した安定所長を追出せ。職安から暴力的なものを追出せ。職安の所長は人殺しだ。職安の人殺し所長を追出せ。

（2）業務妨害行動

1　神奈川・川崎安定所一月十三日（波状攻撃）〈以下略〉

2　茨城・日立安定所一月二十四日（不法占拠）

失業反対同盟幹部の煽動により當日就労豫定者二一五名はアブレ九〇名と合流し、早朝から安定所を包囲し所長出勤するや直ちに罐詰交渉に入り午前九時になると労働者全員なだれをうって所内に乱入し、所長室の窓ガラスを全部取りはずして窓や机上にあがって占拠する等の暴挙、市警出動。

3　岡山・岡山安定所二月二十五日（施錠破壊）

組合幹部が労働課の施錠を破壊し多数を事務室に誘導、公務を妨害。

4　東京・新宿安定所二月二日（不法占拠）

共産党員にアジられた約一〇〇名（女二七名）の労働者は「全員登録」を要求して所内に侵入し二階を一時間占拠し、調査課および一般求職者の一般紹介業務を妨害した。

5　茨城・日立安定所二月三日

全員就労を要求して全員で所内に侵入し、退廳時刻迄業務は完全に停止した。

6　滋賀・彦根安定所二月十一日（廳舎侵入）

輪番制実施反対、「全員就労」を掲げて労働者三〇〇名が所内に乱入、事態拾収《ママ》のため来所した市警五〇名と二、三時間廳舎内に入り乱れる状態となる。

7　滋賀・彦根安定所二月十四日（不法占拠）

彦根安定所における日雇労働情勢は地区共産党員の煽動により約五〇名の労働者が約二時間に亙り安定所を占拠し、器物損壊等を行った。

8　静岡・清水安定所二月十七日（居坐り、暴行）

労働者約一五〇名は「何故アブレが出るか、完全に就労せしめよ」と叫び組合幹部十二名は事務室内に侵入し、所長、業務課長を約三時間に亙り「つるし上げ」状態にした。その後待機中の一五〇名も事務室に侵入、居坐った。

9　神奈川・川崎安定所三月二日〔暴行〕

入江ヶ崎現場は朝鮮人に職場を固められ、日本人は一名も行かなくなった。これに対し安定所は輪番制による失業の均等化と作業能率の向上を図る目的で班制（男二〇〇名、女九〇名を各一班として班による輪番制をとっている）のまま全員の交替を施行することとなった。この処置に反対する朝鮮人は早朝紹介の際に労働課長の首すじを掴み衿巻をふりまわす等の暴行を行い男子の紹介業務を不能ならしめた。そこで女子の紹介を始めようとしたが組合副委員長の田代ふでが両手を擴げて女子求職者の紹介を妨害した。その結果二時間余りも業務は停止のやむなきにいたった。

10　東京・八王子安定所三月三日（不法占拠）

午前十一時十五分から一時間の交渉時間を指定して共産党員を主体とする労働者側と交渉、妥結せず交渉は打切りとし退去を宣告、これに対し溜場に待機中の約一五〇名の労働者が所内に侵入、再団交、所長が交渉打切りを宣言したので群集は再度所内になだれ込み、安定所を完全に占拠した。

11　神奈川・横浜安定所三月十日（紹介不能）

東神奈川自由労働組合は、安定所の紹介方法に対し何かと容喙しつつあったが、三月十日安定所側で民間求人に対し紹介順位を定め紹介を開始したところ同組合幹部田辺正夫は「職業選擇の自由であることは憲法並びに職業安定法によって保障された基本的人権である」とアジ演説を行い紹介業務を停止させた。

12　広島・広島安定所三月十日（紹介不能）

当日から輪番制を実施しようとしたが、かねて輪番制実施絶対反対を唱えていた共産党分子が輪番制の木札を取りはずして破棄し火に焚く等をなす一方、地区委員中井、雀、難波某等は参集者

一一、三〇〇名に向い木柵の上に立って大衆煽動を行い縣へのデモに強制参加せしめたため半日間紹介業務は停止となった。

13　東京・王子安定所三月十三日（所舎侵入）

午前九時頃全員登録要求行動に入った約一〇〇名の集團のうち八〇名が所内に侵入、執務妨害しようとしたが大事とはならず。

14　東京・澁谷安定所三月十五日（所舎侵入、器物破壊）

共産党員石崎、朴某外数名は擴声機を使用してアジ演説を行い四〇〇名の列をかく乱し、群集を煽動して所内に突入させた。電話線切断、窓硝子の破壊、職員一名が負傷、一般求職者、失業保険金受給者等は逃げ帰った。

15　同澁谷安定所三月十六日（擴声機による妨害）

朝の配置実施前に共産党員石崎がアジ演説。安定所は前日同様擴声機を使用して紹介を受けた者は直ちに現場に行くようこれを妨害、ために約三〇〇名が正面入口に蝟集し放送を妨害し、また取付けてある擴声機を取り落そうとした。

16　千葉・市川安定所三月三十日（紹介不能）

早朝共産党員池田、鴨川の二名は参集中の日雇労働者の手帳を各自より集め、安定所に渡さず、紹介を不能ならしめた。

17　神奈川・東神奈川安定所四月六日（執務不能）

輪番紹介反対を標榜する組合幹部は輪番制実施日に午前三時半頃から安定所前に来り既に集合しつつある労働者に対し、組合作成の行列番号札を勝手に配布し、次の如き大衆アジ演説を繰返した、またのち事務室内に侵入した。
一、安定所は輪番制により就労の機会を失わしめておいて、これが枠がないからと称して平然として無為に日を送ろうとするものである。
二、大衆が全員反対するものを、法律でない唯の指示事項に過ぎない一片の通達を楯にとって押しつけ全然官廳の民主化から離れた事を行おうとしている。
三、職業選擇の自由を束縛しようとしている。

18　北海道・函館安定所四月十日

労働者をドレイ化する
体力検査に反対しろ！

安定所では最近の失業者は勤労意欲が低下し作業能率が上らないという理由でこんど適性検査という制限をし現在の登録労働者をふるいおとそうとしている。

基準は現在就労中の組長及び数名を集めて試験しその平均握力四十五を基準とした極めたいいかげんなもので、しかも紹介係がその本人の体力を勝手に鑑定してきめる全く事実を無視したでたらめなやり方だ！

現在就労中の登録者全員に実施して合格しないものは容赦なく就労を停止する計画なんだから将に労働者の基本的人権である働く権利をふみにじり、労働者のドレイ化でなくてなんだ！

日本共産党函館地区委員会

19　愛知・名古屋安定所

一九五〇、四、一〇、

私達を安定所から馘にする
　縣の悪だくみをたたきやぶれ
十日朝、縣の方ではトツゼン警察を狩り出して各定安所で強制的に罪人扱いのシャシンをとり始めた。
役所の方では、「不正をしているものがあるから」と云っているがそれだけでは済まない。
縣の方ではひどい悪だくみがあるのだ。そのたくらみは、①いま手帳を持っているものは（イ）夫がいるとか（ロ）年上の人が働いているとか（ハ）くらしに困っていないじゃないかなどインネンをふっかけて沢山の手帳をとり消し、②新しく登録に来る人には手続もむづかしくして登録拒否をやり、③シャシンをとっておいて私達が縣廳などに押しかけたときに組合幹部をねらい打式につかまえる材料にするつもりだ。

（3）職員に対する策動

1　埼玉・大宮安定所二月七日。東京・新宿安定所三月二日。福島・平安定所三月二十五日、紹介業務に従事している職員に対し「反動者」「馬鹿野郎」等人身攻撃的文字を書いた宣傳ビラを撒布。島根・松江市四月五日、職安の一所員は押しかけた自由労働者に対して「大局的見地から見れば少々のアブレは仕方がない」との暴言を吐いた。宮城・石巻安定所四月十一日、石巻安定所前共産党壁新聞中の一節「千葉所長に退職要求決議か、かねてから無能でとうていその仕事をやっていけないと労働者間で問題になっていた千葉安定所長に対して労組大会当日退陣決議がなされるものとみられる。(33)

こういった戦後の失業反対闘争について斎藤一郎は、以下のように数字をあげて次のように述べている。

四九年五月いらいのニコヨンの闘争は労働省の公式統計によると次のようになっている。

月別	発生件数	参加人員（指数）
四九年五月	四九	一、五六二
六月	三二	一、六六九
七月	八五	三、三四二
八月	一七四	七、二七五
九月	一〇七	四、七九〇
一〇月	五九	一、八三五
一一月	二七	七八九
一二月	七一（一〇〇）	五、四三六（一〇〇）
五〇年一月	一四〇（一九七）	一〇、六九〇（一九七）
二月	二四九（三五一）	一四、一二二（二六〇）
三月	七四三（四五一）	五二、三二二（九六〇）
四月	九〇四（一七八九）	七三、一五八（一三八三）

ニコヨンの闘争は激化するばかりであった。六月二十七日から二十九日までの東京の二三の職業

安定所だけでも次のような闘いが記録されている。神田橋、深川は二十六日は全員就労、飯田橋は二十名のあぶれがでたので一、六〇〇名が座りこみ交渉をした。王子は二十七日二十二名のあぶれがでたので一〇〇〇名のすわりこみ強行、武装警官三〇〇名が出動した。二十八日夜、九名検束されたが屈せず、二十九日には二、〇〇〇名のすわりこみで全員就労を闘いとった。新宿三十四名のあぶれで一、五〇〇名すわりこみ、渋谷二十二名のあぶれに五〇〇名すわりこみ交渉にはいった。これらの闘争は未登録失業者をまきこんだ就労手帳よこせ闘争が居住地で組織され、動員のプールにする形がとられていること、二十名ないし三十名のあぶれにたいして五〇〇〜二、〇〇〇名が動員されている。四九年のニコヨン闘争は組織労働者の闘争と結合せず孤立して闘われたが、五〇年の闘争では組織労働者が失業者の闘争にまったく無関心であったことには、かわりはないが、ニコヨン労働者の方から組織労働者に結びつくような積極的な行動をとった。日立亀戸にたいしては東日電線、汽車会社と共闘をくんでのべ五十名から六十名を動員した。これにはげまされて就業労働者は職安の手帳整理に反対して共闘を組織した。富士三鷹を中心とする工場代表者会議ではニコヨンが行動隊に参加すると申しいれている。また全商工の突破資金要求にたいしては神田橋自由労組がぞくぞくと応援にかけつけた。失業反対闘争の中心部隊は東京土建労組であったが『居住地におけるあらゆる未組織失業者を地域的に組織し、経営の闘争との結合のなかでネバリづよい手帳よこせ、完全就労闘争をすすめていく闘争をその中心点として闘いをすすめていく』ことがその方針であった。(中略)……あやまりにもかかわらず、このニコヨン労働者の闘争はその何よりも激しい行動力にものをいわせて、組織労働者にたいしてたちなおりを要求したところに大きな意義があるのである。

しかしわれわれはそこに大きなあやまりがあることを指摘しないわけにはいかない――それは失

業反対闘争を職安のなかにとじこめて敵の集中砲火にさらしたことである。失業者が一千万をこえているのに、失業者の闘争と就業労働者の闘争との結合するような指導がだれからもあたえられなかった。失業反対闘争はつねに自然発生的なものに放り出されていた。このような、はげしい闘争のなかで党も労働組合もついに失業反対闘争の正しい方針をうむことができなかったし、またその努力もはらわれなかった。それが現在までのいい加減な失業者の闘争の伝統をなしている。(34)

こうした斎藤の見解は、（中略の部分でとくに）不可解なところをも含んではいるものの、失反闘争の孤立化＝自然発生のまま放置、党や組合による指導の喪失という現象の指摘において正しかった（今は斎藤自身が産別の党フラクであった責任は問わないものとして）。しかし、なぜ放置されたのか、指導は何故されなかったのか、さらに掘り下げて検討する必要がある。完全就労を要求することによって、敵権力の非民主性、基本的人権無視、憲法蹂躙を弾劾する、そのことによって大衆をある方向へと組織しようという方針自体に問題があったのではないか。そうした「指導」の先（の先）にあったのは、精々のところ〈民主政府樹立〉でしかなかったであろう。でもどうやってそれを実現するというのだ?? 所長室などの集団占拠や大衆団交、あるいは職安職員に対する殴打や腕力制裁によって、それが実現されるとでも言うのだろうか?

こういったいわゆる求職闘争、あるいは完全就労要求運動の、その枠の外では、組＝人夫供給専門業者や会社員労務などを通じた就労、また手配師などによる路上手配が、勢いよく蔓延っているというのに、対職安闘争を通じて職安経由の就労だけを牛耳ったとしても、独占資本とゼネコンは痛くも痒くもないであろう。ＧＨＱとその手先の日本政府また然り。人夫、臨時職工、要するにすべての非正規労働者自体が起ち上がって対資本、対政府の力関係を変えていかなくては、あるがままの世界の様相を変革することは出来ないであろう。経済九原則からドッジライン、レッドパージと続く、空前の大失業時代なのに、日本共産党と東京土建―全日自労は大衆を指導し組織し、反政府闘争へと運動を盛り上げていくことに失敗した所以である。

その時とは比べものにならない程度でしかない昨今の「不況」に際し、「派遣村」とかをやって「政府や自治体にもっと対策を！」と、公的援助のおこぼれをお願いしても、事態の変更、そして世界の改革、そうしたものの根本変革へと歩みを進めていくことは、ほとんど不可能なのではなかろうか。そこにあるのは、精々のところ現体制の構造変革でしかあるまい。でなければ、政府委員のひとりになって、政策提言をしていくことが出来るぐらいが関の山であろう。鞏固な現体制の壁はビクともせず、けっして揺らぐこともないであろう。まして、壁自体の撤去、根源的解決には、ほど遠いであろう。

日雇労働者、期間社員、現代の組織された手配師集団＝人材派遣会社からの（派遣や請負などという名の）すべての短期間契約労働者、また社外工や、その多くが女性であるパート労働者等々……この日本資本主義をこれまで底辺で一貫して支えてきたいっさいの臨時労働者による、これまでのような苦役労働――超低賃金、切り詰められた休憩時間、長時間重労働、労働現場や居室のきわめて不衛生な環境、上司＝職制による労働強制と追い回し、突然の首切り……それらいっさいから解き放たれること、それこそが最も必要とされるところだ。日帝からの解放とはそうした苦役からの解放であるとともに、働く喜び、自己実現の達成へと繋がるものでなければならないであろう。

寄せ場の運動家で「頭脳」であった山岡強一は、このときの職安闘争が表面上どのように激化形態をとろうとも、どれだけ全国化したとしても、基本的に大きな枠の内に止まっていたという基本限界があった、と指摘している、「四九年ドッジ・プランが発表され、大量の失業者が出る中で、特別失業対策事業法が制定され、全日土建（四七年）→全日自労（五三年）など日雇―下層労働者の闘いは、国や地方自治体の労働行政の枠を嵌められ」ているという限界が存していたと指摘している。[35]彼は、「六〇年からのそうした枠からはみ出た労働者群の登場」、寄せ場における日雇労働者の自己解放運動、暴動という形態をとった現場にこそ、一点の燭光が見出されると指摘して、稿を結んでいる。その指摘は今なお味わい深く、光り輝いているであろう。

註

（1）GHQ労働課担当官コレットの談話、北海道労働科学研究所編『臨時工（前篇）』一九五五年刊、五〇五～〇七頁参照。
（2）「戦後山谷運動略年表」『黙って野垂れ死ぬな』裏表紙に記載されている。
（3）三好宏一「労働者供給業禁止政策の推移」（前掲『臨時工（後編）』一九五六年所収）参照。
（4）『日本占領・外交関係資料集――終戦連絡中央事務局・連絡調整中央事務局資料』第一巻（一九九一年柏書房）一九一頁。なお、原史料は漢字カナ混じり文だが、読みやすいように平がなに直した。以下の引用についても同じ。
（5）同九二～三頁。
（6）同三一頁。
（7）前掲『臨時工』三一〇～一一頁。
（8）戸崎繁『監獄部屋』一九五〇年。再刻二〇二～〇三頁から引用した。ただし写真を略す。
（9）田中・松沢編『中国人強制連行資料』（現代書館一九九五年刊）に依る。

(10)戸崎前掲書二〇五～〇七頁。
(11)同書二〇九～一〇頁。
(12)同二一二頁。
(13)同二一四頁。
(14)同二一七～八頁。
(15)コレット、前掲『臨時工（前篇）』五〇六頁。
(16)邱炳南「壕舎生活者はどうしてゐるか」（東京帝国大学社会科学研究会編『起ちあがる人々』学生書房一九四六年一一月刊）。
(17)竹中労『山谷―都市反乱の原点』（全国自治研修協会一九六九年刊）一二三頁。出典などが明記されていないので確かな数字とは言えないが、上野に多かった、というぐらいに受け取っておきたい。
(18)前掲東大社研編書の中の薄信一「浮浪者の実態をつく」参照。
(19)山本俊一『浮浪者収容所記』中公新書一九八二年を見よ。
(20)薄前掲論文、前掲東大社研編書六一頁。桜ヶ丘小学校は下谷区にあったという。
(21)邱前掲論文、同前二九頁。
(22)後掲、芹沢勇論文第九表を見よ。
(23)『現代棄民考』（田畑書店一九八七年刊）二一頁参照。根拠が示されていないので、一〇〇名とかいう数字は怪しいが、坑夫への送り込みはさもありなん、とも考えられるのでここに記しておいた。
(24)日本建設工業会『華鮮労務対策委員会活動記録』参照。
(25)『寄せ場文献精読』二〇〇四年刊の編纂過程で発掘されたもので、そこで簡潔に紹介されてもいる。
(26)横浜市総務局行政部調査室刊、一九六七年執筆。ただし叙述の対象とされた時期は一九四八年後半から四九年初め頃である。
(27)同上二頁参照。
(28)同上三～四頁参照。

(29) 内務省社会局『臨時職工及人夫ニ関スル調査』一九三五年三月に依る。数字は一九三四年一二月末現在であり少々古い。
(30) 芹沢前掲四～五頁。
(31) 労働省職業安定局編『職業安定広報』一巻五号、一九五〇年六月号、一五～一六頁。
(32) 同前号、一六頁。
(33)『職業安定広報』一巻六号＝七月号および同七号＝八月号所載の関係記事をまとめた。
(34)『戦後日本労働運動史』上、一九五六年三一新書、三一八～二〇頁。
(35)「山谷——釜ケ崎の闘いの歴史と船本洲治」『黙って野たれ死ぬな』れんが書房新社一九八五年刊、二七四～七五頁。

補注　戦前のことであるが東京市養育院について谷山恵林「大東京の社会事業概観」は以下のように述べている、「目下東京市の行ふ社会事業施設は大別して二系統五部となる。一は東京市養育院であって自営自給の方針をとり、他の系統は社会局、教育局、保険局、商工課即ち市役所の局課に直接関係するものとで別立の姿をなしてゐる。養育院本院は板橋分院と共に郊外板橋に茫々数万坪の土地を擁し木造二十数棟甍を連ね市内の窮民を救護し行旅病者の救療に従ひ幼童の一時収容を計り、板橋分院は癇疾並肺患の者を救治する。巣鴨分院は窮民児、棄児、遺児、迷児の学齢に達せるもの養育並に教育に当り井之頭学校は感化矯正を要する児童を収容してゐる、この系統に属するもので虚弱児童のために転地保養所たる安房分院がある。養育院が殆ど無辜遽るなき撰りすぐりの窮民行旅病者棄児等を対象とするに比すれば社会局等経営のものは全体としては遙かに順境者を扱っている」と(『日本地理大系第三巻 大東京篇』一九三〇年改造社、二六〇頁)。戦後から今日までの経過については未詳、今後検討したい。

第3章　日帝敗戦以降の日雇労働者と寄せ場

1　占領体制を支えたもの

一、依然猛威を振るう労働力調達の官僚＝機構

公式の通史である労働省職業安定局編『職業安定行政十年史』は、日雇労働者をどういうふうに見、どのように扱ってきたか、巻末の年表も参照しつつ関係部分を書き出してみよう。

この公式歴史書は、職業紹介の項で先ず「昭和二十年、戦争遂行のための勤労動員が終止符を告げたとき、一切の混沌の中にあって、厚生省勤労局が先ず行わなければならなかったのは、日本に進駐した連合国軍のための労務供出という至上命令の遂行であった[1]」と記すとともに、また詳しく次のように言っている。

「……連合国軍労務の供給が、戦争の終結と同時に課された重大問題であったことは、『日雇勤労署設置に関する件』の通達（昭和二十一年二月二十七日）が『聯合国軍進駐部隊関係労務等現下日傭労務ハ愈々重要性ヲ加ヘツツアルニ鑑ミ之カ迅速適切ナル就労斡旋ハ最モ喫緊ナル要務ト被存候』と述べていることからも、この問題の重要性はうかがわれる。そして『聯合国軍関係労務取扱に関する件』というような通達は累次に亘って発せられ、特に労務供給業者の介在を排除することが連

合国軍司令部の強い意向であったことからも、連合国軍労務の供出は重要な課題であった。昭和二十一年八月には聯合国軍関係労務地区別事務打合会が主要地区の関係係官及び関係署長を集めて開催され、その労務充足への努力が傾注された。このようにして、労務の供出が多大の労苦と奔走の裡に遂行され」た、と。(2)

そうした彼らの労苦の結果、各種の制度改革が行われ、そうした改革のお蔭で当時緊急必須とされた「連合国労務、石炭労務、繊維産業労務」が充足され、戦後復興が成し遂げられた、と自己宣伝をしていたのである。さらに特記すべき事項を左記に摘記しておこう。

一九四五年一〇月六日 警視庁官制が改正されて、その管轄下にあった国民勤労動員署は勤労署と改称される（依然警視庁管轄下にあった）。

同月一一日 国民勤労動員令廃止され、勤労配置規則制定される。

一一月 職業紹介業務規定制定――「『日雇労務者ノ職業紹介ニ関シテハソノ大部分ヲ労務協会ニ譲ルコトトシタ』とされているのはこの間の事情を物語る。この労務供出［「日本に進駐した連合国軍のための労務供出」を指す］のためには、大日本労務報国会を改造して労務協会を作り、この手持労働者を活用するという窮余の一策がとられねばならなかった」というのである。

一二月二四日 勤労署の指揮監督は地方長官に変更（以前は国・警察機構下にあった）

一九四六年三月一六日 労務協会廃止され全国八六箇所に日雇勤労署を設置（三月九日公布）

日雇労働者紹介の業務手続と様式が統一的にまた細かく制定されて、「労働紹介が行われることとなった。しかし、これが労務供給業者の介在を排除して、日雇勤労署によって完全に把握、運営されるのは容易ではなかった。屢次の通達と日雇勤労署の労苦……この昭和二十一年から二十三年に亘る期間……」[3]とある。

こういったことからして公式歴史書でさえも、少なくとも一九四八年ごろまでは労務供給業者の介在と継続を認めていたことが知られるのである。

上野職安の場合は、以上のような事情を一役所として左の通り素直に告白している。

「……昭和七年都制改正に依り『東京市職業紹介所上野出張所』となった。この頃より職業紹介所国営論が台頭したのであるが仲々捗らない儘過ぎたが、偶々蘆溝橋に端を発した日華事変は之に拍車をかけた。国家的見地に拠る労務の全国的適正配置を図る為には国営にせざるべからずとの趣旨を以て昭和十三年七月一日当時東京府市所轄の各紹介所は国営の東京職業紹介所並びに東京労働紹介所に統一され、當所も東京職業紹介所上野出張所と名称をかえ、東京府知事の指揮、監督を受ける事となった。事変は益ゝ進展するにつれ、国内に於ける労務の需給調整に全力を挙げる国は機構の拡大と能率の倍加を意図して十六年二月一日を以て職業紹介所を国民職業指導所と改称したので當所も「東京国民職業指導所上野出張所」と改めた。然るに労務調整令並びに労務対策の遂行に付国民職業指導所の機構は更に整備充実を必要とせられ、昭和十七年三月十日厚生省告示を以て當所も従来の一出張所より脱皮して独立の職業紹介斡旋機関としての「下谷国民職業指導所」に昇格した。機構として庶務、業務、登録及転職の四部が設けられた。同年十一月一日付を以て警視総監の指導監督を受けることゝなった。職員は待遇官吏より官吏となった。更に昭和十九年一日付「下谷国民勤労動員署」となり戦時下労務行政の第一線官庁として活躍したのであるが、ついに終戦に伴ふ平和国家への変革は動員署の機構、業務等にも変化を齎し、斯くして名称は幾変転を経て同年十月六日「下谷勤労署」となった。十二月二十四日付を以て東京都長官の指揮、監督を受けると共に敗戦後に於ける労務の監督並びに国民の完全就職を目途とする現業官庁として再出発をしたのであるが、本年［昭和二十二年］四月八日付上野公共職業安定所と改称するに至った。(4)」

以上は、このような公式歴史の伝えるところだが、実際の歴史過程はそのようなものではなかった。神奈川県公文書館所蔵史料は、その実態の一端を〔図1〕のように赤裸々に伝えている。同史料は、一九四五年一二月二八日付の通達（あるいは命令）である。(5)

〔図1〕

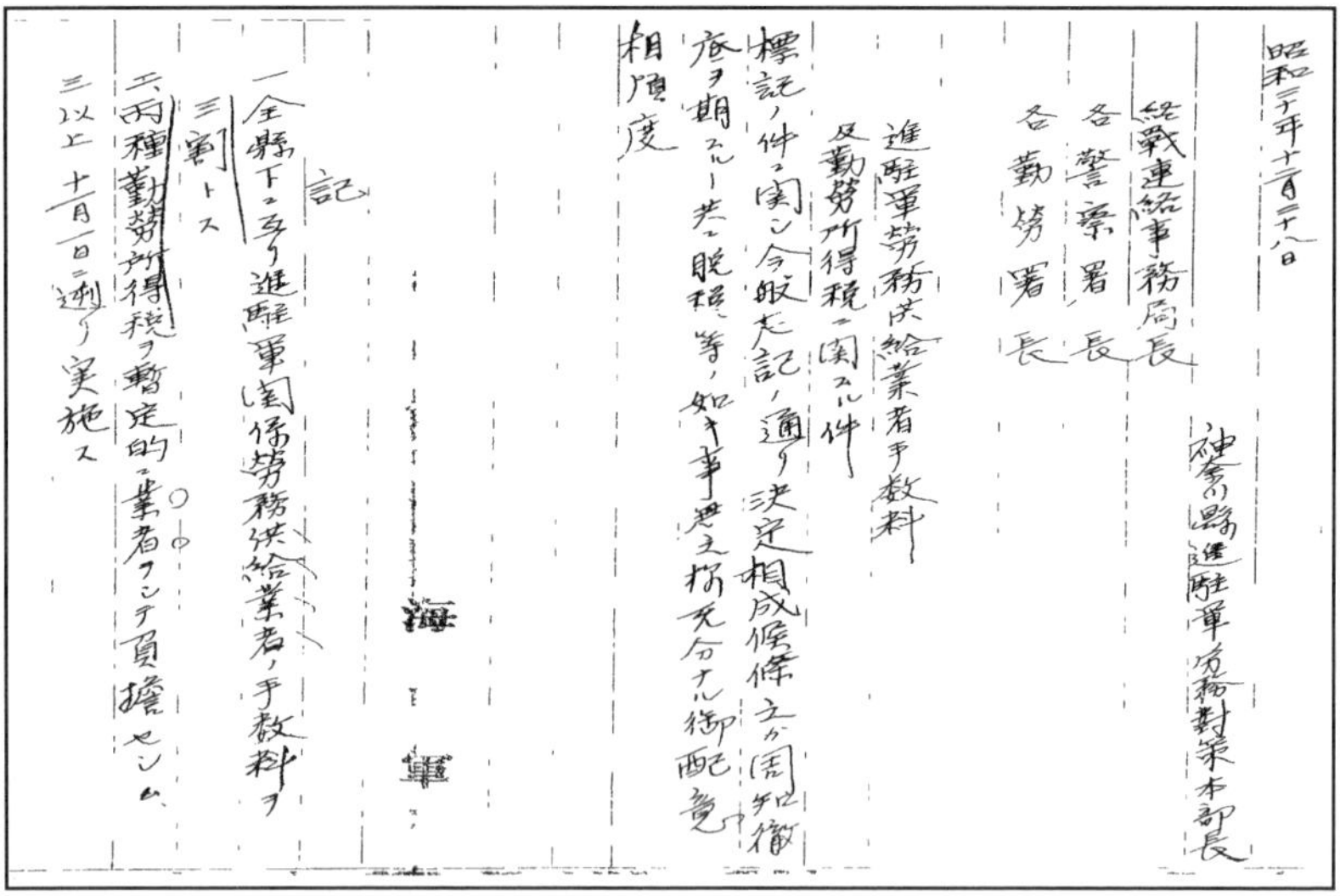
昭和二十年十二月二十八日
終戦連絡事務局長
各警察署長
各勤労署長
神奈川県進駐軍労務対策本部長
進駐軍労務供給業者手数料及勤労所得税ニ関スル件
標記ノ件ニ関シ今般左記ノ通リ決定相成候條之ガ周知徹底ヲ期スルト共ニ脱税等ノ如キ事無之様充分ナル御配意相煩度
海軍
記
一 全県下ニ亘リ進駐軍関係労務供給業者ノ手数料ヲ三割トス
二 両種勤労所得税ヲ暫定的ニ業者ニテ負擔セシム
三 以上十一月一日ニ遡リ実施ス

「進駐軍関係労務供給業者」を公式の文書の中で認めた上「手数料三割」という高額のピンはねを容認していることが分る。一一月一日に遡って適用、というのだから、米軍が日本占領を開始して二ヶ月半程度しか経っていない時期のことである。

翌四六年四月八日には、米海軍基地司令部も「司令部命令第八十一号　日本ノ労務ニ関スル件」を発して次のように言っている。

「(8)（中略）作業ハ日本人足頭または指揮者ノ指揮監督ノ下ニ行ハル　米国人ノ監督ハ最小限に縮小セラルヽモノトス日本人足頭ノ義務ハ

(a)……部労務官ノ指定セル時刻及場所ニオイテ労務者ヲ集メルコト

(b)彼ノ班（部下）ノ行為ニツキ責任ヲ持ツコト、特に窃盗ヲ豫防スベシ

(c)彼ノ部下ノ作業を監督指揮ス……不熟練一般労務者ガ要求サレタル際ハ各二十五人ニ付一人ノ人足頭ガ要求サルヽモノトス……」[6]。

この時期においては米占領軍つまりはGHQ自体が、これまで通りの親方制度を踏襲して労働者を支配監督し作業に駆り立てようとしたことが知られるであろう。「労務者」問題については占領軍の実態認識もそれ程進んで居なかったことが窺われるし、また政策姿勢もまだ定まっていなかったことが知られるであろう。

続いて一九四六年五月一七日小田原勤労署で開かれた「勤労署長会議」の史料の中にその「指示事項」

として、次のようにあからさまに記されていた。

「一、日雇勤労署業務運営に関する件
三月二十八日厚生省通牒ヲ印刷配布ス
労務供給業者ノ改廃ニツキ十分慎重ニ行フヲ要ス．従ッテ従来通リノ方法ニ依リ取リ行ハレタシ．
新タニ申請スルモノ許可セザルコトニ通牒済アリ．」

だが実際には、どういうふうに「慎重ニ行フ」というのだろうか？　先ずは、紐付きの外郭団体たる「日傭労務処理委員会」とかいう、労働者のエセ「自治的団体」を設け、それらの団体に従来労務供給業者が所有していた「諸器具、設備等」を買い取らせるか賃借させる、というのが一案。旧来の業者、所謂親方層はこれで金銭的に一息つけるというものである。温存策の一であるが、極めつきは旧来の親方たちを日雇勤労署の職員に取りたてると共に、労働現場では「世話役」を通じて労働者の指揮を行う一方、進駐軍労務士官との連絡に当たらせる、それに対しては手当を支給する、というのである。

驚くべきその〝提言〟を参照されたい。あまりにも露骨な旧体制温存策なので、読み難いけれど、敢て同史料の写真版〔図2〕と、解読したものとを左に掲げる。

次に、史料〔図3〕は、四六年六月頃起草されたもので、発足間もない日傭勤労署の任務や役割分担などを規定しようとしたものである。これは横須賀の場合だが、他でも同じようなものがこの時期に制定されていたとみられる。こういった方向での取り決めは、同七月二九日付次官会議決定、三〇日閣議諒解ともなっているからである。

注目されるのは、第二条の、責任機関は横須賀日雇勤労署、場合によっては横須賀勤労署とされている点、第三条の、契約の当事者は労働者—終戦連絡横須賀事務所間だが日雇労働署を経由すること、ただし「労務供給業者その他の団体に所属する」労働者の場合は、その団体の責任者と契約するという点（一一条では単に「業者」とだけ記載されている）、第五条の労働者の集合、引率、引渡しは日雇勤労署の責任だが、「但し労務者の引渡し等に関しては必要に応じ終戦連絡横須賀事務局係官の立会の下に之を行うものとす」などである。また、八条にある「労務者の集団に……現場指導者を置く」は、追回しあるいはボーシンなどを示唆するものと受け取ることが出来、そうであるならばやはり旧来からの親方制度の依然とした存続を意味するものであろう。そして、本要綱に記載がない場合は終連横須賀と日雇勤労署が「協議の上必要の都度之を定む」と

〔左記史料の解読〕
「三、介在を排除せられたる労務供給業者及びフォアマンにして本人の希望するものは之を日傭勤労署の職員（無給職員）として採用し日傭勤労署の指揮下におき本人は同時に一般労務者として現場に於ては世話役の指導、勤労署に於ては進駐軍労務士官との連絡等に従事せしめ日給三十五円程度の賃金を新たに設定して之を支給しその者の生活不安をなからしめる如き措置を講ずると共に、別に労務者相互の推薦に拠る世話役を設けて基本賃金の外に一日五円程度の特別手当を支給し之を其の指揮下におくものとす」

〔図2〕

〔図3〕

聯合軍横須賀地區勞務取扱暫行措置要綱

第一　聯合軍最高司令官又ハ聯合軍横須賀基地指令官（以下單ニ聯合軍ト稱ス）ノ指示セラルル勞務供出ノ取扱ハ別ニ定メラレタルモノヲ除クノ外横須賀地区ニ於テハ本要綱ノ定ムル所ニ依ル

第二　聯合軍ニ對シ提供スル勞務、賃金其ノ他ノ給與及之ニ附隨スル勞務行政事務ノ責任機関ハ横須賀地区ニ於テハ横須賀日傭勤勞署トス但シ特ニ定メラレタルモノニ付テハ横須賀勤勞署トス

第三　聯合軍ニ使用セラルル勞務者、技能者其ノ他一切ノ者（以下單ニ勞務者ト称ス）ハ終戦連絡横須賀事務局ト契約ヲ締結スルモノトス但シ勞務供給業者其ノ他ノ團体（以下單ニ業者又ハ團体ト称ス）ニ所属スル勞務者ナルトキハ其ノ業者又ハ團体ノ責任者ト契約ヲ締結ス
前項ノ契約ハ横須賀日傭勤勞署ヲ経由シテ之ヲ行フ

第四　終戦連絡横須賀事務局ハ毎日午後一時ニ横須賀日傭勤勞署ニ對シ聯合軍ニ於テ要求スル勞務ニ関スル一切ノ措置ヲ通達ス
横須賀日傭勤勞署前項ノ通達ヲ受ケタルトキハ日傭勞務處理委員会ノ決定事項ニ基キ必要ナル措置ヲ講ジ其ノ顛末ヲ終戦連絡横須賀事務局ニ報告スルモノトス其ノ變更訂正等ヲ為シタルトキ亦同ジ

第五　勞務者ノ集合　引率　引渡シ其ノ他就勞上必要ナル措置ハ横須賀日傭勤勞署ノ責任ニ於テ之ヲ行フ但シ勞務者ノ引渡シ等ニ関シテハ必要ニ應シ終戦連絡横須賀事務局係官ノ立会ノ下ニ之ヲ行フモノトス

第六　勞務者ノ集合　就勞等ニ関シテハ予メ聯合軍ヨリ指示セラレタル日時場所ニ於テ之ヲ行フ

第七　通譯ハ聯合軍ノ指示ニ基キ勞務者ノ集團別ニ之ヲ配置ス
通譯、終戦連絡横須賀事務局ニ所属シ其ノ指示ニ従フ

第八　勞務者ノ集團ニハ必要ニ應シ現場指導者ヲ置ク
現場指導者ハ業者又ハ團体ニ所属スル場合ニ於テハ業者又ハ團体ノ責任者ヨリ横須賀日傭勤勞署及終戦連絡横須賀事務局ニ届出ヲ為スモノトス

第九　横須賀日傭勤勞署ハ予メ終戦連絡横須賀事務局ヨリ其ノ發行スル別紙第一號様式ニ依ル勞務者就勞票、（Japanese Laborer Hiring Card）ヲ毎月請求スルモノトス
前項ノ勞務者就勞票ノ受拂ニ付テハ簿冊ヲ備ヘ其ノ受拂状況ヲ明カニ為シ
勞務者就勞票ハ終戦連絡横須賀事務局ノ發行シタルモノニ非ザレバ之ヲ無効トス

第十　業者又ハ團体ノ責任者ハ毎月予メ必要ナル勞務者就勞票ヲ横須賀日傭勤勞署ニ請求スヘシ
勞務者就勞票ノ受拂ニ付テハ第九第二項ニ準シ之ヲ業者又ハ團体ノ責任者ニ於テ整理スベシ

第十一　現場指導者ハ予メ横須賀日傭勤勞署、業者又ハ團体ノ責任者ヨリ勞務者就勞票ノ交付ヲ受ケ職種別就勞人員　就勞場所　就勞時間其ノ他必要事項ヲ記載シ

両機関の共同責任が明記されている二七条などが締めくくり的な規定として注意を引くところだろう。

次に、史料〔図4〕に日付はないが、「横須賀日備勤労署」という名の入った罫線を使っているので、四六年三月から四七年四月までの間のもの、おそらく前掲暫行措置要綱と同じ時期頃のものと見ることが出来よう。

この史料の二枚目「備考1」の項目に「労務供給業者関係分」として「業者数八」「労務者数五七六四［名］」とある。翻って一枚目を見ると、馬淵組、隅田組、村田組、相模組、大工工事業統制組合、相模港運、阿部電気商会、日の出組の八社は、労務者賃金から一割五分も手数料を取っているし、扱っている労働者数を併せるとちょうど五、七六四名となり備考に掲げられてい

〔図4〕

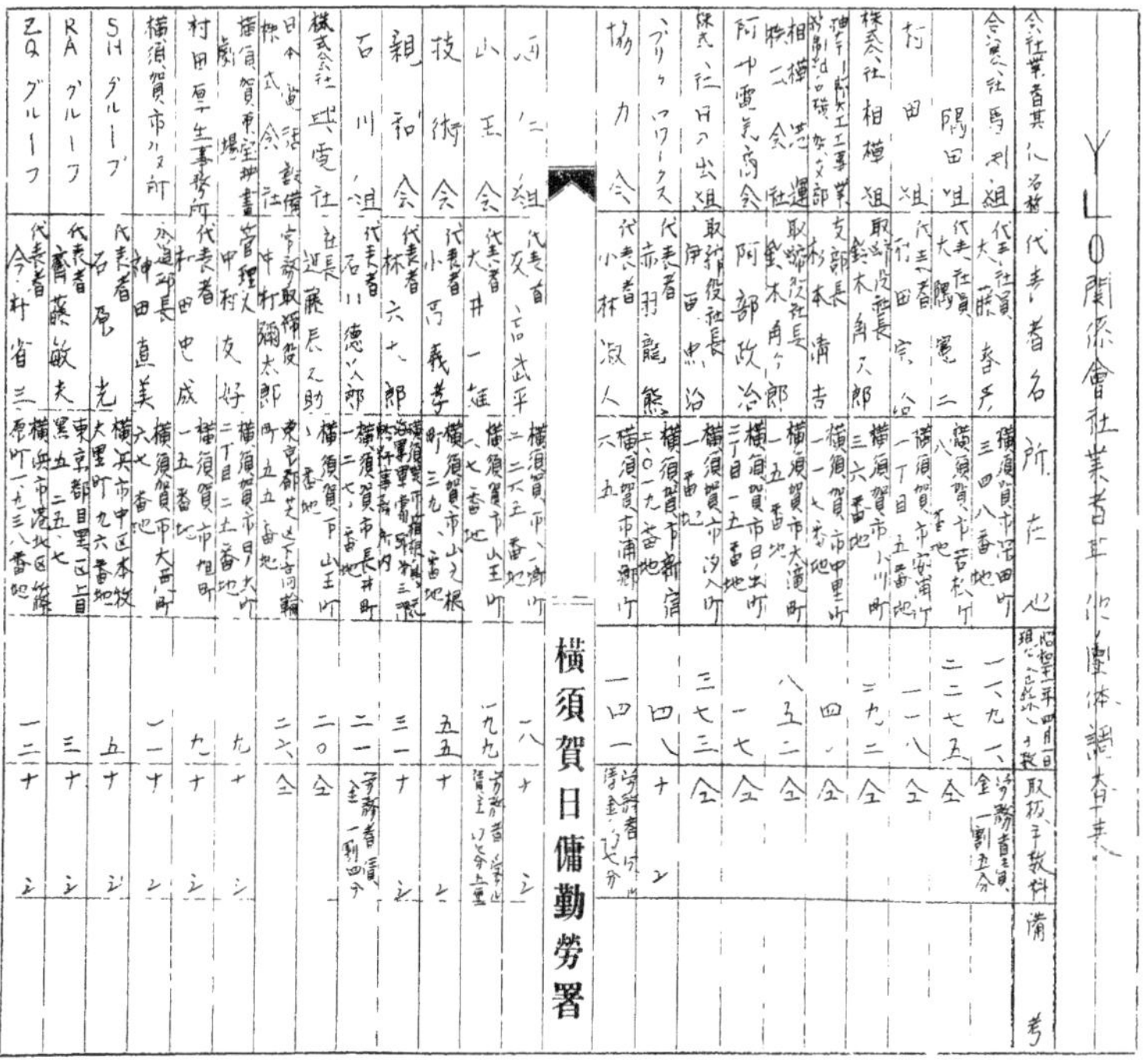

る数字と完全一致する。こうしてみると、旧来からの親方制度を踏襲し、親方と子方＝人夫との間のいわば相互依存と苛酷な搾取とを基礎とした雇用関係、つまりは部屋制度―親方制度の温存に他ならないことが実証されていると断言して良いであろう。

この後年表をたどれば、下記のように表面上の民主化の進行していることが見て取れる。

一九四七年
四月七日　労働基準法公布
四月八日　公共職業安定所、発足（勤労署は四五五箇所の公共職業安定所に、日雇勤労署は八五箇所の公共労働安定所、にそれぞれ変更）
　一五日　厚生省勤労局、職業安定局と改称
二八日　特別調達庁法（連合国関係の物資と労務を扱う）、公布
九月一日　労働省発足。特別調達庁、発足
　四日　連合国軍関係の労務提供について勞供業者が介在したり就労強制が行われないよう通達
一二月　職業安定法、施行

それでは、この前後の時期、四〇年代後半から五〇年代前半頃の労働情勢はどのようなものであったろうか。

神奈川県労働部職業安定課『職業安定行政概要』一九四八年版に、次のような少し纏まった説明が為されているので、参考としよう。

五　連合国軍関係労働者職業あっ旋状況

職業安定機関においては連合国軍労働者を労務の要求書に基いて提供するのが日本政府の責任であり日本政府の内部においては直接提供責任を有するのは特別調達庁であって職業安定機関は特別調達庁の要求に対して労働者を充足あっ旋する責任を有しているのであって特別調達庁は求人者の立場であって安定所はこれに労働者を紹介するので職業安定機関は渉外労務機関とはさい然と区分され連合国軍に対する労務者提供の責任者は管理機関であるが究極においては同一の仕事を行っているので、両者の連絡提携は最も緊密を要する為本県においては横浜公共職業安定所から職員二名常時横浜渉外労務管理事務所に派遣し、又県係官も毎週定期的に連絡を行っている。

労務要求書の受領について、緊急発令の場合は電話をもって連絡している現地部隊から安定所が直接労務要求書を受領することは原則ではないが状況により労務の提供を行っている。次に労働者の取扱い配置について述べるなら常用労働者の配置については一般職業紹介の紹介過程と異なっていないが日雇労働者の取扱いは本県は特に多い為に、その方法については種々研究の上職員の訓練を実施して、これが取り扱いにあたっている。要求書は大体前日午后二時頃労務要求書を受領、翌日の募集準備を行っている。労務者は通常六時から七時に労働者集合所に部隊毎に集まり紹介票を各労務者に手渡し、安定所職員が管理事務所職員の立会の上部隊毎に職種別人員を点検確認し引渡確認証を作成管理事務所職員の受領印を受けることによって完了している。

本県における日雇労働者主なる御用部隊は四ヶ部隊にて現場における作業は清掃片附等が最も多く、其他拡張工事修理船の清掃簡単なる修理等である。最近における軍の要求は一、二〇〇から一、五〇〇人程度にて求職者が遙かに上廻っているのでこの過剰労働者は一般民間事業又は公共事業に紹介し、紹介しきれないときは隣接安定所の連絡又は市役所等に積極的な求人開拓を行っている。顔付労働者に対する指導は常用に切換えるよう指導している。部隊間の充足状況に関する調整については平等な取扱いを行っている。
本業務の迅速適確なる充足について、県係官時々出張指導を行っている、又軍政部労働課長とも密接なる連絡を取っている。(7)

先の「暫行措置要項」と併せて、この頃の米軍労務と日雇の関係についての概念図を描くとすれば、おおよそ〔図5〕のようになるであろう（元請のところで、終連は管理が担当で、労務提供担当が地方自治体の係ということになるのだが、実際は両者協力の形でやっていたといわれている）。

かつて日高六郎は、三木清の一九四五年敗戦以降の刑死を例として、日本の「民主化」は一九四五年八月一五日直後から始まったのではない、と論じたことがあるが(8)、それどころではない。ここでは取り敢えず、日雇労働における民主化は、表面的なそれでさえ、一九四七年の公共職業安定所と職業安定法の発足を待たなければならなかったことを指摘しておきたい。労務供給業者に対する資本と官庁側の依存は、実際はその後も長く断続的に存していたのであり、また日雇労働者に対する監獄部屋的

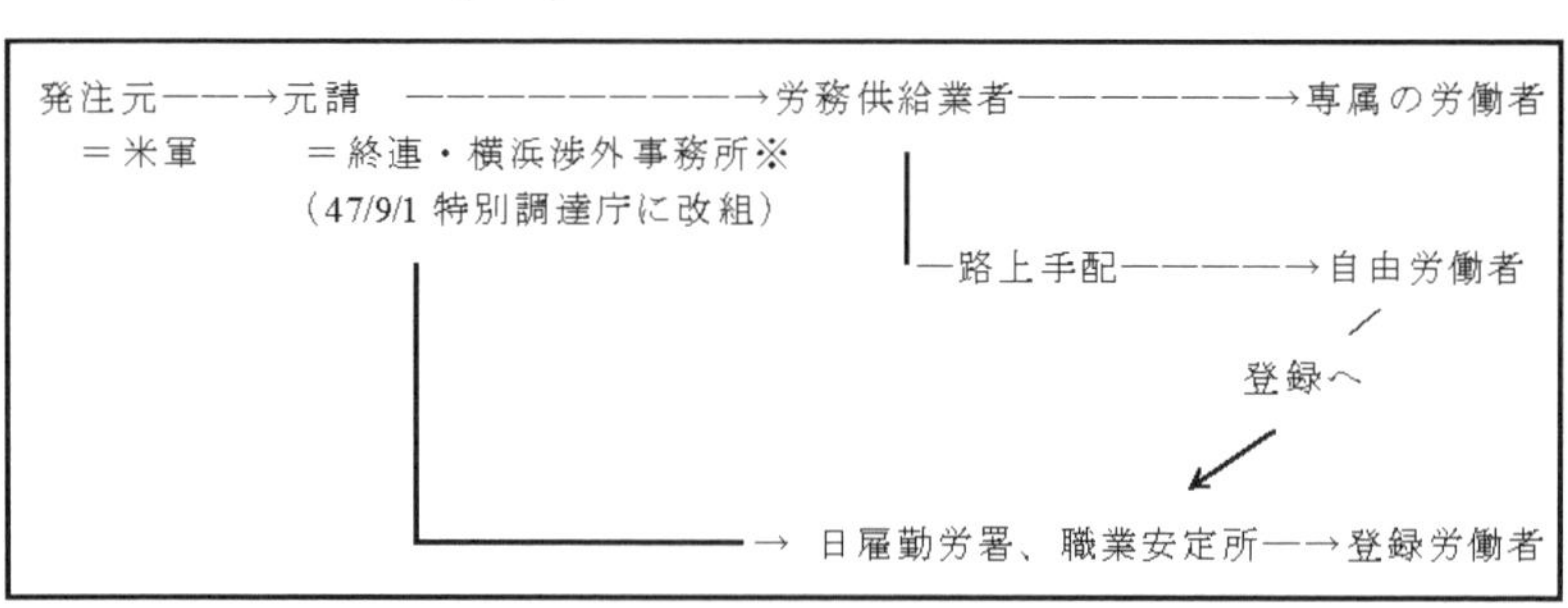

〔図5〕※東京都の場合は渉外部外務課（のち管理課）労務係が労務提供の担当であったとされている（『都政十年史』1954年、207頁）

な奴隷的労働の強要は、昨今でもなお耳にするところであることにぜひ注意を喚起しておきたい。[9]

表層下で戦前から戦後へと連続していた官僚機構、ここでは取り敢えず厚生省から労働省に至る内務官僚、そしてその根幹部をなす警察官僚機構と、資本＝業者との相互依存および癒着が指摘されねばならない。そういった旧態依然の官僚機構が紛れもなく占領行政を下支えしたのであり、ひいてはアメリカの〝占領民主主義〟の基盤に他ならなかったことにヨリ注目していく必要があろう。日本近現代史について最も確かな論をはるジョン・ダワーが、評判の近著『敗北を抱きしめて』などで強調しているような、[10]敗北に打ちひしがれた日本民衆がそれでもなおその敗北を抱きしめつつ果敢に〈民主化〉に起ち上がっていったという構図は、麗しい話ではあるけれど、ほとんど幻想でしかなかったと言うべきであろう。

その後のさまざまな改革の試みにもかかわらず、日本社会と権力機構の根源は、毫も変わっていなかったのであり、今日なお、この領域ではこの程度には良くなった、と言うほどのものが在るだろうか？下層の視点から見るならば、今日に至る戦後の歴史は累々たる屍の歴史、敗北過程以外の何物でもないのでは無かろうか！　水平社会への路は未だ甚だ嶮しいと言わざるを得ない。もちろんそこに向けた一歩一歩こそが大事なのあるが。取り敢えず大甘の見方から離れて冷厳に戦後の歴史過程を見つめていこうと思う。明哲な把握と認識を欠くならば、どのような表現も空しくただの夢幻になり果てるばかりなのだ。

二、下支えとしての運輸機構——国鉄と日通を中心に

日雇労働者を調達し駆り立てて進駐軍労務、坑山、繊維業へと投入していった旧内務省を軸とした官

僚機構であるが、それらの労務者を文字通り運搬し、その労働の成果を各地要所へと運んだのは、国鉄（及び日通）という運輸機関であった。また、占領初期から米軍を軸とし英豪等を含んだ日本占領軍を各地に運送し、朝鮮戦争時には兵員、武器弾薬、戦車なども運搬したのは、国鉄であり、その手先機関たる日通であった。[11]

国鉄から見ていこう。

一九〇六年西園寺内閣（内務大臣は原敬）下で鉄道国有法が成立、翌七年全国主要幹線はすべて国有化され、一九二〇年原敬内閣により監督官庁として鉄道省が設置された（初代大臣は元田肇）。この国鉄は、日本資本主義の発達のため、ということも目指されていたけれど、軍事用途は更に重視されていた。国鉄自身の編んだ『日本国有鉄道百年史』は、その辺を次のようにサラッと断言している、「国有鉄道が実施した軍隊および軍用貨物の輸送は、戦時・平時を問わず明治三七年制定の「鉄道軍事供用令」（勅令第一二号）および取扱手続の原則を規定した「鉄道軍事輸送規程」（陸軍省令第三号）により行なわれてきた。これらの法規は大正・昭和を通じて若干修正されたが、ほとんど当初の規定を変えることなく太平洋戦争の終焉まで適用された」と。[12]ただし、日中戦争＝戦時体制突入以後は、「支那事変関係部隊ノ補充、交替、補給輸送ニ関スル特別規程」（昭和一二年陸支密第一五六二号）が制定され、動員輸送については動員計画令、軍需動員輸送については軍需動員計画令、遺骨輸送・患者輸送についてはそれぞれ別途の特別規程が定められ、作戦輸送はその都度命令される等複雑な体系となっていた」とされている。より詳細な法的取り決めが制定されたと理解されよう。

この間、一九三七年一〇月に政府の半額出資で日本通運株式会社が設立されて、巨大な国策統制会社として、国鉄と密に連携して国鉄の扱う貨物の取りさばき、すなわち小運送業務を一元的に独占する元請機関として、各駅や現業会社の上に君臨した[13]。日通、いわゆるマル通は、一九四一年一一月現業部門に進出するとともに業者の統合を推し進め、「敗戦時には……一部の地域をのぞき、全国的に統合をおわり、小運送業の全体にたいし資本金の八三・七％、従業員数の六二・六％、トラック台数の八〇・九％、発着扱数量の七二・六％を占めるにいたった」とされていた[14]。

ところで国鉄ではその後、「昭和一九年の夏……本土決戦体制下において機動的な軍事輸送を遂行する」ために「規程を簡素化」し「集約整理」して、「軍内部規程としては『大東亜戦争間ニ於ケル陸軍軍事輸送処理規程』、鉄道と軍部との間の取扱手続としては『大東亜戦争間ニ於ケル内地鉄道軍事輸送処理規程』」が取り決められたという。「前者は全鉄道・船舶にかかる軍事輸送一般に通用し、鉄道と船舶との一貫輸送計画の処理要領および担任ならびに輸送手続を規定し、後者は内地鉄道に限定される鉄道軍事輸送に関する手続いっさいを包括規程としたものであった」とされる。こういった規定に従って、「作戦・補充・補給・移動・移駐・教育・軍需動員・還送・帰還・患者・遺骨・俘虜・演習・斡旋[15]」等軍事関係の全分野において、国鉄は日通と相い携えて[16]、大日本帝国陸海軍の手足となり、これにごくごく忠実に仕えたのであった。犬馬の労を厭わず、という表現がぴったり当てはまろう。

日本の敗戦後、国鉄と日通の連係プレーは、強固に受け継がれていった。運輸、いわゆる旧内務官僚とその機構は敗戦という事態にもほぼ変わりなく持続していたのだし、占領軍の方もそれを最大限利用したのであった。

当時日本占領米軍の「輸送に関する最高責任の衝にあった」のはベッスン代将であり「計画及び政策面に関しては総司令部から、又実体輸送の面に関しては第三鉄道輸送司令部からそれぞれ指令が発せられた」。総司令部には「下部組織として……民間運輸局」が新設されて「国内運輸の組織的管理にあたり」、実際の運営運送には第三鉄道輸送司令部の下に地区司令官、「現業機関として鉄道輸送事務所（RTO）が置かれ」て、実際業務を指令していったという[17]。

この第三鉄道輸送司令部というのは「ペルシャ作戦に偉功を樹てた歴戦の部隊で、機関士・駅長まで任命し得るスタッフを持っており、当時比島にあって日本への進駐を待機していたが、九月四日司令官ベッスン代将の東京地区視察の結果、現場実務者の必要を認めず、管理のみの把握によって輸送遂行に支障なしとして、その管理郎門だけの進駐に止まったものである」と説明されている[18]。米占領軍には運営の実質を担う力はあったのだが、日本の鉄道など既存の運送網が使えるという考えであったことが知られる。「但し運営適切を欠く場合は米軍当初の企図（上陸前は高度の軍管理を企図しありたり）の如く軍管理を実施すべし」としっかりと脅しをかけていた上であるが[19]。しかも「米軍の輸送は絶対優先として之が完遂を期せられたし」とまで追い打ちをかけられていたのであった[20]。

かくて、運輸省は担当部を新設して懸命必死に進駐軍輸送業務を荷ったのであった。

その有様を、『日本国有鉄道百年史』は「連合軍輸送実績」として以下のように俯瞰的に描写している。一九四五年被占領期開始から五二年講和までの時期について、彼ら運輸官僚なりの全体像を描いたものと見なせるであろう。

「昭和二〇年八月二五日、横浜地区への進駐を皮切りとして関西・山陰・北陸・中国・九州・東北・北海道の各地方、いわゆる日本全国に進駐を開始した連合軍に対する鉄道輸送は、戦争により極度に荒廃した輸送施設と、敗戦後の極端に悪化した燃料資材の悪条件のなかで実施された。

下関駅に着いた米軍・海兵隊。1945年10月6日　車輌の真ん中にUS MARINESと書かれているのが見える(『世界史の中の一億人の昭和史』第6巻、1978年刊)

米軍専用のクラブカー（前掲『日本国有鉄道百年史』第10巻）

「進駐軍の管理下に置かれ『米軍ノ輸送ハ絶対優先』とされた国鉄では、展望車・寝台車など総動員で進駐軍専用列車を運行、スシ詰め窓なし列車の一般旅客をうらやましがらせた」とある。（前掲『世界史の中の1億人の昭和史』第6巻）

東上線池袋駅のイモ電車。米、小麦粉、麦、イモなどの買出し風景　1947年3月(『一億人の昭和史』第5巻、1975年刊)

食糧不足で買い出し列車は超満員（『陸と海と空と　日本通運創業115年･創立50年の歩み』、写真は毎日新聞社提供）

さらに、この連合軍に対する輸送は、その後、日本国内で調達した木材・セメント・石材など所要資材の輸送、あるいはジープ・トラック・大砲など補給基地への輸送、また演習のための兵員・兵器輸送などが行なわれた。特に、米第八軍技術部における調達輸送は、日本進駐陸海空全米軍の施設面を担当していたため、その所要資材も膨大で占領軍調達物資輸送の大半を占める状態であった。

また一方においては、昭和二一年一月から個人で旅行する軍人・軍属およびその家族に対する連合軍定期専用列車が、東海道本線・山陽本線をはじめとして各主要幹線に設定された。同時に都市の近郊およびレストキャンプとの往復旅行には、一般旅客列車や電車の一部に専用客車、いわゆる白帯車が連結されるなど、その輸送範囲はしだいに拡大されるに至った。

したがって、これらの輸送に対する車両面においても、寝台車・展望車等の優等車がまず連合軍専用車として指定され、さらに、これはタンク車・冷蔵車から逐次一般客車にまで波及した。同時に専用指定の一部車両は、連合軍の使用目的に沿うため、特別車・ラジオ車・クラブ車等、わが国の鉄道にはない車種に改造のうえ使用された。しかも、これらの連合軍に対する輸送は、昭和二七年四月、日米講和条約の発効まで絶対優先の至上命令として実施され、一般の民需輸送に相当の影響を及ぼす結果ともなったのである」と。[21]

一般の日本人は、鉄道切符をとることが至難であり、ようやくにして入手した場合にも席を確保するのがこれまた非常に難しく、しばしば窓から入らざるを得ないような状況・時代であったときのこと……そういった食糧不足の敗戦日本人を尻目にかけて、〈進駐軍専用〉車は走り来たって列島各地の各地点の占領配置に就き、また専用の白帯車を飛ばして颯爽と遊びへと赴いたのであった。

さて、政府の一機構であったこれまでの国鉄も、米占領軍による民主化のそれなりに強烈な洗礼を受けざるをえなかった。一九四九年六月一日付でこれまでの国有鉄道は公共企業体（Public Corporation）に改組され、名称は日本国有鉄道、国鉄総裁をトップに戴きつつも、新たに設置された運輸省・大臣以下が監督に当たるという新体制となった[22]。

当時の強力な国鉄労組に対する対策として、政府の機構から切り離しつつもその監督の充分行き届く公共企業体なるものを導入したことは、各種の公団と同様に日本の戦後＝（被）占領史を特徴付けるものの一つとして注目されるところである。占領民主主義の性格ともども詳しい検討、考察は、戦後史研究上いずれ必須であるが、今は指摘に止めたい。このとき、小運送独占会社の日通も、戦後〝民主主義〟改革の洗礼を受けている。ここでは詳述を避けて、いちおうの指摘に止めておきたい[23]。

今は、そういった占領民主主義による新体制・機構の下で、国鉄が朝鮮戦争の基軸的支援網をなしたことへと、若干ながら筆を延ばすことにしたい。国連軍支援という名目で米軍を全面的に支えつつ日本は朝鮮半島における統一政権の自立化を実際に妨げ、また米傀儡政権たる韓国に対する露骨なテコ入れに強く加担したのであった。

その際、国鉄が戦前期において帝国陸海軍の手足として戦時総動員体制を支えた経験が多いに役に立ったとして、前掲『貨物鉄道百三十年史』が次のように説明している。

「昭和二五年度初め、前年度から減少傾向を示していた輸送需要はさらに低迷を続けていたが、朝鮮戦争の勃発は輸送にとって大きな衝撃を受けることになった。短時間のうちに膨大な兵員と資材を朝鮮に輸送するため車両・施設とともに最大限の動員が要求されたのである。昭和二五（一九五〇）年六月二五日、戦争がはじまると、連合軍はまず、軍用物資の輸送を開始し、開戦の翌日二六日には弾薬輸送のため約四〇両の貨車を動員した。

これを皮切りに、陸前山王・田辺・逗子などの火薬庫から火薬が瑞穂・筑前芦屋・小倉などへ、赤羽から戦車・火砲の輸送を開始し、臨時貨物列車は六月二六日一本、二七日二本、二八日六本、二九日一〇本と急増した。さらに六月三〇日、在日米軍に出動の指令が発せられ、第三鉄道輸送司令部は直ちにその手配に着手し、膨大な軍事輸送が開始された。兵器弾薬のみの補給輸送と異なり、軍隊の出動は兵員と資材、食料とを同時に輸送することになり、その量は膨大なものとなった。これまでの進駐軍の輸送とは全く異なる状況になり、第二次世界大戦時の軍事輸送と同様の姿勢で臨まなければならなかった。

第三鉄道輸送司令部の輸送指令は、特に貨車に対する場合、大量の貨車を、しかも形式をある程度揃えて指令箇所に配車・集結させるという内容のもので、国鉄自体の輸送計画に割り込んでくる状況であった。しかも現地部隊からの要求と司令部からの指令と食い違うことが多く、全くの混乱状態になるなど関係者の苦労は並大抵のものではなかった。

このことは、船積みその他の着地においても同様で、門司・小倉・遠賀川・博多・佐世保などの着地では荷役能力が不十分であるにもかかわらず、一斉に全国から輸送されてきた兵員・資材が充満し、貨物の取卸しすら出来ない状態であった。この混乱は七月中旬まで続いた。

七月下旬頃から混乱は沈静に向かったが、朝鮮戦争は長期化する様相を見せてきた。そのため、国連軍への補給は日常的になり、兵站司令部が日本国内に設置されて国内の米軍補給廠が、作戦に応じて補給態勢をとるようになったため、国鉄はこれに即応した輸送設備と輸送態勢を整備する必要になった。このように朝鮮戦争は国鉄の輸送態勢に大きな影響を及ぼし、昭和二八（一九五三）年七月の休戦に至るまで、一種の臨戦態勢のもとに置かれた。また、国内産業は戦争関連の需要の急増によって活気を呈しはじめ、特需貨物の輸送は引き続き増加を続け、国鉄は再び輸送難の時代を迎えることになった。(24)」

敗戦後極度に疲弊した設備や資材不足の中であえいでいた国鉄が、混乱と疑惑の中で大量解雇を断行して組合運動を抑圧、朝鮮戦争への軍事輸送を〈臨戦態勢〉の中で敢行して再び生きかえり、いや寧ろ前にも増して活気を取り戻していった様が、ビビッドに映し出されているだろう。朝鮮民族間の闘争＝相剋を、米ソ対立が引くに引けぬほど大きく深い対立にまで煽ったのであった。南北の相剋は一朝一夕には解決され癒されないほど深く暗い。しかも、朝鮮は元日本植民地である――日本が植民地朝鮮に対し恣の抑圧と飽くこと無き搾取を冒してきた暗い過去を持っているにもかかわらず、そういったことはいっさい無かったかの如く、今はその地から、その民族相剋のなかから、かぎりない富を得ているのである。旧被植民地たる他民族の内戦と殺し合いによって国鉄は「活気を呈しはじめ」潤い「再び輸送難の時代を迎え」たのであった。そして、日本経済の各方面もまた同様であったのである。

なお、一九四七年に創設された鉄道公安制度であるが、その職員に武器を持たせるか否か議論が続いていたところ、この朝鮮戦争勃発直後の五〇年七月三〇日に「鉄道公安職員の職務に関する法律」が国会を通過し、同八月一〇日公布施行された。その七条に「鉄道公安職員は……小型武器を携帯することが出来る」、八条に一定の範囲以内において「武器を使用することができる」とあった。[25]米占領軍からの外部圧力で――イヤイヤながら――軍事輸送をやった、臨戦態勢をとったというばかりではなくて、朝鮮戦争の下で国鉄自身が武装し〈軍事化〉した事実を我々は忘れてはならない。

それはまた、逆コースから反動へ、そして日帝復活への一里塚でもあった。警察予備隊から保安隊へ、そして自衛隊という名の軍隊の復活は、その一つのメルクマールであるし、米軍基地を沖縄から佐世保、横田、三沢等々全国へと設置したのもそのもうひとつの証しに他ならない。

従って、この朝鮮戦争の時期における日本国内の各種反対＝反体制運動の占める意義と役割は、決して小さいものでは無かった。その筈であった。しかし、現実には、当時の日本共産党の分裂騒動―内部闘争の中で、闘争＝運動の位置と意味は低められざるを得なかったのである。

そのあとの歴史過程を振り返ってみると、失われたものはあまりにも多くかつ大であったろう――教育の反動化、破防法から警職法制定へと治安立法の乱発と司法の反動化、また小選挙区導入等を通じた自民党と独占資本の権力壟断の試み等々、歴史の流れは朝鮮戦争下の日本の中でひたひたと進行していったのであった。

朝鮮戦争によって日本帝国主義は復活への糸口を掴み、政治の反動化＝抑圧体制強化の方向へと大きく舵を切ったと言うことが出来よう。

2　戦後初期における寄せ場の形成

一、寄り場と寄せ場――その違いについて

本寄せ場学会において兼ねてから、寄場は寄せ場と読むのか寄り場とすべきなのか、どちらが正しいのか、という議論があった。また、そういう風に一括はせず、現場闘争委員会や釜ヶ崎共闘会議はヤマ（山谷）とかカマ（釜ケ崎）と言っていた、という説もあった。

労働省の公式誌『職業問題研究』に、これに関連して次のような記事があった。

溜場　日雇労働者が、自然発生的に集合して封建的な売買の方式において求人者に買われる場所をいう。

寄場《よりば》　日雇労働者が、自主的に、若しくは斡旋機関の指導により一定の秩序をもって求人者と結合する形態、即ち就業方式において溜場よりやや進歩したものをいう。[26]

「一定の秩序」とは何か？「斡旋機関の指導」とは何か？　――溜り場とは、つまりは日雇労働者たちが自然に集まりそこで路上手配が行われている所なわけだ。労働力の売買であるのだがそれに敢て「封建的」という形容詞を被せるのは、手配師あるいは労働ボスつまり部屋制度における親方が、日雇労働者を雇いに来るという意味に他ならないであろう。キチンとした契約もせずに、親方の裁量で賃金を支払う「掴み銭」方式も罷り通っていたらしいからだ。[27]

しかし、そういった溜り場に介入するのが「斡旋機関」でありその「指導」だというのである。政府

労働省管轄下の職業安定所によるそれであり、結局は公権力の介入以外の何物でもない。「自主的に」「一定の秩序をもって求人者と結合する」場合もあるというが、その場合も〈公による指導〉と無縁とは言えないのであろう。所謂自主規制だ。……そうした結果は何を齎すのだろうか？ 今までは至る所に溜り場をつくり手配師または親方と自由に取引をしていたものが、一定の場所でしか労働力の売買が許されないという結果であったろう。そしてその許された場所、つまり〈寄り場〉には、自治体などが建物や設備、「福利厚生施設」を設けてテコ入れをし、そうすることによって他の許されざる場所での手配を規制していたのだ。

この後一九五〇年九月頃以降、大阪府において「日雇労働者寄場の増設拡充」が予算執行され「日雇労働者福利施設の新設」も一部実行に移されていったという指摘がある。

前者については、「日雇労働者の集合状況に対処し必要な寄場を増設（五ヶ所）及び整備（二ヶ所）を行う。各寄場に拡声器を備付ける等紹介事務の円滑化を図る」と説明されている。後者に関連しては、「寄場の完備に伴い逐次炊飯所、売店、散髪所等の福利厚生施設を新設し将来簡易浴場の設置等について計画している」、とされている。[28]

要するに、一部地域における路上手配の合法化――他の所での路上手配の禁止という意味でもある――を、建物・設備などを設けることによって補強しようする考えであり、施策と言えよう。

これと非常に似た次のような施策が、一九五一年一二月横浜商工会議所によって提案されていた。この朝鮮特需をもっけの幸いとして「日本独立」以降の横浜港の充実を企図し、港運業や商業等を通じ横浜の事業利潤をさらに上積みしようとする資本の動きと言えよう。註（29）に書き出した〈提案趣旨〉に、そのことは如実に表されている。長くなるので、ここでは、その具体的な提案だけを書き記しておく。「寄場は船内荷役労務者にとって最も重要且緊急を要する施設」である、としてさまざまな福利厚生施設等の設置を要望していたことに、とりわけ注意を喚起しておきたい。横浜商工会議所の場合、溜り場を寄場化するため、設備設置を特段に重視していることが注目をひくところである。

横浜港港湾労務者福利厚生施設に関する要請の件
昭和二十六年十二月五日
横浜商工会議所会頭　原　良三郎

（中略）

記

（一）寄場の設備
寄場は船内荷役労務者にとって最も重要且緊急を要する施設で、荷役増進に不可欠の施設であるから、本要望の第一着手として実現せられたい。この構想概要次の通り。
（イ）設置場所としては南桟橋通り海運局向側空地（約一一〇坪）が最適である。
（ロ）建築は鉄骨組立式外装モルタル仕上三階建（延約二〇〇坪）を理想とする。
（ハ）構造は一階表側を事務所或は店舗として裏を寄場とする。二階に簡易食堂、理髪等の諸施設をなし、三階を業者の事務所とする。
（ニ）建設費概算二、〇〇〇万円（坪一〇万円、二〇〇坪）
（ホ）本施設は横浜市の所有とし、之れが管理運営はこの面に関係の深い適当なる者に委任経営せしめる。

(二) 港湾労務者用民生館（仮称）の設置

港湾労務者特に艀回漕労務者を主たる対象とする民生館（仮称）の設置は港湾荷役作業能率の増進上欠くべからざる厚生施設である。艀回漕労務者は港内広範囲に亘り存在する艀溜りを利用する関係上、是等労務者を対象とする厚生施設（民生館）は、彼等に最も便利にして利用効率高き場所を選び、最低二カ所の設置を必要とする。尚この施設は艀回漕労務者のみならず船内及沿岸荷役労務者等全港湾関係労務者にも共同利用せしめるものである。

(イ) 設置の場所

1 万国橋附近に一カ所

2 山の内附近に一カ所

(ロ) 建築は夫々鉄骨組立式外装モルタル仕上、二階建延一五〇坪とする。

(ハ) 施設内容は

1 会議室兼休憩室畳敷二十畳一、十畳一、六畳二

颱風等非常時には労務者を収容する為にも使用する。

2 労務者用日常品売店及購買施設約五坪

食料品、衣料品、日用品等を市価よりも安く衛生的且容易に購入出来る売店並に共同購入施設、将来は生活協同組合施設にまで進展すべきである。

3 簡単なる食堂、約十五坪

麺類其他簡単な食事と喫茶を兼ねる。

4 浴場及び理髪設備、浴場十五坪、理髪五坪

共に就業の合間に安価、安易に利用出来るようにする。
5医療設備約十五坪
外科、内科、歯科等を設置、健康診断並に診療を行う。
6産院設備、六畳敷三室
布団、自炊用具等も設備し、労務者が安易に利用出来るようにする。
7その他事務室、電話室、倉庫、管理人宿泊室等を設置する。
8モーター附小型サンパン一隻宛を連絡及輸送用として備付ける。
(ニ) 建設費概算
一戸 概算一、五〇〇万円（坪一〇万円、一五〇坪）二戸合計三、〇〇〇万円。
(ホ) 本施設は横浜市の所有とし、之が管理運営は関係業者協力の下にこの面に関係の深い適当な者に委任経営せしめる。
(三) 港湾労務者の福利厚生施設と最も関係深い艀溜りの施設については、元来横浜港の姿形上京浜運河を初め其の他の河川運河等優秀なる艀溜りが存在しているので、特に新設の要がないが之れ等の利用効率を高める為左記各項の施設を速に実施せられ度い。
(イ) 京浜運河並に各河川の艀溜りの川岸の改修
(ロ) 共同水栓の増設
(ハ) 舫杭及電燈の増設
(ニ) 水路面の清掃及障害物の除去
(ホ) 横浜港内に於て最も便利、優秀且つ安全なる艀溜りは新港桟橋裏側一帯の水域であるが、目下接収中であるから之が解放の促進を望む。

（へ）海面就中艀溜りとして使用される水面の埋立に付ては、港湾作業能率に及ぼす影響の甚大なるに鑑み、これが実施に当っては予め商工会議所並に関係業界と協議の上施行されたい(29)。

港湾労働者の「福利厚生」政策を講じつついっそう搾取を強めようという〈豚は太らせて食え〉という政策に他ならず、山谷・ドヤ主や業者らが炊き出しをやって労働者を山谷に集めようとした目論見と軌を一にするものと言えよう(30)。

二、初期寄場の相貌

先の芝浦職安は、戦後最初期の進駐軍労務と新しい寄場の形成について、さらに詳しく左のように説明していた。

「終戦後において最も多数の日雇労働者を、しかも集団的に必要としたのは進駐軍関係労務であって、この需要に対しては、新興労働階級とも称すべき青年層の復員者が就労することゝなった。復員者という特定のものに限定した訳ではないが、従来からの日雇労働者は進駐軍作業における環境、すなわち時間的制約及び規律に堪えることが容易ではなく偶々就労しても翌日は就労を拒否する実情なので自然こういう形になったのである。

彭湃として街頭へ進出してきた新興労働階級は、進駐軍作業が整備されるにしたがって常傭的日雇労務から常傭労務へ逐次切り替へられ、日雇的性格を精算し、職業人として一定の職場へ定着することゝなった。他面進駐軍関係労務の需要も作業の整備に伴って漸時《ママ》減少の傾向をたどってきたゝめに、それまで進駐軍関係労務という特定の労務形態をとってゐたこれら新興労働階級は、日を追うてアブれる機会が多くなってきた。

そこでいちおう職業人として職場へ定着した彼等は、再び日雇労働者として街頭へ溢れてきた。而して彼等が、戦前より慣習的に日雇労働者として残存していた労働者と合流して、進駐軍作業場の隣接地、又は、従前寄場のあった地域へ自然発生的に新しい寄場を形成するに至ったのである」と。(31)

即ち、復員した若者や失業者などを中心にして言わば新興労働者階級が形成されて、それらが中心となって進駐軍労務を荷っていった。が、その仕事＝進駐軍労務は、一方で常雇い労働（者）に切り換えられ、他方で仕事そのものが減少していったために、多くの労働者が進駐軍労務からはじき出され、日雇労働者化し新日雇層となっていった。それと、旧来からの日雇労働者とが合流して、「進駐軍作業場の隣接地、又は従前寄場のあった地域」などに集まり溜まり、日雇仕事の斡旋を受けたりアブれたりすることとなった。つまり、新しい寄場を形成していった、というのである。

「新興寄場」は港湾地区といった旧来の寄場と、進駐軍作業場を中心とする、あるいはその近辺の工場地帯とに分かれたとされている。前者、つまり港湾地区など旧来からの寄場では、それまでの港湾労働者たる「アンコウ」の勢力と新興労働者の勢力とが伯仲し、各々その利害を相争っていたという。以下、もうすこし引用する。

「所在的に観れば、大別して港湾地区と進駐軍作業場を中心とする工場地帯と二分することができる。港湾地区の寄場は、アンコウの勢力と新興勞働者の勢力が相伯仲し、各々その利害を相争ってゐる。アンコウは自分のもつ技術的格付（沖仲仕、陸仲仕等）に、一種の誇と自信とを持ってゐて低賃金では仲々買はれない。その日の需要（求人数）と供給（勞働者数）の實情を判断して賃金を釣上げ又は引下げを行う。一方新興勞働者はアブレをおそれて低賃金でも先を争って飛付いてゆく。そこで両者間に摩擦を生じ、時には血の雨を降らすが如き不詳《ママ》事態が發生することがある。

彼等の離合集散の實状を適確に把握することは容易でないが、彼等は早朝、恰も勤勞者が日々自己の職場へ出勤するが如く寄場へ出頭する。當日就勞する意志の有無にかゝわらず一應は出頭するのである。求人者に買はれて就勞する者が職場へ行った後、アブレた者は少くとも午前中、稀には終日寄場にあって雑談に耽ってゐる。又寄場を闇物資又は盗品の売買取引場として利用している者もある。

寄場構成員の顔ぶれは大体決まってゐて、寄場から寄場へ転々と移動することは稀である。

地域的に需要と供給のアンバランスが生じた場合は、斡旋機関の需要調整か、又は彼等自身の聞込みによって、多数求人のある地域へ流動してゆくが、これはあくまで求人口、即ち作業場への移動であって、寄場への人口移動ではない。彼等の出頭する寄場は、依然彼等の帰属する寄場である。例示すれば、A寄場において求人数が急増し需要に應ずることができなくなったため、勞働安定所の斡旋か或は求人者の買出しによって、B寄場より多数の日雇勞働者をA寄場地域の作業場へ送り込んだとする。この作業が進駐軍作業における勞務需要の如き稍々継続的なものである場合においても、彼等は直接求人者と結合し、又はA寄場へ帰属することが、求人者、求職者両者にとって利便であるにもかかわらず、翌日は依然B寄場へ出頭して、勞働安定所の斡旋か、求人者の買出しを待ってゐるという状態である。

港湾地區寄場勞働者を職種別に觀れば、その主流は仲仕であるが、さきに述べた新興勞働階級の街頭進出と、進駐軍作業の機械、設備による荷役作業の合理化、加之職業安定法による勞働者供給事業の禁止等の理由によって、封建的荷役勞務の形態が崩壊に頻してきて、アンコウの存在價値が逐次薄弱になりつゝある。他に自動事上乗・倉庫雑役、荷扱運搬夫等であるが、通常日雇勞働者の職種は、求人者の需むる職種によって決定される場合が多く、勞働者個人の技能によって就勞先を選定する場合は極めて稀である。(32)」

早くも、特定の寄場に労働者が帰属する傾向のあることが指摘されており、注目される。またその頃、港湾荷役やトラック助手、倉庫雑役、一般に運搬夫の仕事などのあったことが知られる（一九七〇年代頃まではそういった仕事が寄場あるいは寄せ場にあったと、八〇年代の寄せ場労働者から聞いたことがある）。

アンコウ＝仲仕の凋落ということは、進駐軍労務関係では言えるとしても、その後日本経済の中においてある時期まではその役割は大きかったことは否定し得ないところである。少なくとも朝鮮戦争では大活躍をしているので、その凋落は一九五〇年代末から六〇年代であろうと思われるが、今後全港湾等について検討していく中で、詳しく見ることにして今はこういった簡単な指摘にとどめる。

次に、工場地帯の寄場について。

「次に工場地帯の寄場は、一言にしていへば新興勞働階級の寄場であるということができる。發生的に観れば、進駐軍関係労務として就労してゐた復員者、引揚者、厚生浮浪者などの日雇労働者が、工事の完成、或は作業の縮少によって職場を失ひ、かつての職場附近、或はその職場最寄の交通機関附近へ集合して溜場化したものである。

時の経過とゝもに逐時《ママ》求人者の利用するところとなり、一方潜在失業者が、日々の賃金を獲得せんがために進出してきて、遂に尨大なる日雇の労働市場としての寄場が出現するに至ったのである。

離合集散の状況は港湾地区と異つて、早朝、遠隔地より蝟集した日雇労働者は、高賃金求人より順次低賃金求人へとてきぱきと取引を了し結合されてゆき・当日の需要（求人数）に対する充足が完了したと見極めがつくと同時に、アブレた者は直ちに離散して仕舞う。港湾地区の如く終日残留するやうなことはない。

彼等は寄場へ出頭するときは日雇労働者であるが、離散すれば失業者である。したがって必ずしも日雇労働に執着を持つものではない。むしろ常傭として一定の職場へ定着することを希望してゐる。

構成分子としては、復員者が絶対多数であるが、厚生した戦災浮浪者、工場労働より失業した技能者、知識階級失業者等で、これを求人側が要求する職種別に分類すれば、土工、人夫、荷扱夫、軽子、上乗等の基礎的産業労務から、雑役、小運搬、引越手傳、大工、左官の手元等軽労働に至るまで多種多様である。この形態の寄場、即ち新興日雇労働者よりなる労働市場が、今後における日本経済の再建、都市復興等の基礎的労務給源地として重要な役割を果すであらう(33)」


新旧というのを寄場と労働者のそれぞれに分けていうべきであろう。労働者の分類から言うのであれば、仲仕以下の港湾労働一般と、その他土工人夫等の日雇労働者に分けられるということになるかもしれない。寄場が、少なくとも二種類の異なった歴史発展をたどったという説明の仕方はやや新鮮だが、結局のところ五〇年代から六〇年代頃までにその二つは融合することになったと思われる。

ところで、その約一年半後に、「芝浦に於ける日傭労働者」という文章が芝園橋公共職業安定所芝浦分室によって執筆されている。

それによれば、「現在芝浦で働く労働者は、①港湾関係労働者 約一、七〇〇名（船舶荷役、沿岸荷役等その他芝浦地区の運輸関係に働く常用労働者）、②進駐軍関係常傭労働者 約四、五〇〇名、③職業安定所登録労働者 約二、五〇〇名、④その他の自由労働者 約一〇〇名（船内荷役その他運輸会社等の常傭として働いたものの離職者等も相当あって、依然としてアンコ的就職を続けている）」とされている[34]。続いて、職安の求人職種は「港湾荷役、沿岸荷役等運輸方面が多い、トラックの上乗り貨車の積降ろし、倉庫荷役等は遠く千葉県迄も行く有様であるが昨今の荷動きと金詰まりは民間に相当影響され求人の減少を見ている」と報告している[35]。

もう少し詳しく見てみよう。

「三、紹　介

現在分室［芝浦分室］の他、田町駅前配置所、香取橋配置所の三ヶ所で午前六時よも八時迄取り扱っているも田町、香取橋は民間専門であり進駐軍、失業対策事業は安定所分室で紹介している。

（中略）

四、寄　場

自然発生とも言う可きか、昨年進駐軍労務の常傭化等による取扱いの変化に伴い現在労働者の寄場として集合する場所三ヶ所あり何れも夫れゞの特色を持ち、労働組合ありて夫れゞ独自の活動をしている。

当所としても之を分室に集結を企図しているが未だ其時機に至っていない。

竹芝橋集合所　此処は東京一般土建（労働組合）仲仕支部に所属し、仲仕事を中心とし其他重労働を主として就労している。従って賃金も最底三百円以上七、八百円位の収入を得ている。組合員約四百名。

香取橋集合所　芝浦屋外自由労働組合に属し工場雑役・土建・其他運輸方面に就労しいるが、昨今此処の登録者は公共事業への就労希望者多き為、民間求人減少の傾向にあり賃金は二百五十円以上四百円位である。組合員約七百名。

田町集合所　沿岸労働組合と最近名称を変更し、沿岸業者方面へ進出すべく努力しつゝあり求人も増加しつある。此組合員は其他工場土建各方面に進出している。此組合は元進駐軍日雇の組合として進駐軍への就労を第一義としていたが進駐軍の常傭労務化に依て其職場を失い、一時香取橋に集合せしも労働者の性格の相違と指導者関係にて現在の田町駅前元進駐軍集合所に集合する事になったものである。此組合は民間求人第一に働く為求人も多く賃金も二百五十円より四百五十円位。組合員約九百名。

分室窓口　此処には愛宕自由労働組合所属の労働者、其他無所属者集合するも愛宕組合の求人は新橋、汐留方面の運送業者を中心とし殆んど一定の求人者へ就労している。賃金も三百円から四百五十円程度で、あまり求人の増減がない。組合員約三百名、其他無所属者約二百名は公共事業、失業対策事業を中心とした者多く従って労働能力も低調である。(36)」

労働者の寄場（よりば）、という用語が使われているところに注目されたい。一九四九年後半に、日雇労働の市場、つまり路上手配のおこなわれていたところとして、田町駅前や香取橋、芝浦＝竹芝橋、芝園橋（職安の芝浦分室）などの名が具体的に挙げられていることも、確認されよう。

池袋西口の寄場についての報告も、東京豊島安定所（板橋、豊島、練馬各区を管轄）によってなされている。(37)時期は半年程前であるが前述の芝浦―田町の場合の分析と、かなり似通っていることが知られる。

場所と沿革――「東京都に於て特色ある寄場を持つ我安定所の日雇労務者の状況を述べてみよう。寄場は交通機関の要地省線池袋西口前へにあり、こゝは終戦後進駐軍関係労務者がこゝに集り各職場へ集団的に働きにいってゐたのであるが、これらの労務者のあるもの〻常傭化と、並に、こゝに消化されれない職場を失った労務者が自然的に日雇労務者として集合するようになり、又定職につきたいがこゝは直ぐに賃金を支払ってもらへないのでその日の生活に困るために日雇を必要とする労務者が一時しのぎのため集合する様になり、寄場を形成してゐったのである。この場所を時間がたつにつれて求人者の利用する處となり、日雇労務の需給関係の結合する處となったのである。

日雇労務者は最初のうちは戦災者、引揚者、復員等が多かったが、都市復興と共にこれらの大部分はそれぞれ定職につき、今では従来の日雇労務者が大多数となり、一部分に企業整備及転廃業による失業者が加っている状態である。昨年甫めより十二月迄に登録した労働者は（三七五四名）四、〇〇〇名であったが、本年一月登録替の結果登録労務者は一、七〇〇名となり、移動してゐる労務者はそのうち一、〇〇〇名内外である。」

職種について――「次に、此等の労務者は如何なる職場に行くかと云ふと、大部分が建設関係及運輸関係で、土工、人夫、上集荷地謝役《ママ》に従事してゐる――求人者件数は平均六〇件を追記してゐるが、最近は公共事業実施関係に積極的斡旋してゐることを記述する。そして大工、左官等の技術を必要とする職場は最近は殆どなく、之等の技能者は寄場には姿をみせず何人でも体力さへあれば働くことの出来る職種ばかりである。年末になると長生の就労希望者があるが、体力の点に於て求人者及び日雇労務者にきひされ、自ら職場が限定されてゐる。」

労働条件――「勞働條件であるが、現在の勞働貸銀は最底日給二〇〇圓、中には三五〇圓以上の賃金を支払ふ處もあるが、高賃金の處は骨のおれる處で誰れでもが働けるといふわけにはいかず、不馴れな勞務者は高賃金につられて職場についてみるが仕事をみて逃出してしまふ勞務者もある。普通は二五〇圓程度で、これならば誰でもが働くことが出来る。そして當日の勞務の需給関係によって貸金が上下することはない様である。それ故に労務者は求人者の勞働條件を安定所の配置係の人が提示すると自分の適當と思ふ求人者に就職してゆくやうにみられる。そして求人者も馴れた人がよい為に同一の職場には概して同一の人が就職する事を希望してゐる為に、勞務者の就職先は求人が途切れない限り一定してゐる。寄場より現場への交通費は業者負担の處が多く、賃金は即日現場に於て支払はれてゐる。」

求人について――「……求人は何時誰が安定所に申込をするかといふと直接業者が来ることは稀れ

で、中には求人数必要のところは本人が来るが、大部分は前日に働きにいった勞務者のうちの夜時［後の方には「前日就労した労務者のうち顔役」と表現されている］が業者の代人となり、翌朝求人係に必要数の求人申込をするのである。次に求人先の所在地であるが常に［東京豊島安定所］管外の方が多く、都内は勿論神奈川縣、埼玉縣方面よりも求人申込がある。求人例でも勞務者が臨時に必要のときは池袋へ行けば充足出来ると考へてゐる程有名な勞働市場となってゐる。」

勞働組合――「寄場の勞務者も、植木職、瓦職、左官職、鳶職等の屋外勞働者の勞働組合と同じ様に勤勞加配米その他厚生物資の受配を目的に勞働組合を組織してゐるが、普通の勞働組合とは設立の趣旨が異ってゐる。それから組合員が日雇勞務者であるために移動が激しく、組合の運営は勤勞加配米の家庭配給と共に組合幹部係よく組合員を指導にあたらなければ極めて困難な立場にある様にみられる。」

職安の実相――「當安定所獨特な日雇勞務者の勞働市場状況を述べる。冬期間は午前七時迄には職につくために省線都電私鐵等の交通機関を利用し、或いは徒歩で寒風を衝き霧を踏んで雨天の日も雪の日もいとわず元気よく、毎日集合所に午前六時頃より三々五々と集り、八〇〇名内外になり紹介の始まるのを待つてゐる。又この人達を相手に……来る商人も二三見られる。安定所の職員も……午前七時までには……出勤しそれぞれ求人、紹介等の持場につくのである。

　まず求人係に、求人者は出頭し求人申込をする。……そして求人申込と同時に前に前日求人申込をした求人者は、前日の勞務者の出面表及紹介等を提出し、勞務者の就勞の確認をする。安定所はこれによって各人別の稼動を知り、勤勞加配米の支給量を計算し各人に配給量を證明する。……求人係は求人傳票を作成し、それを紹介係の配置班に出すと、配置班は求人者は何處の誰、作業現場は何處、賃金は何圓と大聲にて勞務者にアナウンスし、所要の勞務者を集める。

此のアナウンスを聞いて勞務者は適當と思ふ處があると前に出て一列に並ぶが、勞働條件が悪いと係官がいくらアナウンスしても求人者は必要數だけの勞務者を充足することは出来ず、未充足のまゝ紹介が終って了ふのが見受けられる。これと反対に勞働條件がない［良いヵ］場合には、勞務者が一斉に我れ先にと前に出て就職しようと押しあひ列をつくる……。即ち求人者は充分に必要員數を確得しうるのである。

配置班は、集った勞務者から必要數の員數を、就勞手帳確認の上取り、求人者に引継ぐ。そして紹介票記入班は、就勞手帳により紹介票（正・副）を求人者名及就勞手帳番號氏名を記入の上、紹介票（正）を求人者に手交する。求人者は、翌日これを就勞確認の上、出面表と共に求人係に提出する。

以上の如く求人紹介と次々と労務者は求人者に紹介されて其の日の仕事に就いてゆく。そしてアブレ（就労出来ないもの）時には出ることもある……。

そしてお店の戸が開いて朝のラッシュアワーになる頃には、集合所の人達はそれぞれの職場に行って職場の終わったあとには人顔はなくな」るのである。(38)

一九七〇～八〇年代頃絶頂であった職安風景の原型がここに見られる、と言ってもよいのではなかろうか（細部のやりとりなどは後の時期の場合と違っているのだが）。

似た情景が、その頃上野駅付近でも見られたという。そこから就労していった体験者の証言が複数ある。その一人である竹中労は、その代表的な著書の中で次のように言っている。

「家を焼かれ、身内を殺され、あるいは外地から引き上げ、復員していた人々は、上野駅周辺に蝟集した。一九四六年、上野警察署が狩りこんだ浮浪者一万七千余名、一七ヵ所の収容所、仮泊所にそれらの人々を〝監禁〟したのだが、脱走して再び舞いもどり、また狩りこまれるというイタチごっこの果てに、翌四七年夏、そのネグラである地下道は閉鎖された。上野の浮浪者群は、都内全浮浪者の八十五パーセントを占めるといわれた（台東区役所調査）。なぜ、人びとは上野駅に集合したのか？そこに喰うものがあり、寝るところがあったからである。上野駅乗降人口は、一日四十万人をかぞえる。主として列車待ちの乗客から残飯を分けてもらおうという……敗戦非人の誕生である。（中略）上野の地下道に帰ろう――〝浮浪者〟と一括していうが、かれらは生きてゆくための〝職業〟を持っていた。モク拾い、籤拾い、切符売り《ブーバイ》、闇の女、靴磨き、進駐軍人夫等々である。（中略）一九四六年冬――私は、東京・上野駅の引揚者仮泊所（在外同盟救出学生セツルメント）で働いていた。……

駅前の職安には、雨の日などモサコケ（飯ぬき）の日雇労働者がひしめいた。かれらは上野駅をねぐらにして、アメリカ軍の人夫に通っていた。山谷泪橋、千住、高田馬場等の人足寄場が潰滅し、土方飯場もほとんど全滅して、肉体労働の市場は占領軍の荷役、建設工事に集中し、東京芝浦、横浜港、あるいはベース・キャンプ等に、トラックで運ばれていく。

一九四七年春、私は横浜埠頭の荷役に度々アルバイトにでかけた。出ヅラ（日当）七十円、八時間メイッパイ（全稼動）という重労働であった。仲間の大半は、復員軍人であり、私のような学生アルバイトも珍らしくなかった。

港湾には労働組合があり、赤旗がひるがえっていたが、プー太郎と蔑称される私たちには、弁当の特配もなく、まったくの差別待遇だった。（中略）

一九四六年暮、東京都は十七ヵ所の困窮者収容所寮をつくって、生活保護法を適用し、四千二百名の無宿の復員軍人、引揚者、日雇労働者をそこに収容した。一泊十円、天幕の仮小屋にムシロをひいて、シラミがびっしりたかった毛布を、二枚貸してくれる。山谷、高橋、森下、浅草本願寺等に、都営、民間の仮泊所が集生した。それは、戦後の非人小屋であり、もうろう宿の復活であった、ということができよう。本願寺地下の浅草厚生寮のように、右翼暴力団〝新鋭大衆党〟の根城となり、配給物資の横領、強奪をほしいままにするといった例もあった。東京都は仮泊所の経営を民間業者に依託して、ほとんど監督を行わなかった。したがってそれらの施設は、暴力団の支配下におかれたり、闇の女の巣と化したりした。とくに浅草山谷、新宿旭町、深川高橋の三つのドヤ街は、一九四七年から四九年ごろにかけて、街娼とヒモ（情夫）のターミナルといった観を呈した。

当時、山谷には、すでに百七、八十軒ものバラック旅館が軒をならべて、天幕ホテルの大部屋には主として日雇労働者が寝泊りし、割部屋の木賃宿は、闇の女、男娼（おかま）に占拠されていた。

上野駅の地下道からさらに、東京のどん底にノメリこんだ私は、しばらく山谷のドヤ街で生活することになった」。

竹中労の話は言葉の綾が多く、どこまでが事実で、どこからが虚構となるのか、はっきりしないことが多い[39]。

一九四六、七〜五〇年代初め頃の実態について語る、多少とも確かな史料はごく少ない。従って、上記のような竹中のお話を史料で裏付けることは仲々難しい。そうした状況の中で、これだけは確かな事実というものの一つが、次頁に表紙写真を掲げる文献である。

一九四七年年一〇月上野公共職業安定所によって刊行された『自昭和二十一年四月／至昭和二十二年三月 下谷勤労署事業概要』が、それである（先に註（4）で紹介したもの）。戦前国家総動員時代を引き継ぐ警視庁管轄下の勤労署時代の事実を、戦後占領民主主義の時期の公共職業安定所が印刷物として報じた、貴重な史料である。

これに依れば、上野から北海道や九州の炭鉱に、労働者が相当数〝狩りこまれ〟動員されていた事実の確かであったことが知られる。【図6】を参照されたい。

動員された先は北海道炭鉱汽船株式会社（夕張、空知）が一八〇〇名余で最も多く、他には住友奔別（北海道）一四〇名、住友忠隈（九州）一八一名などが目立っている。竹中労や今川勲などが言うように、誰でも良いから〝狩りこみ〟をして、北海道へと飛ばしたものであろう。そして待っていたのは、相も変わらぬ〝監獄部屋〟であったに違いない(40)。

当時の東京都宿泊施設については、左記のような都史料があり、こちらは幾分信じるに足るもののようである。

「〔一九四五年六月〕現在、都には都直営のものはないが、東京簡易旅館組合聯合会及び大衆旅館施設組合に委託経営せしめている施設が、天幕（テント）ホテル八〇棟、簡易旅館四七棟ある。これ等は主として日傭者及び浮浪者に利用されている。又、外廓團体たる厚生事業協会管理のもの五施設、民間のものが八施設あるが、これ等は

〔図6〕 四 炭鑛労務者（月別 鑛別）斡旋状況調

月別 / 応募採用別 / 会社別		住友奔別	三井美唄	大日本炭鉱	住友忠隈	北炭夕張	岡島大之浦	日鉄二瀬	日鉱北松	北炭空知	〃幌内	三井芦別	新幌内	美留渡	三菱茂尻	砂川	合計
(21年) 4月	応募者数	263	31	75	128	200											697
	採用者数	140	25	15	71	183											434
5月	応				90	923	1	1									815
	採				59	620	1										680
6月	応					118			138	64	35						355
	採					80			58	53	30						221
7月	応					10				248							258
	採					10				222							232
8月	応				69	219											288
	採				51	133											184
9月	応					233					32	20					285
	採					160					24	10					194
10月	応					159					144						303
	採					101					110						211
11月	応					128				57	42		16	46	14		303
	採					99				53	34		12	22	9		219
12月	応					91									30		121
	採					60									17		77
(22年) 1月	応					78											78
	採					35											35
2月	応					62									17		79
	採					30									11		41
3月	応					63					68	26			63		220
	採					27					43	18			56		144
合計	応	263	31	75	287	2084	1	1	138	369	321	46	16	46	124		3802
	採	140	25	15	181	1528	1		58	328	241	28	12	22	93		2672
備考		北海道	〃	秋田	九州	北海道	九州	〃	〃	北海道	〃	〃	〃	〃	〃		

住宅不足と経営方針の不徹底のため宿泊事業というよりはむしろ住宅提供の形に変りつゝあり、宿泊事業としての意義を認め得ない現状にある」と。(41)

そういった施設の一つに実際に泊まったというもう一人の体験者が、中国帰りの梶大介であった。値段は高く、設備はお粗末きわまりなかったという。

「この山谷も、四五年三月一〇日の東京大空襲でいったんは焼尽に帰したのであるが、おれがはじめてその街へ足を踏みいれた四六年一一月末には、バラックとはいえかなりな数の旅館が立ちならんでいた。だが、その多くは戦後の一風俗を形成した街娼たちの巣であり、おれのような上野地下道住人向けの雑居寝宿はまだ数が少なく、「民生

〔図7〕

テント・ホテル収容（施設別）人員表

テント・ホテル名称	施設数	延人員数	備考
	棟	人	
旭町第一テント・ホテル	4	2,160	自4月4日　至末日
同　第二　同	1	540	同
同　第三　同	1	540	同
同　第四　同	1	510	同
同　第五　同	2	1,080	同
大木戸第一　同	3	1,260	自4月10日　至末日
浅草山谷第一　同	7	3,360	自同7日　同
錦町第一　同	2	1,160	自同12日　同
同　第二　同	2	1,160	同　同
深川第一　同	3	1,150	自同6日　同
同　第二　同	3	1,260	自同10日　同
同　第三　同	3	600	自同27日　同
品川第一　同	2	210	自同25日　同
厩橋第一　同	2	640	自同15日　同
計	36	16,040	

簡易旅館施設別収容人員表（四月分実績4月1日～4月末日）

簡易旅館支部名	支部内施設数	近日中開店のもの	宿泊延人員	宿泊料
			人	円
旭町支部	13	1	13,465	15
大木戸支部	2	1	1,300	10
浅草支部	4	2	3,170	15
厩橋支部	3	3	1,600	15
錦町支部	3	1	1,790	10
品川支部	6	—	8,235	4
高橋支部	3	7	1,531	10
計	34	15	31,091	

局依託〇〇厚生宿泊所」の看板がかかっていた。
一泊が二〇~三〇円だったろうか、金を払って毛布を受けとり荒むしろの上に転がる。天井も張ってなく田舎の芝居小屋のように丸太がむきだしになっていて、一畳分に二人も三人もが毛布をまきつけ折り重なるようにして寝る。うなぎの寝床とはうまいことをいったものだ。[42]」

先の東京都史料は、同時期における各施設の個別の「実績」として、次のような〔図7〕を掲示していた。竹中や梶とは、細かいところでは違っているが、当時の宿泊施設の具体相を知り得る史料なので、掲げておこう[43]。山谷のテント・ホテルは群を抜いた収容数だ。二番手に、四谷旭町、今の新宿南口、明治通りを渡った付近があった(一~五をあわせると山谷を抜くが)。他には品川付近の簡易旅館六件の収容数が目立つが、これはどの辺にあったのだろうか、今のところは不詳である。

梶大介に戻るが、彼もまた北海道に飛ばされていた。

「……たとえ、二〇円にしたって毎日ドヤ代を稼ぐとなると大変な時代だったのだ。そのころ、「北海道開拓」の人夫出しが、「めしつき、宿つき」でさかんに上野地下道住人を狩りたてていた。それが公的であれ私的であれ、戦前戦中の監獄(タコ)部屋を想像して行く気にならなかったが、どこかでひとくぎりしなければおれの人生がそのまま駄目になってしまうような不安で、しつこい人夫出しの言葉にしたがって北海道へ渡ってみた。どうせ、それ以上に堕ちることはないのだから……。
だが、北海道へ着いて三日ともたなかった。真冬の北海道の道路工事なんて狂気の沙汰だ。金も当てもないが、飯場をトンズラしたおれは、漁場や炭坑に泣きついて働かせてもらい、旅費をつかむと早々に本土へ舞い戻った。しかし、折角脱出した上野地下道へ戻る気はない。一路大阪へ――。そこにも上野地下道があり、山谷があった。大阪梅田駅がそれであり、釜ケ崎がそれだった。……いつの間にか山谷にちゃんと戻っているのだった。……

……いつの日からか山谷は俺の故郷になっていた」。

梶大介は人夫出しに狩り出されたといっているが、上記上野職安による北海道送り込みがそれとは段違いの好待遇であったなどとは、とうてい考えられない。職安経由であれ人夫出しであれ、やはりきつい重労働や監禁が待っていたことであろう。上野職安などの狩込みによる北海道の炭鉱送りが、梶の北海道行と時期的に重なっているのだ。

続いて梶は言っている。

「その山谷も時とともに変貌を遂げていった。もぐり売春と賭博と麻薬、ヒロポンとそれらにくらいつく暴力団の巣として戦後再出発した山谷は、東京都民生局の浮浪者対策という肝煎りで建てられたバラック簡易宿泊所の増設にともない、一九四八年頃から街の様相も空気も変わってきた。すなわち、犯罪的要素の濃かったカスバ的暗黒街から、同じ暗さでも、いくぶんまともな生活の匂いがただよう街へと移行して行きつつあったのだ。かつて下層労働者がひしめきあっていた木賃宿街の山谷の復活である。

だからといって、街娼やそのヒモ的暴力団が消え去ったというわけではない。山谷をねぐらとせざるをえない戦争犠牲の家なき人々が数において主人公の位置を占めたというにすぎないのだ。それも、戦争で兵隊や徴用に狩り出されていた戦前からの山谷住人が元のさやにおさまったので東京者が多く、地方出身者はまだそれほどにめだたなかった。

同時に、やくざの隠語的な宿（やど）をひっくり返したしドヤの名が一般化し、宿主もまた、増えてきた単身来住者を少ない面積にどのように多く詰めこむかを考えはじめ、一畳を二畳分にして二人を泊めるかいこ棚式ベッドを創設した」。

一九四八年頃山谷に住まった人たちが、少なくともその大部分が「戦前からの山谷住人が元のさやにおさまった」のかどうかは、多少疑問があるが、そういう傾向があったのかもしれないとは思う。筆者には、戦地から山谷に戻ったという山谷労働者に会って立ち話をした個人的経験がある。そして、梶はその山谷の変貌を指摘する。

「……敗戦直後の混乱期をようやく脱して本格的な復興期に入った四九年（昭和二四）ころから、山谷来住者の肌合いも次第に違ったものになってきた。

それまで圧倒的に多かった戦災者、引揚者、復員軍人にとってかわって、農村事情の急激な変化にはじきだされた貧農層が、仕事を求めて都会へ流れだして思うような仕事にありつけないまま山谷に定着するようになったのと、弱小企業の倒産ブームで放り出された失業者たちが混入しはじめたのだ。

ドヤ主たちは都や銀行から融資を受け、競ってドヤの増・新築を開始した。(44)」

一九四九年頃以降のドッジ・ラインの強行実施によって、企業の縮小や倒産は相次ぎ、労働者には百万人もの犠牲者が出たと言われているので、潰れたのは弱小に止まらなかったことは言う迄もなかろう。梶大介の言う、山谷労働者の質の変化、つまりは新しい失業者の流入という指摘を心に留めておきたい。

以上のような梶大介の個人的経験は、ごく大まかには竹中労のそれと合っていたといえよう。ただし、山谷はまだまだ〈日雇労働者の街〉に純化したのでは無いことも、忘れてはならない。そうなるのは職安闘争頃以降と見るべきであろう。一九五〇年一〇月頃開設した上野職安玉姫分室の規模、殊に求職の労働者数、あるいは分室が扱う日雇労働者の求人数の年度毎の推移などでもって確認する必要があるだろう。一九四八〜四九年頃は、山谷はドヤ街つまり日雇労働者も（その他さまざまな底辺の人々なども）住まう簡易宿所の集中地域であったことだけは確かであろう。そこに日雇労働者もかなりの数住まっているが、彼等はそこから朝早く出立して芝浦三田や池袋などへ出かけ、そこで青空手配され、それぞれの労働現場へと赴いていったであろう。山谷は、そこで青空手配され就労していくことの出来る場とは、その頃まだなっていなかったことを確認しておきたい。

三、結論に代えて

一九六二年一月刊の東京都労働局職業安定部労働課『山谷地区の労働事情』に、「三の輪橋『立ちんぼ』解消措置」なる一項があり、次のようなことが記されていた。(45)

一九五七年六〜九月、台東区三の輪町町内会有志、「同地区附近に職を求めて集合する労務者」が「付近の道路や民家の軒先にたむろする」ので、商店等の営業の妨害になる、附近を通行する婦女子などが「いやがらせ」をされており「迷惑である」などと言い立てて、「当局をはじめ関係機関」にそういった「労務者の集団を無くして欲しい」と陳情する。

同年七月~五八年春頃、上野職安と警視庁坂本署、労務者には職安経由の就労を働きかける一方、求人側に対しては道交法・職安法違反になると脅しをかける。

一九五八年初め頃以降、「三の輪地区における労務者の集合は次第にその数が減り、やがて労務者集合の中心点は浅草泪橋付近に移動した。」

三の輪は溜り場、あるいは寄場にはふさわしくなくて、泪橋から山谷ドヤ街ならふさわしい、となぜ官憲らは考えたのであろうか? よく指摘されるのは、その地の歴史的由来である。江戸時代には小塚原の刑場が山谷泪橋の先にあったし、近代史当初にはさっそく木賃宿密集地(の一つ)として法律的指定もされていたのである。権力の側は、浮浪者や労務者の集積場を造り出しそこを人間外の地とすることによって、既存体制＝権力の重しとすること、つまりはそれを擁護することが目的であったのではなかろうか。そこが併せて労働力売買の場、寄場ともなるならばなお好都合と考えたものであろう。既存権力―体制の差別と排外という、歴史を貫く体質こそが、山谷ドヤ街を造り出し、溜り場から寄場となしていった導因であったのではなかろうか。

先の史料によれば一九五九年七~八月泪橋を中心とする「たちんぼ」は五〇〇~八〇〇人で、簡易旅館数は約二〇〇軒、宿泊者は約一三〇〇〇人であったというから、数量的にはこの時期になっても日雇労働者が中心とは言えないであろう。しかし、もうこの頃になると、山谷という街の根幹部をなす、ひとつに纏まった階層となっていた、とは断言できるのではなかろうか。

〈寄り場、すなわち規制された路上手配〉に、〈ドヤ街〉がプラスされて、初めて《寄せ場》といった概念が出来上がると言って良いのではないか、と今のところ、考えている。その形成は、地域的偏差はあるものの、一九五〇年ドッジライン実施、朝鮮戦争～五二年講和条約が締結され〃独立〃した頃から五〇年代後半頃の高度成長期にかけて、ではなかったろうか。山谷、釜ケ崎における暴動の連続的勃発はそのことを告げる狼煙であった。

註

(1)『職業安定行政十年史』(一九五九年刊)七五、七七頁。

(2)同七八頁。

駐留米軍の解雇問題については、より詳しくは以下の通りである――「駐留軍問題の第二、大量解雇は昭和二十九年十二月、北海道地区駐留米軍の東北地方への移動に始まる。そして早くもその前年昭和二十八年十一月には駐留軍労務者の大量解雇について、十二月にはそれら離職者の就職あっせんについての通達が相次ぎ、解雇情報の収集、地域間連絡、公共職業補導所の利用等に亘って対策が真剣に考えられた。昭和二十九年には駐留軍労務者失業対策連絡協議会が関係省庁によって中央、地方に設置され、労働省としては就業対策要綱を定めて職業紹介の強化、公共事業、失業対策事業への吸収等の措置をとつた。しかし、翌昭和三十年にはこれに加えて国際緊張の緩和に伴う特需産業の大量解雇という事態に直面して、政府は八月に広く関係省庁からの担当官をもって構成員とする特需等対策連絡会議を設置し、以後この会議を通じて駐留軍、特需等の離職対策ないし調達方式等について連絡協議することと速かにこれが総合的対策の樹立推進を図ることになった。しかしこの間にあつても駐留軍では宮城、滋賀、青森、福岡各県等において、特需関係部門では神奈川県等において人員整理が相次いで行われ、駐留軍労務被解雇者対策の早期樹立がますます要望されるに至った。政府は昭和三十一年二月閣議了解をもって特需の減少及び駐留軍、連合軍の引揚に伴う対策を決定したが、労働省職業安定局長はこれと同時に駐留軍及び国連軍労務被解雇者の就業対策についての通達を調達庁労務部長と連名をもって都道府県知事あてに発し、自衛隊職員への就職あっせん、駐留軍への再採用、自営業希望者に対する援助、失業対策事業への就労等を指示した。更に広島県呉地区国連軍の全面的撤退が発表されるに及び、政府はまた五月、閣議によって国有財産の利用、職業補導、職業紹介の措置強化、企業組合の育成等の対策を決定、続いて次官会議もこの細目につき申合せを行った。労働省としてもこの閣議了解事項及び次官会議申合せの趣旨に則り、大量解雇発生都道府県には駐留軍関係離職者就職対策本部を設置し、これに既設の駐留軍労務者失業対策地方連絡協議会を吸収し、対策を強化するよう都道府県知事あてに通達するとともに、広島県及び青森県に関係都道府県を招集して就職促進連絡会議を開催した。その翌昭和三十二年は更に駐留軍の組織的撤退に対処して四月、職業安定局長は再び調達庁労務部長との連名をもって離職者対策を都道府県知事あてに発したが、九月に至って閣議は七項目にわたる対策を決定した。この対策はこれまでとられてきた諸対策の集大成ともいうべきものであるが、その内容は概ね次の通りである。①職業補導の拡充②就職あっせんの強化③離職者の行う事業の育成④海外移住のあっせん⑤公共事業、失業対策事業等の重点的実施⑥企業の誘致⑦対策の推進。このうち①の「職業補導の拡充」は短期補導、夜間補導、補導種目の増設、補導定員の増加、臨時補導所の開設、基地内における職業補導の実施を行うものであり、また⑦の「対策の推進」は関係都道府県に駐留軍離職者対策本部の設置を勧奨し、一方政府の特需等対策連絡会議には対策推進本部を設置してそれぞれ離職者対策の推進に当ることとするものであって、昭和三十二年十一月までに離職者対策本部は二十都道府県に設置（広島県のみは「対策推進本部」と呼称）された。これら諸対策は予算措置の裏付けをもって強力に行われたのであったが、同年十月からは特に離職者は大量（十月の駐留軍離職新規求職者数は八二一七名）化しこの問題に関する展望は必ずしも楽観を許さない情勢を示しつつ昭和三十二年は暮れていった。」その意味するところについては別途検討する。

（3）同七五、七七頁。

（4）『自昭和二十一年四月　至昭和二十二年三月　下谷勤労署事業概要　上野公共職業安定所』（昭和二十二年十月十五日上野公共職業安定所調査課刊）五〜六頁。国会図書館所蔵。元の文書は非常に珍しいものなので、写しておこう。〔図8〕

（5）「昭和二二、二三年度　労務機構関係綴（一）終戦連絡横浜事務局引継」二〇―一二―一―〇〇一―〇二神奈川県立公文書館所蔵。

〔図8〕

沿　革

前に少し職業紹介事業の起源に遡って見よう。ヨーロッパにては十九世紀後半
の事業として興ったが、一八八六年フランスは之を公設事業とした。我国に於ては
いが徳川時代に既に桂庵雇人口入宿などがあった。明治に入ってからは営利
職業紹介施設が諸所に設けられたが、之は総て慈善、宗教等の団体の
た。東京市が漸く斯業の重要性を認め、その社会政策実現のための一つの施
至ったのは明治も末期の四十四年十一月であった。そして之が亦我国に於ける
職業紹介事業公営の嚆矢である。第一次世界大戦後一時好景気を招来したが、間もなく生産の過剰
労務者の生活不安等に依り経済の恐慌、失業者の続出等を発生したので、市に於てもこの増大して
来る社会不安を除去するための一助として、職業紹介事業の増設強化の必要を痛感するに至った。
かゝる気運の下に、大正十年法律第五十五号を以て公布せられた紹介法（第二条市町村ハ職業紹介所ヲ設置スルコトヲ得）に基き我が下谷勤労署の前身である「臨時下谷職業紹介所」は大正十年四月七日下谷区北稲荷町四番地に誕生した。同年六月臨時の二字は削られ「下谷職業紹介所」と元服し、一人前の発足を始めた。

大正十二年六月二十日下谷区上野三橋町十三番地に木造洋式二階建七十七坪の新庁舎を落成「上野職業紹介所」と改名し名実ともに備った。然るに新庁舎はそれより三月を出でずして関東大震災に遭ひ烏有に帰した時に九月一日午后大時である。この大惨禍の中に敢然起ち上った当時の全職員は早くも九月七日上野帝室博物館正門前切符売場を臨時事務所と定め罹災者の失業救済に大活動を開始した。十月二十五日池野へバラックを建てると共に従来の普通紹介の他に日傭労務の紹介及び賃金の立替払等の業務をも付ふことになった。この日傭労務の紹介に関する事務は大正十四年　月まで続いた。

帝都復興も進捗する此の際庁舎新築の議も起ったが、大正十五年六月二十日下谷区下谷町七一本光寺境内に仮移転した。昭和二年九月軍庁舎跡に鉄筋コンクリート二階建六十九坪の新庁舎を成し十月一日移転した。昭和七年部制改正に依り「東京市職業紹介所上野出張所」となった。一頃より職業紹介所国営論が抬頭したのであるが仲々捗らない儘過ぎたが偶々芦溝橋に端を発した事変は之に拍車をかけた。国家的見地に據る労務の全国的適正配置を図る為には国営にせざるべからずとの趣旨を以て昭和十三年七月一日当時東京府市所轄の各紹介所は国営の東京職業紹介所並びに東京労働紹介所に統一され、当所も東京職業紹介所上野出張所と名称をかえ、東京府知事の指揮、監督を受ける事となった。事変は益々進展するにつれ国内に於ける労務の需給調整に全力を挙げる国は機構の拡大と能率の倍加を意図して十六年二月一日を以て職業紹介所を国民職業指導所と改称したので当所も「東京国民職業指導所上野出張所」と改めた。然るに労務調整令並びに労務動員の遂行に付国民職業指導所の機構は更に整備充実を必要とせられ、昭和十七年三月十日厚生省告示を以て当所も従来の一出張所より脱皮して独立の職業紹介斡旋機関としての「下谷国民職業指導所」に昇格した。機構として庶務、業務、登録及転職の四部が設けられた。同年十一月一日付を以て警視総監の指揮監督を受けること、なった。職員は待遇官吏より官吏となった。更に昭和十九年三月一日付「下谷国民勤労動員署」となり戦時下労務行政の第一線官庁として活躍したのであるが遂に終戦に伴ふ平和国家への変革は動員署の機構、業務等にも変化を齎し、斯くして名称は然変転を経て同年十月六日「下谷勤労署」となった。十二月二十四日付を以て再び東京都長官の指揮、監督を受けると共に敗戦後に於ける労務の監督並びに国民の完全就職を目途とする現業官庁として再発足したのであるが、本年四月八日付上野公共職業安定所と改称するに至った。

（6）同前。以下史料の引用は特記しない限りここから。
（7）同誌七六頁。
（8）日高六郎『戦後思想を考える』岩波新書一九八〇年刊を見よ。
（9）二〇一一年一月一二日付朝日新聞朝刊に、次のような記事が載っていた。タコ部屋は今もなお変わらず存続しているのだ。

「建設業者ら逮捕
傷害容疑　ダム湖遺体　関連か
新潟県警は一一日、従業員の佐野航（わたる）さんに暴行したとして、傷害の疑いで同県南魚沼市石打の建設会社「藤和」の経営者更科朗（ほがら）容疑者（35）＝南魚沼市石打＝ら五人を逮捕したと発表した。県警によると、佐野さんは事件当時一九歳で、昨年九月に埼玉県秩父市の神流（かんな）湖（下久保ダム）右岸で遺体で見つかった男性と同一人物の可能性が高いといい、関連について調べている。
同湖の対岸下流の群馬県藤岡市では昨年四月、死亡推定時期が重なる別の身元不明男性の遺体も見つかっており、新潟県警は埼玉、群馬両県警と南魚沼署に合同捜査本部を設置、調べを進める方針だ。
傷害容疑で他に逮捕されたのは、いずれも「藤和」の土木作業員で広井勝俊容疑者（27）＝南魚沼市六日町＝、関勝明容疑者（39）＝同市石打＝、御船旭容疑者（38）＝同＝、鏡智尚容疑者（30）＝同＝。
県警によると、五人は共謀し、二〇〇九年一二月中旬ごろから昨年二月下旬ごろまでの間に、同社の事務所内で、拳や木刀で殴るなど暴行して、佐野さんに顔面打撲などのけがを負わせた疑いがある。更科、御船両容疑者は否認、残り三人は殴ったことをほぼ認めているという。」

（10）『敗北を抱きしめて――第二次大戦後の日本人』上下、岩波書店、増補版二〇〇四年、参照。
原文は、Embracing Defeat: Japan in the Wake of World WarII, by John W. Dower, 1999.

（11）海上輸送についても触れるべきであるが、今は陸上輸送との接点毎に適宜言及するに止めたい。

（12）『日本国有鉄道百年史』一一巻、一三八頁。

（13）『貨物鉄道百三十年史』上（日本貨物鉄道株式会社二〇〇七年編刊）、八〇頁。

（14）日本通運株式会社『社史』一九六二年、五頁。

（15）前掲国鉄史、一三九～四〇頁。

（16）とくに日通の役割は次のようなところにあった、「戦時を通じて、現業への進出、軍用品、米麦、繊維等元請の拡大、さらに鉄道当局による『新小口混載制度』（昭和一六年四月）と「新小口貨物取扱制度」（昭和一七年四月）」の採用等により業務内容が著しく変化し、また外地、占領地への進出もおこなわれ、また自動車輸送、倉庫、港湾、海運等の諸部門への事業の拡大など多角経営への移行もはじめられ、現在みるような『運送のデパート』としての日通の原型ができあがったのである」という（前掲日通『社史』五頁）。つまり、通運業の各種部門へと業務を拡大＝多角化しつつ、日本帝国陸海軍の手先として占領地や植民地へ進出したものと見ることが出来よう。鉄道は、それ自体では海外へ進出することができないのだから、日通が自動車業や海運業へ進出しつつ海外発展を実践していったことは、ある意味では国鉄の補佐ということでは無くて、その先取りであったと言っても良いかもしれない。

(17) 前掲『貨物鉄道百三十史』上巻、八六頁。

(18) 前掲『鉄道終戦処理史』一五頁。

(19) 九月四日付指令の具体的実行に関する米日軍会談の席上にて。同上同頁。

(20) 同前書一六頁。

(21)『日本国有鉄道百年史』第一〇巻、五編戦中戦後時代、第四章営業 第五節特殊輸送、第三連合軍輸送のうち、九二〇頁。なお、国内で調達した資材の輸送に関連して、『貨物鉄道百三十年史』に以下のような記述がある。

「二　基地建設の資材輸送

昭和二〇年秋からアメリカ軍は長期駐留体制を整えるため、全国各地に基地建設の工事がはじめられた。このため、砂利・砕石・セメントなどの資材が大量かつ緊急に輸送されることになった。その一例として、三沢航空基地の建設のため昭和二一年から二二年秋にかけて建設資材輸送は最盛になった。建設工事に必要な砂利は神奈川県相模川で採取され、東海道・東北本線を通って東北本線古間木駅（現在の三沢）まで輸送された。最盛時には一日に三五〇両の貨車を到着せねばならず三～四本の砂利専用列車が運転された。古間木駅から基地までは専用側線が使用され急勾配が続くためD５１形式三重連に後部補機一両を連結した異例な運転であった。取卸しの渋滞のため着駅にはいつも多くの未取卸車が停留していた。

しかも、発地では砂利の発送を停止、もしくは調整するようなことが許されなかったので、専用列車は途中の操車場または駅に抑留され、最悪の時期には抑留貨車は二～三千両に達し、東海道・東北本線の輸送は大混乱になった。この基地建設の資材輸送は昭和二三（一九四八）年七月に終り、運用貨車は延べ約一五万両に達した」と（同書下巻、八〇七頁）。

（22）前掲『貨物鉄道史』上、九三〜九四頁。前掲『日本国鉄史』一二巻一章一節も参照のこと。

（23）一九四八年二月、巨大独占会社の日通が集中排除法の対象とされてほぼ機能不全に陥る中で、同年末「小運送業は一駅複数業者免許制度へ移行」と閣議決定、翌四九年三月から実施されていった（それまでは一駅一店制で日通が独占支配していた）。五〇年二月には独占的な国策会社である日本通運㈱は廃止となり、純粋の一民間会社となった。しかし一九四五年敗戦から四九、五〇年頃までは、有数の小運送業者として国鉄とともにその勢力を誇っていた。とくに「連合軍関係の建材資材、輸入食料及び原綿、輸出繊維製品、住宅営団資材等主要物資の元請契約を次々に締結、これらの輸送」に当たったという。「すなわち、終戦後の極度の物資不足と偏在により、広範にわたる生活必需物資、生産資材の計画輸送が要請され、戦前結んだ元請契約のほかに、輸入食料については、昭和二一年一〇月から小麦輸入協会と、輸入砂糖については、昭和二二年一二月から輸入食糧取扱商業協同組合と、契約を結んだ。さらに、肥料については、昭和二二年七月肥料配給公団と、また、繊維類については、同年同月繊維貿易公団とおのおの契約を結んだ。……」と、『日通二十年』は誇らしげに言っている（一九五七年刊、八二頁）。

この後一九四八年九月頃から翌四九年三月頃以降、近距離のトラック輸送事業に乗り出し、同四九年一二月には路線自動車便への進出が正式に認可された。（同前書八三頁）。『社史』年表によれば、一九五〇年半ば頃から翌年にかけて、豪カンタス、米パン・アメリカン、日本航空、米トランスワールドなどと旅客・貨物の代理店契約を結んでいる。多角化への路へと歩み進んでいたと言えようか。他方、一九四九年には海運業にも進出し、アメリカン・プレジデント・ラインなど外国有力海運会社と代理店業務を結び、他方船内荷役業務も拡充したという。さらに五〇年頃から、保管や営業用途の倉庫を大きく拡充し倉庫業は目覚ましく前進したとされている（『陸と海と空と』一九八七年、六五頁）。つまりは、国策会社から民間会社への脱皮を、営業＝経営の多角化を通じて達成した、と言おうとしているのであろう。

これ以上詳しい検討は、『社史』などを元に今後さらに試みていくこととしたい。ただし、朝鮮戦争には、集排法適用を免れたばかりでもあり、また当時内部に労働問題等を抱えていたなどのため、直接戦争に関わりを持てなかったようである。ぼろ儲けをしたわけではないが、特需景気の余波で業務の多角化へと舵を切ることができたようだ、とは言えるようではあるけれど。

(24) 同書、上巻五章第五節　朝鮮戦争と貨物輸送、一〇一〜〇二頁。

(25) 前掲『日本国鉄史』一三巻、三六〇頁。

(26) 芝浦公共職業安定所［執筆］「日雇の労働市場とは」『職業問題研究』一九四八年六月号、三五頁。

(27)「掴み銭」とは、「日雇労働者を供給又は使用して、賃金支給、災害発生の場合における報償、盆、暮における賞与等、親方負担の支払金を決定又は相互に定められた金額でなく、親方の一方的意志によって、その状況に応じ適当に支払われることをいう」とされる（同上論文）。同じ労働をしても賃金が同一ではないことも、よくあるという。

(28) 引用は「東京・大阪・福岡における失業対策事業の概要」の大阪の部分で、執筆者は大阪府職業安定課失業対策係長・山田時雄。『雇用研究』一九五〇年一二月号、三六〜九頁。

(29) 横浜の「寄場建設」提案の趣旨として次のように語られている。提案の宛先としては、横浜市長平沼亮三、横浜市会議長島村力、神奈川県知事内山岩太郎、神奈川県会議長加藤詮、関東海運局長勝野正恭、横浜税関長伊藤八郎、横浜復興建設会議、横浜市港湾審議会が挙げられていた。ただし、この提案がどうなったかについては今のところ調べがついていない。

「（前略）講和条約の調印も終り、長らく接収下にあった横浜港が不日解放される希望が持たれ、貿易港たる本然の姿に立ち帰ることは、横浜経済の復興が愈々軌道に乗ることであり御同慶に堪えない所であります。

既に横浜市は国際港都として再発足することになって居ります。接収解除を目前に控える横浜港としては、何を措いても港湾諸施設の整備を図り、名実共に国際港都として恥じざる内容を整えなければなりません。然るに横浜港の現状は終戦以来長期に亘る接収の為これが改善施策の実施を困難とした巳むを得ない事情下にあったとは言え、其の評判は港湾諸費用の高い、荷物の遅い港と言う芳しからざる悪評を得て居ります。港湾としては諸作業料金が割高についたり、荷役遅延の為に滞船日数を多くしたり、或は荷捌きが遅れたりと言う声は致命的なもので、斯くては船も荷物も集る訳はありません。

港湾の繁栄を求めんとするならば優秀なる港湾設備の活用と相俟って、船内、沿岸及艀回漕等一連の港湾労務者の素質の向上、技術の練磨、勤労意欲の昂揚を図って荷役能率を増進せしめ、荷役費用を低減し、滞船日数を短縮することに依って始めて港勢の活況を招来することは論を俟たない所であります。

　従ってこの人的活動の根源を培養するため労務者用福利厚生施設の整備を図るは、港湾諸設備の近代化と共に喫緊を要する重要問題であります。

　横浜港の港湾労務者用福利厚生施設は、戦災に依り壊滅し、現在では給食設備等一、二を除きては見るべきものなく、主要港湾特に神戸港の夫れに比すれば著しく立遅れの状態にあります。然し今や国際港都横浜として再出発の機会に之れ等劣悪の施設を改善し、終戦後の悪評を一掃して船舶及貨物の吸引に一大努力を払わねば、横浜港昔日の声価を回復し、経済復興に寄与することが至難であります。

　港湾労務者の福利厚生施設としては、其業態により、船内、沿岸及艀回漕に三別され夫々の立場より別個の施設を要望せられて居りますが、其大要は別紙一覧表の通りであります。

　之等は何れも理想としては全面的に実施を要するものでありますが、就中最も緊急実施を要望されるものは左記の通りであります。関係業者は横浜港発展の為之が実現に付凡ゆる協力を惜むものではありません。

　御当局に於かれても右事情篤と御賢察の上之等施設の早期実現に付格別の御高配下さる様要望致します。」（『横浜商工時報』第三二号　一九五一・一二・一〇）横浜の空襲を記録する会編刊『横浜の空襲と戦災』第五巻接収・復興編、一九七九年刊、三四〇～四三頁所載。

(30) その直接的根拠を今見つけることはできなかったが、「戦後山谷運動略年表」（『黙って野たれ死ぬな　船本洲治遺稿集』れんが書房新社、一九八五年、表紙カバー裏に所載）の一九六二年［山谷］第四次暴動の項目に、「業者の炊き出し廃止（'48以降行なわれていた）」とある。
(31) 前掲『職業問題研究』三六～七頁。
(32) 同三七～八頁。
(33) 同三八頁。
(34) 『雇用研究』一九四九年一〇月号、五三～四頁。
(35) 同、五四頁。

(36)同、五四〜五五頁。

(37)東京都豊島安定所「日雇労務者需給の状況」『雇用研究』一九四九年四月号所載。

(38)同前二五〜七頁。

(39)『山谷――都市反乱の原点』株式会社全国自治研修協会、一九六九年九月刊、一二二〜三二頁。

竹中の話も全くのデタラメとは言えないようだが、詳しい検証の必要はあり事項と時期が他の史料と一致しないこともかなり多い。後にさらに詳しく検討する予定。

(40)戸崎繁『監獄部屋』二〇一〜一七頁を参照せよ。進駐軍関係の土木工事を請け負っていた鉄道工業（株）の新野組飯場において、タコ部屋的待遇が明らかになり、検挙者も出て大きく報道もされた。その所謂真駒内事件については、年報『寄せ場』二二号（本書、第2章）ですでに触れているので参照されたい。

(41)財団法人東京市政調査会・東京都総務調査課『都の社会救済に関する調査報告書』一九四七年一二月刊。復刻版『資料集　昭和期の都市労働者1　第七巻昭和二一・二二年』近現代資料刊行会、二〇〇六年、三二九頁。

(42)『最下層の系譜①山谷戦後史を生きて（上）』積分堂出版㈱、一九七七年、一二〜三頁。

(43)前掲市政会史料、前掲書三三〇頁。他に東京都厚生事業協会は高浜寮、浜岡寮、新宿旭寮、南千住寮、元木寮という五つの施設を持ち、五五三名を泊まらせていた。

民間の施設としては、〔図9〕のようなものがあったという。山谷のゴロ・建部順の労働護国会という一九三三創立の施設が気になるところだ。同前書三三一〜二頁。今のところ

〔図9〕

民間宿泊事業施設

組織	施設名称	施設場所	代表者名	設立年月日	利用者収容者数	職員数	備考
恩賜財	同胞援護会東京第一学生寮	杉並区馬橋	山根勝一郎	昭一四・六・三	六九	三	
同	同　東京第二学生寮	同	吉村勝敏	昭一四・七・一	三九	七	
財	生長の家・社会事業団	港区赤坂檜町	谷口雅春	昭二一・一・八	二四	一二	学生寮
	明照会昭和寮	北多摩郡東村山村久米川	小松雅介		―	―	
会	婦人奉仕会・婦人会館	杉並区西荻窪二丁目	佐藤貞子	大一三・九・一	―	―	婦人宿泊
社	上宮教会・父子ホーム機口上宮館	足立区梅田町	加藤熊一郎	昭七・一一・一	―	―	
会	労働護国会	台東区浅草山谷町三丁目	建部順	昭八・四・一〇	―	―	
社	聖隣館	新宿区西落合二丁目	谷田実	大一五・六・一三	一二	一三	浮浪者救護

ろ詳細は不明だが、いずれ検討していきたい。浅草労働館と建部順の名が神崎清『山谷ドヤ街』（時事通信社一九七四年）に出てくる（一八五頁）。

品川については『都政十年史』（一九五四年東京都刊）に次のような一節があった。曰く、東京養育院が狩りこんだ中に「無宿者・失業労働者」が多かったので、その人たちのために一九四七年浜川寮と命名して、「簡易宿泊所式の施設」を作ったというのだ。品川区勝島町にあった港湾局職員宿舎を転用したもので、同年四月八日事業開始という（二三二頁）。一例にすぎないのだが。

(44) 梶前掲書一六～一八頁。同一八～九頁。同二〇頁。梶の言いたかった山谷の変貌が一九四八年のことなのか、四九年なのか、曖昧である。

(45)『山谷地区の労働事情』一九六二年一月刊、一～三頁。本文で要約したものの原文は〔**図10**〕の通り。

〔図 10〕

（一）　山谷地区における労働対策

労働局が山谷地区においてとつてきた施策のうち　とくに注目されるのは時期的にみて昭和３２年６月以降なので　こゝでは、この時期から現在にいたるまでの労働対策のあらましを時間を追つてのべることにした。

三の輪橋「たちんぼ」解消措置

昭和３２年６月から９月にかけて台東区三の輪町町内会有志から、同地区附近に職を求めて集合する労務者の集団を無くして欲しいとの陳情が当局をはじめ関係機関に行なわれた。この陳情の理由としては　集合する労務者が附近の道路や民家の軒先にたむろするので、商店等では営業上の障害となるといわれ、婦女子その他附近を通交する人々にとつてはいやがらせ等が行なわれ非常に迷惑であるというのが主なる理由であつた。当局では、集まつた労務者に対しては雇用関係の正常化を目的に立看板の掲出、ビラの配布、マイクによる呼びかけ等の方法で職安への求職登録の促進と職安を通じての就労を促がした。また　求人事業所に対しては、まずこの労務者の集合体を利用している事業所の実態は握を行ない　そのうえで利用求人者を集めて正常な方法による募集行為の説明会を開催するとともに、この地区からの募集が道路交通取締法違反ならびに職業安定法違反にてい触するおそれがあるとして　上野公共職業安定所長及び警視庁坂本警察署長の連名で利用求人者に警告文書を発した。これらの措置は昭和３２年７月から昭和３３年春頃まで随時行なわれた。このようなところから三の輪地区における労務者の集合は次第にその数が減り　やがて労務者集合の中心点は浅草泪橋附近に移動した。

山谷地区「たちんぼ」実態調査

昭和３４年７月から８月にかけて　浅草泪橋を中心とする「たちんぼ」の実態調査を行なつた。この調査は、浅草簡易旅館組合、浅草警察署、台東区役所等の協力を得て行なつたもので　この結果確認した事項は、簡易旅館数約２００軒、宿泊者約１３０００人、路上待機者（いわゆる「たちんぼ」）５００人～８００人等であつた。

第4章　朝鮮戦争と日本――〈ロームシャ〉の立場から視た

はじめに

第二次大戦後の歴史は、東西両陣営の対峙、いわゆる冷たい戦争たる性格が極めて色濃いことは、改めて言うまでもないであろう。そうした冷戦対決の中で朝鮮戦争は、血を血で洗う熱い戦争であった。それは民族間の相剋をもたらした一方、米国のアジアにおける軍事覇権を確立したものでもあった。

しかし、と同時に、それはまた戦後日本史においても極めて大なる影響をもたらしたものであった。言い換えれば、それは戦後日本史上特筆すべき画期となった事件であると言っても良いであろう。朝鮮戦争と日本という命題は、多方面に、複雑に関係しており、影響を及ぼした範囲も絶大であった。従って、今回は、〈ロームシャ〉の立場から視る朝鮮戦争、という視角に限定した上での試論という性格を帯びざるをえないであろう。実証的にも、また理論的にも、今後さらにいっそう詰めて行かなければならない。本稿がそうした方向へと進んでいく上での一道程とし得るならば、望外の幸いである。

以後、三つの問題を扱うこととしたい。第一は、朝鮮戦争への日本の軍事的関与について。日本人や船舶の同戦争への直接的参加、および列島内の基地・地方自治体・病院・工場等による広い意味での後方支援について検討する。

第二は、ロームシャの立場からする朝鮮特需について見てみたい。

第三は、朝鮮戦争およびそれと同時に進行した日本国内のいわゆる反動化の進行深化について、列島内の反体制諸勢力はどういう考えをもち、どういうふうに行動していったか若干照射したい。

朝鮮戦争に対する日本の軍事的関与

1 「進駐軍労務」

炭坑鉱山における被強制連行朝鮮人・中国人の蜂起、日本人鉱坑夫のそれへの同調によって、敗戦後の日本は騒然たる情勢にあった。他方で、復員者や元兵士、特攻崩れ、焼け出された人々＝壕舎生活者等々は、闇市へ流れる一方で、ほとんど唯一の仕事である「進駐軍労務」へ就き、新たなロームシャとなっていった。他方、もともと山谷や釜ケ崎などの日雇労働者たちもまた、戦地などからその古巣のドヤ街にもどっていった。

日本経済がほぼ崩壊していたこういった時期において、日雇労働の仕事の大きな部分を占めたのが「進駐軍労務」に他ならない。これについて当時仲介に当たった調達庁の資料には、次のように述べられている。

「……かれら［占領軍の］日本政府に対する要求は上陸地ないし宿営地の整備（飛行場、港湾施設の整備を含む）、兵舎用、宿舎用建物の接収等に主眼がおかれたのである。すなわち、昭和二〇年九月三日付指令第二号（第四部資源──「調達の基調編」第一部第五章七五頁参照）に基いて最初に要求されたものが、旧日本軍関係施設の占拠であり、続いて戦災を免れた民間個人所有のホテル、ビル、工場あるいは幹部級軍人の宿舎としての住宅等の接収であり、続いてこれらの施設の占領軍用としての改修、増設等が要求されたのであるが、これは二万戸の住宅および兵舎建設要求（「調達の基調編」第二部第一章、第二章参照）とともに、進駐後の約三年の間工事調達要求が最も多かった事実が証明しているといえる。なおこのほか、前述のような各種施設の整備等に要する労務者が、当時警察機関の手を通じ、あるいは隣組等の組織を通じて動員されたことが、全国共通的な進駐当初一、三カ月の調達の様相であったといえるわけである」[1]と。

日本敗戦後の四五年一杯ぐらいは、〈ロームシャ〉の仕事は主として建物の改修や増設などに関係する作業であり、労働者は警察や隣組を通じて募集され就労していったというのである。山谷などでは戦争期の日雇労働者の動員機関たる労務報国会は、労務協会と改称していたが、それなども戦後のこの時期には労働者動員機関の一つであったのではなかろうか[2]。

なお、戦時中の国民勤労動員署は、労務報国会と同様に労働者の動員機関であったが、戦後にも勤労署と改称して存続していた（のち公共職業安定所へ）。これまた、進駐軍労務などへの職業斡旋を行っていたと見られる。一例だが、賀川豊彦のゆかりで神戸で戦後失業者運動を行っていた武内勝の戦後日記に、「勤労署内ニ民生委員駐在　勤労署ハ生活ノ全面保護ニ当ル。緊要労務　進駐軍、一日二二万人　センイ労ム成績不良」などの記載があるという[3]。

他方、前掲『占領軍調達史』「あとがき」によれば「第一は調達要求形式上の問題です。すなわち、役務を初め需品・工事・不動産等の調達要求がＰＤ書式によつたのに対し、労務調達要求はＬＲという別個書式によったこと、第二に、役務を初めＰＤ調達の分野が一元的調達機関ＳＰＢ〔四七年九月業務開始の特別調達庁を指す」の設置に伴い漸次関係業務がSPBに統轄されていったのに対し（国鉄職送、通信役務関係等は別ですが）、労務調達は都道府県に対する委任業務として、労務者の雇用、占領軍への提供、給与の決定支払等の実際業務は都道府県において処理されたこと、第三に、占領の最終段階である二六年七月以降労務調達に要する資金は、米国の占領費一部負担に伴う日米労務基本契約の締結により、全額米国負担となっておることとです」とある。(4)

これに依れば、ロームシャの雇用と軍への提供、給与の決定と支払いなどの業務は、引きつづき地方自治体（終連の地方事務所を含む）が行っていたというのである。先の引用史料と合わせると、県や市の職員（勤労署や職安を含む）が警察などと手を組んで、労働者募集＝駆り出しを行ったと考えられる。当然、労務報国会の衣替えした団体の活躍も見られた筈、と纏めて良いであろう。

次ぎにどのような仕方・方法で雇用に就いたか、その方法であるが、これについては次のような証言がある。

「役務調達として占領軍の要求の仕方にもつぎのごとき種類があった。

（一）請負業者（役務を提供するために日本政府調達機関と請負契約を締結した者、以下業者と略称）の工場で資材が全部業者負担の場合と、資材の全部または一部が軍から供給される場合、さらに機械器具等を軍から貸与される場合とがある。

（二）軍の施設、設備を使って業者は資材と労力のみを提供してその経営を請負う場合と、極端な場合は業者は単に労力のみを提供しその経営を請負う場合とがある」(5)。

雇い方としては、直接米軍が雇用するＬＲという形態と、請負業者が軍の仕事をＰＤという形で受けロームシャを雇って働かせる仕方＝「ＰＤ労務者」の区別があったというのである。[6] 大きく言えば、一九四七年一一月制定の職業安定法は労働ボスによる中間搾取の排除を目的とする法律であったので、法制定以降は米軍の仕事を受ける業者は職安法違反となってしまう。特別調達庁は労働省（職業安定局職業雇用課）と折衝し、極力占領軍という特殊性を強調したが一九四九年ごろまで解決つかなかった、とされている。四九年ごろ以降に米軍が直接雇用のＬＲ方式に切り替えて初めて「この問題は自然消滅となった」という。[7] 少なくとも前記二年間はまったくの法律＝職安法違反状態であり、その前後のＬＲ労働の時期についても労務者供給が実際は誰によって行われたか、請負業者の関与があったのではないか、という疑いは濃くにわかに否定出来ないところである。そして、請負業者がロームシャを集めるとしたら、自分の配下にある若干の常用労働者以外には、街頭から、すなわち寄せ場からの調達であったに違いないと断言しても良いであろう。

これらのロームシャは、ＬＲであれＰＤであれ、朝鮮戦争時には直接的に軍事動員されて、食糧や軍需品などの積み卸しなどの港湾労働から兵員や武器弾薬の輸送まで、時には実際の戦闘への参加までに、追い立てられ使われた。そのことはもう少し後に詳しく見るが、ここではそれ以前の時期においても紛れもなく軍事労働であったことに注目しておきたい。次の史料がそのことを雄弁に語っている。

「それまで軍自体の手による運営管理のもとに各種作業に従事していた一部政府直用のＬＲ労務者がこれを契機として、全国にわたり維持管理ＰＤによる請負業者の管理下に切換えられたほか、一部にあっては作業そのものに対して役務ＰＤが発出され、これにより軍直営より請負業者にその運

〔図1〕 第1表　役務調達品目分類

大分類	小分類	細目及び説明
A 公共役務（1～5）		（ユーティリティー役務と称されるもの）
	1 電気供給	
	2 変電所維持	各基地などの施設内に特に同施設のために設けた変電所に対するもの。
	3 ガス供給	
	4 上水供給	
	5 汚水、汚物処理	汚物処理のための移送を含む
B 輸送役務（6～12）		
	6 国鉄輸送	国有鉄道による旅客、貨物の輸送。
	7 私鉄輸送	私鉄による旅客、貨物の輸送。
	8 水上輸送	島嶼との連絡、または湖上の輸送で国有鉄道以外のもの。
	9 船舶運営	米国貸与船による輸送の運営（船舶運合会によって取扱われたもの）。
	10 トラック輸送	汚物処理のための輸送を除く。
	11 バスの提供	占領軍施設間の人員輸送およびレストホテル専用の駅との人員輸送その他。観光地案内その他。
	12 セダンの提供	占領軍将兵の連絡用その他。
C 修理役務（13～20）		（修理のほかに再生を含む）
	13 車輌	自動車関係一切、重車輌（各種工作車輌）、鉄道車輌の改装等（本車輌用タイヤ、チューブ等の再生を含む）
	14 船舶	ボートその他小艇を含む。
	15 兵器	小銃、機関銃、高射砲、戦車、その他兵器部品等。
	16 機械器具	エレベーター、ボイラー、冷暖房装置、補給部隊関係の印刷機、洗濯機、各種通信機械等の大機器具。
	17 事務用器具	レジスター、計算機、タイプライター、金庫等の事務用関係のもの。
	18 日用品器具	家具、寝具、ミシン、電気器具等の日用品関係のもの。
	19 運動娯楽器具	各種運動具類、撞球類等のもの。
	20 ドラム缶の塗装修理	
D 通信役務（21～24）		
	21 通信関係	電気通信省（のちの日本電信電話公社）によって提供されているものの一切。
	22 電話関係	
	23 航空関係	航空灯台、ラジオ・ビーコン、ラジオ・レンジ、レーダー等。
	24 気象観測船	定点観測による中央気象台において取り扱った気象観測。
E 港湾役務（25～27）		
	25 荷役関係	
	26 荷役用各種小舟艇の提供	艀、機帆船、クレーン等の提供。
	27 その他	パイロット、ブイ提供、検数、給電給水等。
F 教育娯楽役務（28～34）		
	28 芸能提供	ショー、ジャズ・バンド、クラシック音楽、声楽、奇術、曲芸、柔剣道、相撲、占師、その他。
	29 新聞	星条旗紙の製版、印刷、配達等。
	30 放送	NHKによる占領軍向け放送。
	31 印刷及び製本	

	32 青写真	
	33 写真	日本人労務者の証明用写真、航空写真の修整加工、GHQ民間情報教育局の映画における日本語版の作製等。
	34 乗物関係	乗馬、ソリ、筏等。
G ホテル関係役務（35～37）	35 レスト・ホテル	休・保養、観光、その他宿泊のためのホテル提供。
	36 ホテル・ビレット	アパート用としてのホテル提供。
	37 日本円の提供	将兵公用出張のための宿泊料の旅館支払代（レスト・ホテルその他占領軍専用宿泊施設のない場合）。
H 維持運営役務	38 JOSCO関係	燃料貯蔵基地の維持と運営（荷役その他施設の維持）。
	39 倉庫	一般倉庫および冷凍庫の賃貸。
I 技術提供役務（40～45）	40 AEC	設計、測量、製図。
	41 身体検査	日本人労務者の身体検査その他診療。
	42 検査研究	石炭カロリー検査、動物飼育実験各種分析試験等。
	43 化学加工	金属類の分析、溶解、熔接、乾燥剤の再生、塩素滅菌等。
	44 砕石　コンクリート混合	
	45 その他	鶏の雛の雌雄の鑑別その他。
J 労力役務（46～50）	46 軍の各種施設の運営	モータープール、洗濯、裁縫、その他修理工場等の運営であって、主として必要労務者を管理して提供する役務。
	47 墜落機引揚および死体処理	第二次大戦中および占領期間中に日本本土沿海等に墜落した飛行機の引揚と捕虜としての占領軍将兵の遺骸の発掘。
	48 梱包輸送	
	49 サルベージ	潜水夫提供を含む。
	50 その他	火葬、船内燻蒸消毒その他。
K 生産加工役務（51～55）	51 製パン（ベーカリー）	パン、アイスクリーム、菓子等の製造。
	52 製箱、製材	自家工場において作業し　提供するもの。
	53 洗濯（ドライ水洗）	
	54 裁縫	
	55 その他	石鹸製造　鉱物標本その他。
L その他の役務（56～58）	56 消防自動車の提供	
	57 戦犯拘置所の運営	巣鴨拘置所の運営。
	58 その他	船員食堂の購買（日本人船員のための）、旅費の支給等、以上AよりKに至る各種の役務に属しないもの。
M 維持工事（59）	59 維持工事	占領軍施設の維持工事（小工事のみで大工事を含まない）および修理（分類C―16は単独のPDで要求された場合を除く。ただし　本役務は工事編に記録することとなっているもの）。

営が切換えられるに至った……。その顕著な例としては……いわゆるメンテナンス工事関係であり、役務部門に属するものとしては全国におけるモーター・プール、洗濯工場、コミサリー、裁縫その他各種機器修理工場等の運営PDによる労力提供役務がこれである。また大規模な車輌修理再生役務面においても、後述のようなBＩG5、BＩG9と称せられる軍の兵器部、技術部が中心となって、駐留維持のためという根本目的を逸脱した極東全域にわたる修理再生による車輌兵器の補給廠的な性格を具備した役務の調達要求がこれを契機として発出されるに至ったことであり、かつ一面において兵器修理部隊による調達が漸次大規模な工場運営に発展していったことは、中央における兵器修理という調達方針が、それまでの駐留部隊に対する修理補給よりすすんで、わが国の労賃コストの低廉に着目して前記のごとく極東全域に対する再生兵器の補給を目的とする方針転換の現われであるともいいうるものであろう。このようにPDの具体的な要求内容を詳細に分析すると、大きな軍側の調達方針の変化がうかがえるのである。(8)」

列島全域において米軍基地などを中心として「極東全域にわたる修理再生による車輌兵器の補給廠的な性格」が、少なくとも一九四七年中に進展していたという事実は、現在まで余り知られていないが極めて注目すべき史実と言って良いであろう。

「実際に占領期間中に要求され提供した役務品目について、これをその共通的要素ごとに集約し、大、小の二段階に分類し、かつ、細目にわたって説明を試みると、つぎのような役務調達品目分類表（第1表）が作成される」という説明付きの分類表【図1】には、「修理役務」がありその細目に「車輌」「船舶」「兵器」などが現存している。当時の「進駐軍労務」の内容―全貌？―が知られよう。(9)

戦後「一億総窮乏化」した日本人は、「真の浮浪者」や一時的路上生活者、また壕舎生活者となったが、運が良ければ「進駐軍の作業やバラック建築の日傭人夫」に就くことが出来た、と当時実地調査した邸炳南「壕舎生活者はどうしてゐるか」で言っている。(10)

この表にあるような仕事に就いたのであろう。鳶とその手元、「闇商人」あるいは「露天商」とその手伝い、闇市場などの掃除人といった臨時的な仕事もあったかもしれないし、芝浦には港湾関係の仕事もあったといわれているが、そういったところに就労するには当時さまざまな条件が必要であったろうから、「進駐軍労務」は中では大きなチャンスであったとは言えるであろう。

2　朝鮮戦争への直接参加――旧海軍・軍人主体の機雷掃海作業

さて、一九四七年三月米大統領トルーマンはドクトリンを発表、ソ連陣営との闘いを宣言し二大陣営対立を鮮明に打ち出すや、翌四八年一月には同陸軍長官ロイヤルは「日本を共産主義への防壁とする」とぶち上げた。占領地＝日本列島をアジアの中核拠点として〈反共の砦〉とする構想に基づくものだ。一方日本政府は、一九四六年末から翌四七年にかけて、石炭と鉄を重点的に増産するいわゆる傾斜生産方式を決定し、他を犠牲にしてもそこに圧倒的に比重をおく経済・金融財政政策（復興金融金庫など）を展開していった。(11)それは「基幹産業再建の糸口をつくる」という使命は一応果たしたが、他方終極の目的であるインフレ克服という課題にはまったく「逆行」したとされる。(12)いわゆる復金インフレが盛んとなり、商品は底を突き貨幣価値は地に落ちた。ここでも占領軍はテコ入れに入り、強力で強引きわまる政策に打って出たのである。すなわち、経済安定十原則、同九原則、ドッジラインによるデフレ政策を打ち出す一方、公務員の争議権剥奪、百万人を超す合理化＝首切り、行政機関職員定員法による三〇万人近くの行政整理、超均衡予算を唱えるシャウプ勧告……。ＣＩＥ顧問イールズが全国大学等を巡回しては反共を鼓吹し、首切り反対運動に起ち上がろうとした労組は、あいついで起こった下山事件、三鷹事件、松川事件等々においてて政府筋がいち早く行った反共宣伝のため、出鼻を挫かれ決起し得ず、在日朝鮮人聯盟は解散させられたのである。

だが、アジアに目を向けてみると、また様相が違っていた。朝鮮半島における反共右派と容共左派との実力抗争は、米ソ両陣営対立を反映しその最先端部の接触点をもなしており、いつ何時それが発火し対立が爆発するか分からないという状態であった。半島北部がソ連を背後に置いた金日成政権に占められるや、米帝は反共右派として悪名高く半島逃亡の李承晩を担いで半島南部に傀儡政権を樹立して朝鮮に基盤を置こうとした。そうした中で、南部の共産主義系勢力は、済州島を基盤に反米・親「北政権」の人民抗争を展開し一九四八年ついに四・三蜂起へと起ち上がっていったのである。……しかし蜂起は敗れ、夏には南に大韓民国、北に朝鮮民主主義人民共和国という分断国家体制が産み落とされた。しかし、翌四九年一〇月、中国革命は勝利し、ついにもうひとつの共産主義国家がアジアに誕生したのである。

アメリカのアジア戦略は、米帝の下に日本を経済的復活させ沖縄と本土の双方に軍事基地網を築く――その両面併せてアジアにおける米陣営の強力な砦とする、そういう封じ込め政策 Containment Policy の方向が定まったのである。[13] そしてやがて、ソ連や中国などを抜きにした単独講和――紐付き賠償――日米行政協定を通じた日本列島全域における基地網の設置展開へ……。

中野好夫編『戦後資料 沖縄』は言っている、「一九四九年の中国革命の成功は、アメリカの対沖縄政策にも波及し、米国議会は再度の沖縄基地調査の結果（ノールド調査団）、一九五〇年度会計年度には五、〇〇〇万ドルの恒久的軍事基地建設予算を組み、沖縄を暫定的施設から恒久的方向に変える基本政策を決定した。それと並行して占領統治政策の全面的改革が意図され、この目的をもって米軍政府長官に就任したのがJ・Rシーツ少将である。シーツの施政方針は従来の場当たり的、無為無策の占領統治政策を根本的に変更して住民の不満を緩和し、経済復興計画と〃民主化政策〃を通して沖縄基地の恒久化という目的を貫徹することにあった。五〇年会計年度よりガリオア援助を大幅に増加して経済復興を計る一方、軍紀を粛正して無能将校、軍属を追放しつつ、軍事施設の本格工事に着手した。……」と[14]。

最近の新崎盛暉の著ではそこのところを以下のように言い切っている、「この時期、日、米、フィリピン、台湾、香港などの大手土建業者が基地建設を請け負った。そのうち半数に当たる約二〇社は、鹿島建設、清水建設などの本土業者であった［新崎・中野による旧著『沖縄戦後史』一九七六年、には他に間組、大成建設、竹中工務店などの名が挙がっていた］。基地建設だけでなく、五〇年代を通して、沖縄は、日本のドル獲得市場として、日本の戦後復興の上で大きな意味を持った」[15]。

そうしたところに、朝鮮戦争が起こったのである。防御が手薄と見た北＝金日成政権が、米帝の妨害を排して朝鮮半島における統一を実力で実現しようと打って出たものであった。半島における統一は北部の人たちも南部に住む人も、また在日朝鮮人にとっても、いわば悲願であった。民族の悲願の実現は、しかし、米ソ両陣営の対立の中で、スターリン主義的な朝鮮民主主義人民共和国側の強引な実力行使によって、実現が試みられたものであり、今から振り返ってみればその成功の可能性は極めて薄いものであったろう。米とその意のままになった国連の介入、ソ連の拱手傍観、南北民族間の対立の激化と互いの間の殺傷……。

悲劇そのものであった。日本は、本土も沖縄も基地が増強される一方、政府与党をはじめ、地方自治体、国鉄、電気通信省（後に電電公社）、日本商船管理委員会（SCAJAP）、日赤などの病院等々が、そうした朝鮮半島における悲劇の助長に手を貸したのであった。

ここではまず、特別掃海艇の朝鮮出撃について述べよう。敗北した「帝国海軍」が敗戦直後からずっと隠忍自重し続けた末、隣国の非常事態の中で千載一遇の好機とばかりついに表舞台に躍り出、歓喜して再軍備の道へと突っ走る醜い姿がくっきりと見て取れよう。

大久保武雄たちは、敗戦以後ずっと旧軍、とくに海軍の復活を狙っていた。そのための提言なども行っていた。また、掃海作業自体は、敗戦時から解体されないまま存続していた旧海軍の人員組織が引きつづき担当し実施していた。初代の海上保安庁長官・大久保武雄はその自伝の中で言っている、「これらの機雷の掃海は戦後約一万人の掃海隊員と三百四十八隻の掃海船を擁し復員省の掃海課でやっていたが、昭和二十二年政令三二五号で、運輸大臣の所管に移され、昭和二十三年五月一日、海上保安庁の創立と同時に掃海課が置かれ、戦後から引続いて、機雷の掃海作業を指揮してきた田村久三大佐が掃海課長に就任した。海上保安庁に引継いだときの掃海隊員は千五百人、掃海船は五十一隻であった」と。[16]

一九四八年三月二〇日大久保、監視本部長兼海上保安庁創立準備委員に就任、設立に向け歩を進めた。「不法入国船監視本部の業務班長から、海上保安庁初代の保安課長となった小幡久夫君の手記によれば、『当時海上保安庁は、灯台、水路はすでに完成された組織をもっており、掃海も旧海軍そのままの組織で業務を行ない、これが初動において海上保安庁が体をなす主柱であった。』」というのである。[17] 掃海作業をになった旧海軍の人員組織（前記によれば一五〇〇名）と船舶（上掲の五一隻）が主体をなしたというのである。また、〈海上保安〉なる考え方の元となったものは、米国のコーストガード（沿岸警備《隊》）であったと推定されるが、本家でそれは「米国防衛五軍の一翼」であった、つまり紛れもなく軍隊の一部であったことを再確認しておきたい[18]。

同年五月一日海上保安庁、発足。それと同時にマッカーサー総司令官はメモランダムを発して初代長官・大久保に対し、「旧海軍の軍人一万人以内の使用を認めた。終戦時の海軍省軍務局長山本善雄少将をはじめ、奥三二主計大佐、掃海部長の田村久三大佐、池田法人主計中佐、連合艦隊司令長官山本五十六元帥の参謀でその遺骨を東京に持ち帰った渡辺安治大佐らは、大勢の海軍軍人とともに海上保安庁の傘下に馳せ参じた。／山本少将と奥大佐は長官附となり、田村大佐と池田中佐はそのまま掃海の任務に服し、渡辺大佐は管船課長をへて長く門司の第七管区本部長を勤めた[19]。」

こういった旧海軍の居座りに対しては、GHQ内にも反発があったようである。GSとG2の対立がここでも顕在化したらしい。大久保前掲書は言う、「掃海に従事する隊員は、旧海軍に属するものが多かったので、GHQのGSでは、追放を拡げてこれを排除しようとし、米極東海軍司令部とGHQのG2とは、日本の海上安全の確保のため、必要な隊員の確保をはからねばならないとした。私もしばしば、GHQや米極東海軍司令部に足を運んで、掃海隊勢力保持の必要を訴えてきた……[20]」。旧軍勢力は、再び花開く好機を辛抱づよくじっと待っていたのである。

この後述べる朝鮮戦争時の掃海作業については、旧海軍軍人だったたから掃海作業に成功した、と臆面もなく述べて居直り、また自画自賛している。

「(3)　今次特別掃海隊関係者の大部分は、掃海作業の特殊性から終戦前より掃海に関係していた旧海軍軍人が引き続き厳選されて残留し今日に及んでいるものであって、とくに幹部は、すべて留任を許可された旧海軍士官である。その技倆は終戦後五年の経験を加えて円熟の域に達しており掃海作業につちかわれた協同精紳が有事に際して遺憾なく発揮された。また、特別掃海隊が国連軍の間に伍して言語の不通をよく克服して協力の実をあげ得たのは相互の間に有無相通ずる「ネービー・スピリット」を持ち合せてこれを補ったからに外ならなかったからと考えられる。[21]」

海上保安庁設置以降、とくに朝鮮戦争勃発後における反動勢力の伸張の著しいことは、よく知られているであろう。

一九五〇年七月八日にマッカーサー、吉田宛てに書簡を送り、国家警察予備隊七万五千人の創設、海上保安庁の八千人拡充（海上警備隊）を指令し、五二年一〇月には保安隊（海上には新海上警備隊）が発足、五四年六月九日には防衛庁および自衛隊（陸・海・空三軍方式、外敵への防衛任務を規定）が発足したのであった。〈平和憲法〉下の軍隊以外の何物でもない。

話は少し飛んでしまったが、温存されていたそういった旧海軍勢力の掃海担当部分が、いち早く朝鮮半島周辺

〔図２〕朝鮮動乱における日本掃海艇の行動概要

行動区域	参加部隊	延隻数	期間	行動概要
元山	第２掃海隊	ＭＳ×16	25.10.11	元山港附近の掃海に従事
	第３掃海隊		〜	10月17日ＭＳ 14が触雷沈没
	第１掃海隊	PS×4	25.12.14	処分機雷８個
群山	第４掃海隊	ＭＳ×7	25.10.21 〜 25.11.2	郡山港附近の掃海に従事 処分機雷３個
仁川	第１掃海隊	ＭＳ×4	25.10.11	仁川港附近の掃海に従事
			〜	
		PS×1	25.10.31	処分機雷15個
海州	第４掃海隊	MS×4	25.12.1	海州港附近の掃海に従事
			〜	
		PS×1	25.12.6	
鎮南浦	第２掃海隊	MS×13	25.11.8	鎮南浦港附近の掃海に従事
	第４掃海隊	PS×1	〜	
	第５掃海隊	試航船×1	25.12.14	処分機雷２個

（注）参加部隊はその都度編成されたので隻数、配備艇名等多少の変更がある。

における掃海作業に従事しつつ同戦争に参加していたのであった。

北・金日成政権の軍が素早く「朝鮮の重要港湾にソ連製の各種機雷を多数敷設した」からに他ならない。[22]同史料によれば、朝鮮戦争における日本特別掃海艇の行動概要は〔図2〕の通りであったという。[23]

参加した人員総数は、朝日新聞によれば延べ一二〇〇人であった。これらの部隊は米第七艦隊の指揮下におかれ、「船名、記号など、日本船を示す表示は船体からすべて消された。特別任務を表す濃紺とえんじの国際信号旗『E旗』だけが船尾で揺れていた」という（『朝日』夕刊一九九七・九・九「周辺有事①機雷掃海」参照）。

なお、前記『朝鮮動乱特別掃海史』に、「参考」として一九六〇年安保改訂時の「説明資料」なるものが付されているので註[24]として掲げておく。一〇年後になるので取り繕ったところはあるが、一通りの〈説明〉にはなっており、参考となろう。ただし、掃海が戦闘行為ではないとの強弁が何箇所か出てくるが、戦闘行為と極めて密接であったことは言うまでもない。米「国連」軍がソウルを再び落とし平壌に向かう過程で、それと連携しつつ日本特別掃海隊は掃海作業を進め、中国義勇軍の戦闘参加によって米軍が平壌から追い払われる時期に、同掃海隊は作業を止めて撤退している。そういった事実だけからも、米軍とは密接であったことは明らかであり、広い意味では戦争に参加していたのであった。「元山における掃海では敵の敗残兵によって射撃をうけながら[25]」ともあり、また〔図3〕の米・国連軍の戦闘行動の図および日付をよく見てほしい。その直接的な作戦行動の前、ないし後に、それと連動する形で掃海を行なっていたことが、先の「行動概要」図から知られるであろう。紛れもなく、朝鮮におけるソ連寄りで中国の直接的支援を受けた「北」勢力と、南の米傀儡政権との戦いに、旧日本海軍が後者を応援する形で、参加していたのであった。もうひとつの図（〔図4〕）、特別掃海隊の掃海概況図[26]と比較対照すると両者の

〔図3〕　　国　連　軍　反　撃　概　図

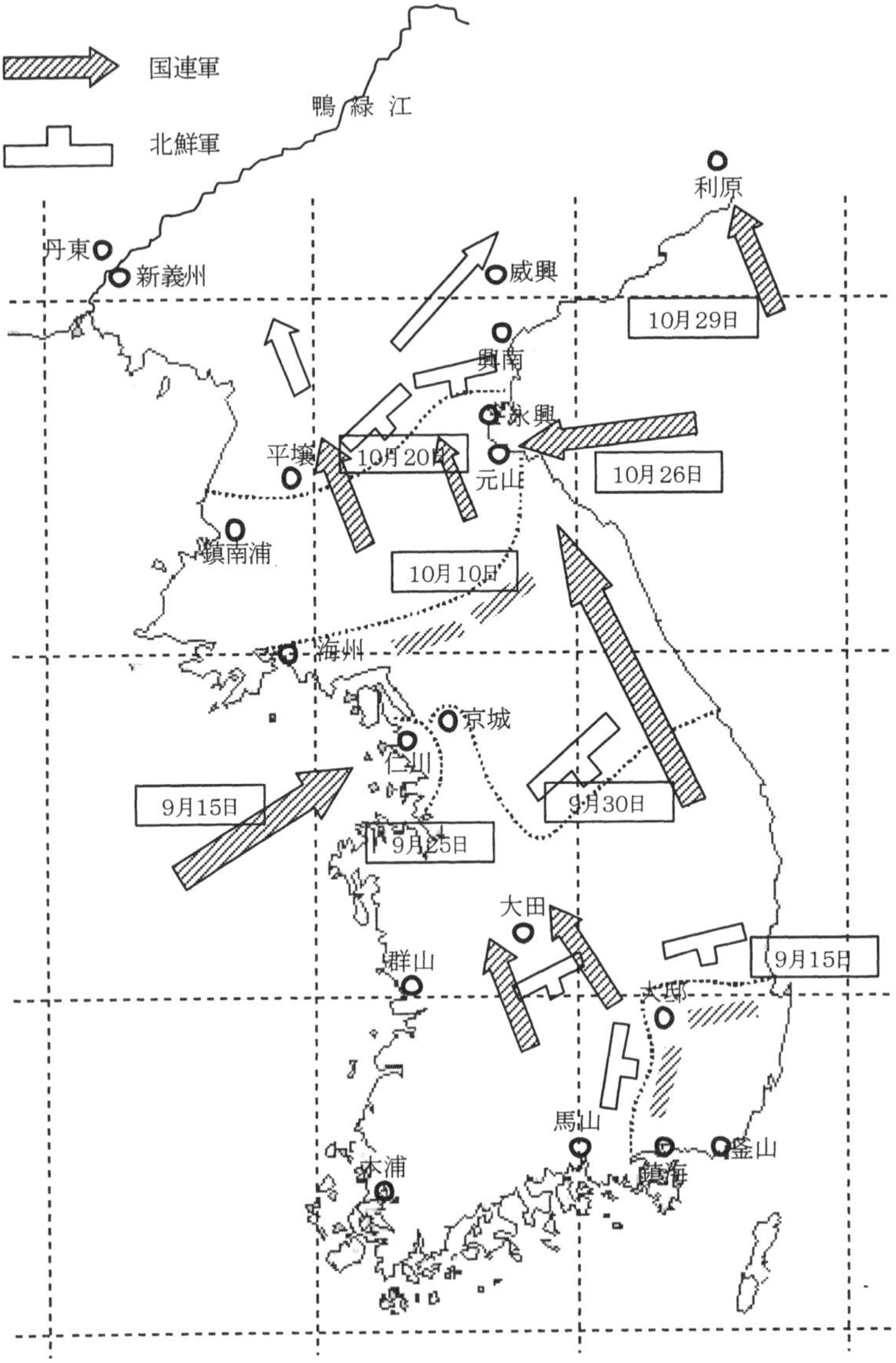
国連軍
北鮮軍
鴨緑江
利原
丹東
新義州
威興
10月29日
興南
永興
平壌
10月20日
元山
10月26日
鎮南浦
10月10日
海州
京城
仁川
9月15日
9月30日
9月25日
大田
群山
9月15日
大邱
馬山
鎮海
釜山
木浦

〔図4〕

特別掃海隊（95. 66部隊）
掃 海 概 況 表

総指揮官　田村久三

掃海部隊名			第2（第2次）	泰照丸
指揮官			石野自彊	星子直明
船名	MS		62.23.22.57.09.13.15.10.21.03.06.09	泰照丸
	PS		56	
参加員			348	58
掃海期間			11/7 ~ 12/8（23d）	18/11 ~ 30/11（13d）
掃海区域（㌔㎡）	泊地	係維	36	0
		磁気	0	0
	航路	係維	90.1	79
		磁気		
処分機雷数			2	0
損失			0	0

掃海部隊名			第2	第3	第1（第2次）
指揮官			能勢省吾	石飛矼	花田賢司
船名	MS		62.03.06.14.17	24.19.01.05.16	24.19.02.04.05.07
	PS		02.04.08	02.04.08	48
参加員			207	152	101
掃海期間			10/10 ~ 18/10（9d）	18/11 ~ 30/11（13d）	22/11 ~ 4/12（13d）
掃海区域（㌔㎡）	泊地	係維	0	67.35	0
		磁気	0	24	0
	航路	係維	2.4	2.75	25.2
		磁気	1.5	36.4	0
処分機雷数			3	5	0
損失			ms14 触雷沈没（7/10）	0	0

掃海部隊名			第1	第4次(第2次)
指揮官			山上亀三郎	大賀良平
船名	MS		20.02.04.07	21.03.06.08
	PS		3	56
参加員			116	121
掃海期間			11/10 ~ 30/10(21d)	1/12 ~ 6/12(6d)
掃海区域（㌔㎡）	泊地	係維	139	40
		磁気	0	0
	航路	係維	82.4	63
		磁気	0	0
処分機雷数			15	0
損失			0	0

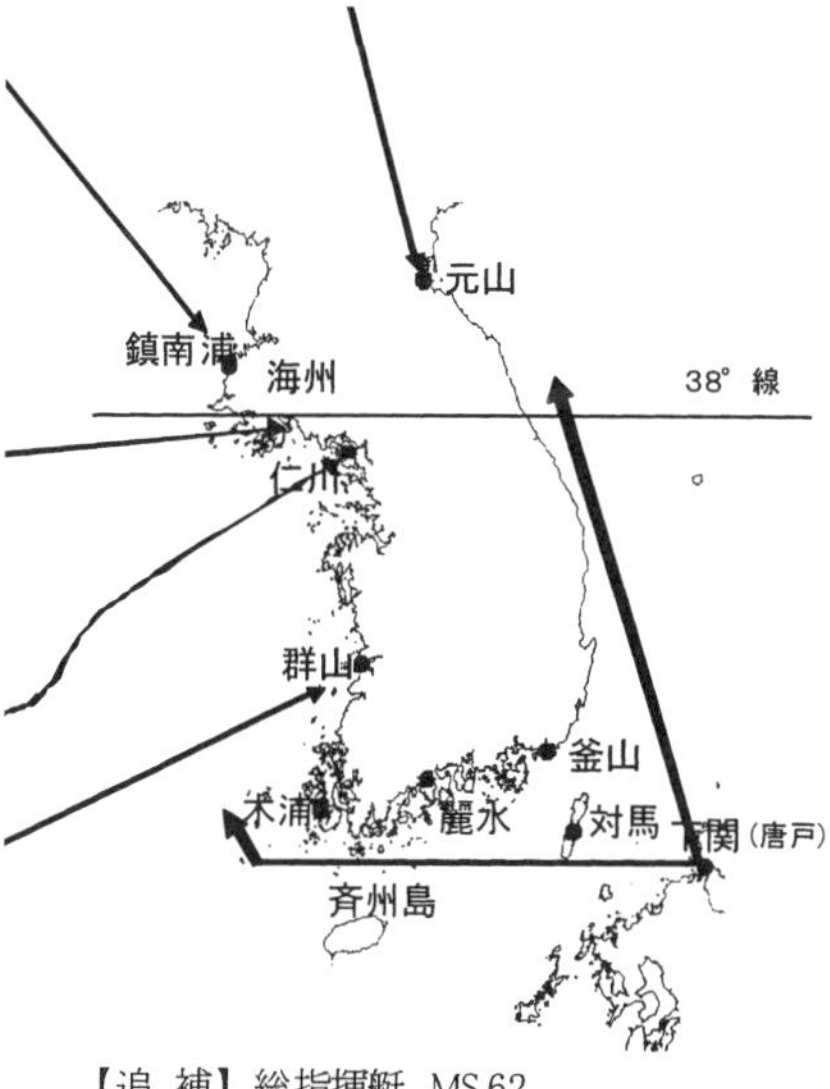

掃海部隊名			第4
指揮官			萩原旻四
船名	MS		25.22.30.10.11 12.57
	PS		0
参加員			101
掃海期間			22/11 ~ 4/12（13d）
掃海区域（㌔㎡）	泊地	係維	0
		磁気	0
	航路	係維	1.6
		磁気	1.6
処分機雷数			3
損失			MS30 座礁沈没(27/10)

【追 補】総指揮艇　MS 62

行動の密接連関の様子が、より分かりやすく理解されるかもしれない。日付にも注目して頂きたい。直接的な軍事作戦と相前後して、掃海作業に従事していることが一目瞭然であろう。軍事行動の一環であり、より広い意味の戦争行為の一環であることは、まぎれもない。

3 朝鮮戦争時の「労務」

この「労務」に日本人労働者が動員される形には、まずは、戦時中の統制団体＝船舶運営会の戦後版たる商船管理委員会（SCAJAP）が引きつづき持っていた米貸与船＝ＬＳＴの乗組員として、次には米軍による傭船の乗組員として、であった。ただし、いずれの場合にも港湾労働は別個の調達で、米軍による直接雇用＝ＬＲ労働者と、請負業者を通じたＰＯ労働者に分けられていた。

当時日本人が軍事と海上輸送に協力したことを顕彰する立場の石丸安蔵は、米史料などを使って実証的な検討を行った結果、「派遣部隊と装備を積んで朝鮮へ航海した最初のSCAJAPの船舶は、戦車と車両を積んだＬＳＴ Q058号（LST649）、二、五〇〇人の部隊を乗せたTakasago Maru（高砂丸）、三、五〇〇トンの補給品を積んだ貨物船Pembinaであった」と断定している(27)。派遣部隊とは米国軍人であり、装備とは銃や弾丸等々であり、また戦車などの戦闘用車輌に他ならない。紛れもなく戦争への参加であった。時期は明記されていないが、朝鮮戦争勃発直後のことと思われる。

また、かの有名な仁川上陸作戦に加わった米国第九〇任務攻撃隊は、(1) 戦闘部隊の他に輸送部隊を組織、その中にはトラクター任務軍として米軍のＬＳＴ一七隻と日本の商船管理委員会のＬＳＴ三〇隻が含まれていた、(2) 他に、福寿丸、松南丸、Fuju Maru（富士丸かもしれないという）、海光丸、第十五日の丸、扇用丸といった日本商船＝貨物船が、その用兵指揮下に組み込まれていたという。合計すると約六万人、貨物約一六万トンがこの作戦に投与されたが、これらは主として神戸港と横浜港、そして佐世保港から搭載され、出発していた。[28] 従って、荷役に当たったのは、日本人労働者が大部分であり、米軍―特別調達庁や各船会社とその下請けに雇われたものである。[29]

以上のことは、元山上陸作戦にもそのまま当てはまる。ただし、この場合は日本特別掃海隊による掃海作業―その過程で日本人一名が機雷に触れて死亡―が先行し、その後でこの作戦に要した約五万人、一六万トンの貨物を主に米と日のＬＳＴが輸送したという。この後の興南撤収作戦でも、SCAJAP のＬＳＴ二七隻と商船七隻が出動（米軍のＬＳＴは一二隻）、輸送に当たっていた。ただし、こちらは敗残の国連軍・韓国軍人や「亡命者」が主で、他に貨物や車両などで、軍事色はやや薄かった。[30]

東西汽船の場合のように、民間の会社が米軍の調達機関と直接折衝して契約を結び、機帆船と船員および港湾労働者を調達動員して、仁川や群山、海州、鎮南浦などで軍需物資から日用品まであらゆるものを、輸送船から岸に揚げる作業に従事した例もある。[31]

さて、問題は港湾〈ロームシャ〉である。その数を先の石丸論文は、六〜七〇〇〇人と結論づけているが、そこには船員と港湾労務者の区別がない。

前掲の『占領軍調達史――占領軍調達の基調』は、この件に関連して以下のように述べている。

「朝鮮動乱の影響のもっとも顕著なものは、まず Labour Requisition による占領軍労務者の雇傭増加の面でもっとも端的に現われたのであった。

第四八表〔図５〕の示すように、二四年三月ＧＨＱの調達政策変更の一環としての役務ＰＤの大量打切と、占領軍の維持運営役務の軍直営方針の採用によって、二四年三月一日現在の一九万六千人より漸増して、八月一日二六万七千人に達したLRは、部隊別予算割当制度のブレーキを受けて、これをピークとして漸減し、二四年一二月一日二一万四千人台に下降し、その後は、二五年七月一日まで二一万台を推移していたのであるが、六月二五日の朝鮮動乱勃発を契機に、第六六表【図6】の示すように、八月一日二三万七千、九月二四万三千と急激に増加し、動乱勃発後一ヵ年目の二六年六月一日現在では二九万六千人に達している[32]」。

その内訳として同書の観測によれば、「ボーイ、メイド等の宿舎系統」はほとんど変化が無いのに対し、「事務系と技能系LR」の増加、とくに「技能系統の動乱後の増加が顕著である」とし「これらの中には、朝鮮作戦向け兵器弾薬等軍需品その他の積載、輸送、警備、附帯事務等の兵站補給作業に従事したものも

〔図5〕第48表　LR労働者数推移（全国）

月	昭和24年	昭和25年
1	196,790人	212,494人
2	199,865	213,288
3	196,690	215,963
4	210,790	217,107
5	226,116	217,942
6	244,715	216,943
7	263,671	218,181
8	267,221	237,470
9	266,219	243,509
10	254,942	259,831
11	232,323	264,209
12	214,667	271,415

備考
(1)各月1日現在、常備のみ
(2)24年4月役務大量PD打切り
(3)24年8月、部隊別円予算割当
(4)25年6月、朝鮮動乱勃発
（同書409頁）

〔図6〕第66表　朝鮮動乱前後の占領軍常備労働者数

年　月	総　数	系統別			
		事務系	技能系	宿舎系	船員・水先案内系
25年5月	217,942	73,505	114,904	27,604	1,929
6月	216,943	73,407	113,919	27,709	1,908
7月	218,181	73,436	114,163	28,695	1,187
8月	237,470	80,097	126,880	28,226	2,267
9月	243,509	84,503	129,215	27,405	2,363
10月	259,831	89,453	140,680	27,047	2,651
11月	264,209	92,044	142,575	27,846	2,734
12月	271,415	93,787	148,667	26,314	2,647
26年1月	271,415	95,718	146,749	26,340	2,608
2月	279,680	100,260	150,402	26,168	2,850
3月	282,954	104,160	150,707	25,232	2,855
4月	288,449	107,418	152,910	24,948	3,173
5月	293,273	110,627	154,718	24,631	3,297
6月	296,898	112,719	148,299	32,598	3,282
7月	226,173	81,528	140,923	980	2,730

備考　各月1日現在、常備のみ。調達庁総務部調査課D調査資料No2による。（同書577頁）

相当数にのぼったと推定される」と結論づけたのである。そして、そういった軍事関連の労働における死傷者数は次のようであった、としている[33]。

（a）特殊港湾荷役者＝業務上死亡─一名、業務上疾病─七九名、その他─二一名（うち死亡者三名を含む）。
　計─一〇一名。

（b）特殊船員＝業務上死亡─二二名、業務上疾病─二〇名、私傷死─四名、私傷病─二〇八名
　計─二五四名。

（c）その他朝鮮海域等において特殊輸送業務に従事中死亡した者─二六名（港湾荷役─四名、船員─二二名）

朝鮮戦争が勃発した時もっとも沸いた港湾は門司であり、横浜、神戸などであった。曰く、

「1　荷役を中心とする港湾およびＪＯＳＣＯ関係役務　港湾荷役関係は動乱勃発と同時に最も大きな影響を受けたものであり、とりわけ朝鮮への輸送最短距離にある門司港を中心とする福岡県内における港湾関係役務は総動員され、従来横浜セカンド・メージャーポート（2nd MajorPort）所在の極東地区司令部の支部として神戸に置かれていた軍側出先機関が新たに門司にも設置され、これを根拠に朝鮮向け軍需品の活溌な輸送、荷下し（米本国からの輸送物資は一部門司港埠頭倉庫に陸揚げされた）等が行われた。この処理に当って当時の福岡ＳＰＢ［特別調達庁福岡支所］は多忙をきわめ、小倉監督官事務所の増員と併せて新たに門司に同派遣所を設置するに至る等の事態を招来したのである。ＪＯ

SCO関係役務（JOSCOとは輸送燃料類の集積地で米本国からの輸送された燃料のタンクへの保存施設を有し、その荷役、その他施設のオペレーションおよびメンテナンス等を含む役務をいう）においても、重要軍需物資として横浜および佐世保地区の同施設はフルに活動したものである。（中略）

その他新規役務PDが発せられたものに弾薬庫の運営および荷役の役務がある。京都SPB管内ないしは横浜SPB管内にその例をみるが（横浜SPB管内池子の弾薬庫の役務PDには明確に後日その経費を償還することを明記してあった）これは後日PDは取消され、直接調達に切換えられたものであり、危険物取扱上の設備人員等の関係で主として日本通運KKがこれに当ったものであった。

2　車輌修理再生（兵器を含む）役務

車輌修理再生役務と称しても車両に関係あるタイヤ・チューブ類の修理再生から、小銃、機関銃、高射砲等の兵器類の修理を総称するものであって、その主なものが東京を中心とする京浜地区および一部を名古屋、大阪等においてPDにより実施されているものであって、既述のように兵器部関係としてBIG5、第二二九部隊関係、技術部関係としてBIG9、第五九八部隊関係にわかれているが、この種の役務の特徴としては、稼働時間が急激に上昇したことである。大体この種の工場は特定PDに属し、軍側の全面的管理を受け、従って稼働時間も会社側の生産管理にしばられることなく、軍側の祝祭日は休日となる代り日本側の祝祭日は通用されず、大体一週四四時間制であったものが、動乱勃発以来一日二四時間制となり、三交代制の稼働が行われた。特に面白い現象は、BIG5のメイン工場である追浜プラント（請負業者は富士モータース）および第二二九部隊関係デポーの所沢プラントにおけるモーター・プール所属運転手は軍命による輸送に従事し、モーター・プールを出発し約二、三日間位、所属施設に帰達せず、その間の食糧費等は請負業者支弁となった事例もあり、いかにこの種の修理工場が直接に間接に動乱勃発によって活躍したか想像されるのである。なお、この請負業者負担の食料支給費が調達受領書に記載されて請求を受けたSPBとしては、当然車輌修理PDの要求範囲外としてその支払を拒否したのであるが、軍側において、朝鮮動乱関係費として後日一括してわが国に償還することを証明した後、初めて其の支払を了したという事例もあったのである。

ここでBIG5、第二二九部隊（自動車、兵器修理再生役務）、およびBIG9（重機甲車部隊の修理、再生役務）関係役務費の支払実績（二四年度と二五年度の上半期比較表）を示すと第8表〔図7〕のような結果となって現れている。なお、これら関係工場の実績を裏付けるものとして、当時の第八軍司令官であったリッジウェイ大将が本国帰還後の回想録の中で「日本におけるPD調達による車輌修理および再生役務の実績なかりせば、朝鮮事変は三カ月間も維持できなかったであろう」と述べているのであるが、これをもっていかに同役務が直接動乱に大きな影響を与えたかが了承しうるところであろう[34]」。

〔図7〕第8表　昭和24・25年度（上半期）役務費支払実績比較増減　（単位：千円）

区分			総額	月別					
				4	5	6	7	8	9
兵器部	BIG 5 関係	昭24	674,668	73,914	90,448	119,032	129,605	139,831	121,840
		昭25	1,860,141	225,513	225,936	315,954	415,583	548,671	128,483
		増減	1,185,471	151,599	135,489	196,922	285,978	408,840	6,643
	第229部隊関係	昭24	466,137	69,237	75,352	81,191	81,740	87,582	71,034
		昭25	909,612	100,424	103,753	111,708	206,620	336,670	50,438
		増減	443,475	31,187	28,401	30,517	124,879	249,087	△20,596
技術部	BIG 9 関係	昭24	366,536	35,503	53,993	72,573	78,341	62,928	63,198
		昭25	473,692	73,997	79,463	87,929	124,926	61,221	46,156
		増減	107,155	38,494	25,470	15,356	46,586	△1,707	△17,042

備考　増減欄中△印は減を示す。なお第229部隊は第8軍に属する野戦車輌部隊であり、この中にFEAMOOM所属の車輌修理工場の分を含めたものである。

門司の混雑ぶりは、『朝日』の特集「周辺有事」④が次のように伝えている。

「門司港も、岸壁、倉庫など港の主要部が接収された。米陸軍門司港司令部が門司税関内に置かれ、司令官が税関長室に陣取った。将兵約百五十人を数える一大兵たん基地に様変わりした。

それまでは敗戦国日本への国際援助物資（大麦、小麦、トウモロコシなど）を受け入れていた港に、軍事物資を積んだ大型の米国船が次々に入った。荷物をすべて岸壁に下ろし、朝鮮半島に向かうLSTなどに積み替える作業が続いた。港は、釜山への中継基地として機能した。

はしけの船長だった梅国正雄（八〇）は、おびただしい数の戦車や装甲車、四輪駆動車を見た。荷役には、米軍が持ち込んだフォークリフトが役立った。米軍側は「操作方法の講習会」まで開いた。

市営船だまりの一角で、梅国は、岸壁に立つ米軍側の兵士に銃口を向けられ、驚いた。兵士は右手で銃口をトントン、トントンとたたいている。はしけが潮で少し流され、米軍の管理地帯に近づいたのだ。『接収している場所に一般市民が近づいてはいけない』との警告の合図だった[35]」。

林えいだいは『海峡の女たち―関門沖仲仕の社会史』の中で、その頃の門司の有様を次のように描いている。

「米本国から輸送船が続々と関門港に到着した。……兵士たちは無言で上陸した。そして、数日後、彼らは再び関門港から死出の旅へと出発した。

殆どが黒人部隊であった。……前線行きを嫌がった彼らが、城野の米軍キャンプから武装したまま脱出して、市民を恐怖のどん底に陥れるという事件を起こしたことは、よく知られている。

軍需物資輸送の沖仲仕が不足して、門司では手配師を通じて募集された。暴力団の大長組のルートで、手配師の今村、新井、清沢らの手によって、門司の日雇仲仕が約百人募集された。そのうち半数が朝鮮人の日雇仲仕であった。軍船には、ウィンチマン、デッキ番、一般の沖仲仕、合計十五人が乗船した。最初のうちは、関門港と釜山港の往復だけであったが、途中で陸上の武器弾薬輸送にも従事するようになった。

一航海八日間で、戦時特別手当として一人二十三万円が支払われた。彼らは乗船と同時に、生命の危険があっても補償しないという、米軍の用意した文書にサインさせられた。もし前線で北朝鮮軍に捕まったら、階級章のない軍服を着せられ、自動小銃とピストルが渡された。米軍の二世であるといえと指示された。……

日本人の沖仲仕が、釜山港で荷下ろしの最中、ミグ戦闘機の機銃掃射を受けて、一人が死亡、三人が負傷したという噂が流れた。米軍は、日本人の仲仕が朝鮮で従軍していることを知られるのを恐れて、徹底した報道管制を敷いた。米軍の駐留と軍船の荷役のため、門司は空前の朝鮮戦争景気に湧いて、市内には札束が乱れ飛んだ。洋式のホテルや横文字のバーや喫茶店が繁盛した[36]」。

横浜の場合はどうであったろうか。芹沢勇論文は次のように述べている。

「そこへ突発したのが昭和二五年六月の朝鮮戦争であり、これが日雇とくに港湾荷役労働へすぐ波及、当時『影響の真先にあったのは自動車関係の修理業と港湾荷役を主体とする水運業であり、この二産業に与えた影響程大きいものはなかった』（職業安定所政《ママ》の概要神奈川県労働部職業安定課　昭和二五年度）といわしめている。

このときの軍貨は業者筋の推定では二〇〇万屯を下らないとされている。このほか、一般輸出入貨物量は二四年六五〇万屯、二五年一月から民間貿易の再開もあり六八〇万屯にも上昇している。したがってこれに対応する労働需要も当然増大したため日雇労働者のアプレることはほとんどなかった。『全国各地より働きに来るものが連日の如く来所するので彼等を受入れるのに困難しているのでありますが、これには又非常に不思議な事があるのです。先づ仕事の面からみるとこの多くの人々が来ても失業者が少なく殆んど全部が月収七、〇〇〇円以上を稼いで家族に送金しているのであります』という状況であった（水上宿泊所実態報告書　昭和二六年　横浜商社会事業協会）」。そしてこの水上宿泊所には第一宿泊所（二隻）に一六六名、第二宿泊所に二四〇名合計四〇六名という多数の宿泊者が居たのであった。

「民間側の隻数は最終的に昭和三四年には六隻、宿泊人員も数百名となったが、別に陸上における宿泊施設も増加し、収容人員も三、七〇〇名に達していた。（中略）終戦後の進駐軍労務者は、昭和二六年をピークとして急速に下降しているが、これは現職者は定職化し出稼ぎ者を受け入れる余地のなくなったこと、就労者は市内外定住者に落ち着いたものとみられる。そして、失対や進駐軍関係者の固定化と共に、両者の組合組織化は進んだが、港湾関係はこれらから取り残され、依然不安定な雇用と住居、いい換えれば定職と定住には無縁の存在となってそれがなお現在に至っている」(37)。

【図8】参照。

桜木町駅付近（柳橋職安の時期）に、当時の横浜の寄せ場があったわけだが、上記に摘記したところで芹沢はその成立を刻した、ということになろう。

日雇労働者は、ここでは、戦争景気の余沢をいっとき味わったが、けっきょく流浪と流亡、要するに流動的性格を免れなかったとされているのだ。場所だけではなくて、そういった性質の成立も含めて、横浜の寄せ場は〈朝鮮戦争とその後〉に成立したと言って良いであろう。

註

（1）占領軍調達史編さん委員会編『占領軍調達史—部門編・役務（サービス）』調達庁一九五八年刊、三四頁。

（2）四五年九月三〇日に改名し一二月三一日まで存続したという—『黙って野たれ死ぬな』カバー裏の年表による。こういった形の、姿を変えた労務報国会は戦後ある時期まで各地にあったようである。

（3）http://www.kagawa100.com/otakara/090710.htm 2010 /03/25 付確認。

（4）前掲『占領軍調達史』、三五五頁。

（5）同、二〇〜二一頁。

（6）同、八四〜八七頁、その他。

（7）同、九〇頁。

（8）同、六五頁。四七年三〜一二月頃のＰＤ一元化の時期についてのコメントである。

〔図８〕第 11 表　宿泊者の就労状況（1）

年　月	稼働延人員	失業対策	船舶作業	特別作業	その他
25 年 9 月	5,845 人	3,181	1,903	556	205
	100%	52.7	32.5	9.5	3.5
26 年 6 〜 7 月	4,770	1,045	3,423	307	
	100%	22	72	6	

（註）25 年は失業保険手帳の印紙による 257 名の 1 ヶ月分稼働延人員
26 年は同上 216 名の 2 ヶ月稼働延人員の調査

〔図８-2〕第 12 表　宿泊者の就労状況（2）

総数	船舶沿岸荷役	失業対策	鳶　大　工	失業保険受給	その他
206	127	17	16	19	27

（9）同、一八～二〇頁。同表のC一三、一四、一五参照。同じくC一六の中には各種通信機械というのも見られるが、これも軍事用と見ても良いであろう。
（10）東京帝国大学社会科学研究会は戦後いち早く戦災等の調査に入り、その結果を『起ちあがる人々』（学生書房一九四六年一一月刊）に纏めた。そこに所収の邱炳南論文の、とくに同書二五～六ページを参照のこと。邱炳南は、のち邱永漢の名で金儲けその他の書物や講演で活躍したと同一人物である。
（11）宮下武平「傾斜生産方式」有沢広巳監修『昭和経済史』中、日経新聞社一九九四年刊。
（12）同七六～七七頁。
（13）ジョージ・ケナンらによる同政策の詳しい分析については、五十嵐武士『戦後日米関係の形成』第二節「ジョージ・ケナンのイニシャティヴ」（講談社学術文庫一九九五年刊）、参照。対日占領政策が再検討され四八年一〇月「国家安全保障会議決定NSC一三ノ二」によって転換が公式承認されたという。同書八三頁を見よ。
（14）日本評論社一九六九年刊、五一頁。
（15）『沖縄現代史 新版』岩波新書二〇〇五年刊、一三頁。なお、新崎は、最近の朝日新聞紙上でも、普天間基地移転問題に絡んで、沖縄を差別する構造の上に立って戦後日本が築かれた、という意味のことを述べている、すなわち「普天間問題で思い起こすべきは／安保の裏に沖縄差別」と題して言う。
「米軍普天間飛行場の移設先をめぐる論議が熱を帯びている。しかし、この問題の本質は、単なる移設先探しにあるのではなく、戦後六五年にわたって続いてきた日・米・沖の関係をどうとらえなおすか、というところにある。

よりストレートにいえば、構造的な沖縄差別の上に成り立ってきた戦後の日米関係を今後どのようなものにしていくのかを考える糸口として、この問題はある。

普天間飛行場のある場所は、戦前、村役場や二つの国民学校（小学校）、五つの集落があり、田畑が広がる宜野湾村（現・宜野湾市）の中心部だった。沖縄島南部でまだ日米両軍の戦闘が続いていた一九四五年六月、米軍はここに、日本を攻撃するための基地として、普天間飛行場を造った。

返還されぬ土地

戦場を命からがら逃げ回っていた村人たちは、戦争が終わっても、元住んでいた場所に戻ることはできなかった。やむなく人びとは、米軍基地にへばりつくようにして戦後の生活を始めた。当時の基地にはフェンスもなく、軍用機のそばで草刈りをする人びとの写真が今も残っている。国際条約（ハーグ陸戦法規など）によれば、戦争中でも敵国民の私有財産は尊重されなければならなかった。まして戦争が終結すれば、奪った土地は生活者に返還するのが道理だろう。ところが、日本が占領下を脱して独立した後も、沖縄は、米軍政下に置かれ続けることになった。

一方日本でも、占領軍は、安保条約に基づく米軍として、国内に居座ることになった。このため、砂川闘争をはじめとする反米反基地闘争が続発した。そこで日米両政府は五七年、海兵隊など一切の地上戦闘部隊を日本から撤退させることに合意し、安保改定を準備した。山梨、岐阜などから撤退した海兵隊は、日本ではなかった沖縄へ移駐した。米海兵隊は、地政学的必要性から沖縄に配備されていたのではなく、政治的配慮で沖縄へ移駐してきたことを思い起こしておきたい。

矛盾をしわ寄せ

五二年の旧安保発効から六〇年の安保改定までに、日本の米軍基地は四分の一に減少し、沖縄の基地は二倍に増えた。基地のしわ寄せ、すなわち安保の矛盾のしわ寄せである。七二年の沖縄返還に際しても、在日米軍の再編が行われ、日本本土の基地は三分の一に減少したが、沖縄の基地はほとんど減らなかった。普天間基地が、市街地の真ん中にある世界一危険な基地といわれるようになるのも、沖縄への基地の集約・強化、フル稼働の結果である。

九五年の米兵による少女暴行事件をきっかけとする民衆の怒りの爆発に直面して、日米両政府は、普天間基地の全面返還を約束した。ただし米側がその代替施設を要求したため、膠着状態が十数年も続いている。

政権交代を前にした民主党の国外・県外移設の公約は、少なくとも沖縄では、安保の矛盾、構造的沖縄差別の是正への第一歩と受け止められた。沖縄における総選挙や、名護市長選挙の結果は、そうした期待の表明である。

在韓米軍の大幅削減が計画され、米中、日中の経済的相互依存関係が深まる現在でも、海兵隊の抑止力が日本にとって必要なのか。必要だとすれば、基地負担も全国民が均等に負担すべきである。だが本当にそうなのか。

普天間問題は、安保をわが身に引き寄せて考える契機とすべきなのである。」（二〇一〇年三月二五日付『朝日』夕刊）。

(16)『海鳴りの日々―かくされた戦後史の断層』海洋問題研究会一九七八年刊、一四四頁。

(17) 大久保前掲書八〇頁所引。

(18) 海上保安庁のモデルは、米国の沿岸警備隊であったと推定される。以下のデータを参照されたい。

一九四六年三月米国コーストガードのFRミールズ大佐来日、GHQから以下のような指示を受ける。「……大佐は日本到着後ただちにGHQに出頭したが、GHQから『現存する沿岸警備および港湾警備の実状を調査し、警備機関設置に関する計画、組織（所要人員、装備を含む）および勧告を左の要領により提出せよ。

一、（a）日本本土における海事機関。

（b）必要と認められる一般警察隊に関する勧告。

（中略）』との指示を受けた。（ミールズ大佐より大久保宛書簡）」

次いで同六月一二日GHQより、韓国のコレラ猖獗に当り同国からの密入国船監視を強化せよ、という趣旨の覚書が発せられる。それを受けて、日本政府は運輸省海運総局に密入国船監視本部を設置。

七月ミールズ大佐のGHQへの提言――運輸省海運総局に水上保安組織を作るよう、また人命救助のための監視船を用意せよと指令すべし」（大久保書六〇頁）。――同大佐は米コーストガードの人間なので、同様な沿岸警備隊設置を示唆したものと受け取れる。

そのコーストガードの紛れもなく軍事的な性格については、左記を参照。

「現在［一九七八年頃］コースト・ガードは、六千トンから一万二千トン級の砕氷能力のほか、ヘリコプター、魚雷、爆雷、ソナーなど対潜水艦用の装備を備えた巡視船および、同じような対潜装備の三千トンないし千トン級の巡視船以下二百二十一隻の巡視船艇と、百四十機の航空機、四万人の沿岸警備隊員を擁する一大勢力となった。そして大統領就任式の際は、陸海空軍、海兵隊と並んで、米国防衛五軍の一翼を担って参列するということである」（大久保前掲書五七頁）。

つまり、ここで言う米国コーストガードが米国の軍隊として機能していたものであり、それが海上保安庁の言わばモデルなのであるのだから、海上保安庁自体が日本の新設軍隊の一種であったことが知られるのである。

(19) 大久保前掲書七一頁。また同書は言う、「……終戦直後掃海に従事した船艇は、すべて連合軍最高司令部の指令により接収、武装解除の後、昭和二十年十月から掃海を再興したが、当時の掃海支部［先の頁には復員省の掃海課とある］の駆特、哨特等は、海防艦十五隻をはじめ、大型掃海艇、敷設艇、駆潜特務艇、哨戒特務艇、曳船、徴用漁船等三百四十八隻（大発を除く）、人員約一万人であった。」同一四六頁。

(20) 同一四五頁。同八〇頁も参照のこと。

(21) 後掲『朝鮮動乱特別掃海史』八〇頁の「綜合所見」参照。

(22)『朝鮮動乱特別掃海史』。この書については、「掃海OB等の集い 世話人会」が平成二一年 一月 五日付で、以下のような説明を行っている。

1、本史料は、朝鮮動乱勃発から概ね一〇年を経た時期に海上幕僚監部防衛部において編纂され昭和三六年二月一日に発刊された原本から別冊を除き書写したものである。

2、原本発刊当時は内容が「秘」とされていたが、近年これが解除され、行政文書（M-M0-M00 保存期間三年保存期間満了時期二三・一二・三一）として情報公開されている。

3、書写に当たり、原本中明らかに誤植と思われる箇所を修正するとともに、注釈を要するところ並びに理解を容易にするため、追補として写真、図表等を加えた。

http://www.mod.go.jp/msdf/mf/touksyu/tokubetusoukaisi.pdf 二〇一〇年三月二六日に再確認した。

(23) 同書、八七頁。

(24)「（参考）朝鮮動乱における日本掃海艇の活動に関する説明資料

注：本資料は昭和三五年六月安保改正時準備したものであったが実際は使用しなかった。

概要

（1）実施した作業

a 佐世保、横須賀港外の厳戒のための掃海作業

昭和二五年八月から講和発効まで

b　朝鮮水域の掃海作業

昭和二五年一〇月から一二月まで約二ケ月間、海州、群山、元山、鎮南浦沖の掃海に従事

昭和二六年四月から六月までおよび同年一二月から二七年三月まで、昭和二七年五月から七月まで三回にわたって桑栄丸が朝鮮水域で試航に従事

（2）朝鮮水域における作業

a　昭和二五年一〇月四日連合国最高司令官の決定において極東海軍司令官名をもって運輸省に対し日本の掃海船艇は門司に集結が令せられ、集結した二五隻の船艇は別紙のように区分され、それぞれ海州、元山、群山、鎮南浦等の掃海に従事した。このうち元山の掃海に従事した部隊がその初期において国連軍の元山上陸作戦と同一時機に進出したため、その作戦の遅延のためもあって作戦に巻込まれた観があり、たまたま触雷一隻、殉職者一名を出したので、一層この感を深くし、その論議の対象となった。一二月上旬、全船艇が日本に帰投、一二月一五日極東海軍司令官の文書をもってこの作業は終了した。

b　当時の政府主脳者はつぎのとおりである

総理大臣　　吉田茂
外務大臣　　吉由茂
運輸大臣　　山崎猛
官房長官　　岡崎勝男
海上保安庁長官　大久保武雄

c　この作業にしよう《ママ》した経費は、アメリカと数次の交渉によって、二六年五月、海上保安庁の歳入として二三六、八九一、二九四円がアメリカより支払われた。

d　その後試航船の南鮮方面の行動が命ぜられたがこれはアメリカと海上保安庁と傭船契約によって実施された。

e　これらの類似事項としては、日本国有鉄道の昌慶、徳尋、金剛丸の三隻がアメリカに傭船され、日本と朝鮮水域の輸送に従事した。また、アメリカ側に労務員として傭入された船員がアメリカ軍用船の乗員として輸送に従事した。

国会で過去に取り上げられた事例
　昭和二七年一二月四日第一五国会衆議院予算委員会　中曽根議員
　昭和二九年三月二七日第一九国会外務委員会　河野密議員
新聞報道等
a 掃海作業に従事した当時は一部小さく報道された。
b 昭和二九年一月一八日から二〇日まで三回にわたり産経新聞が報じた。
c 昭和二九年七月東京地方検察庁で調査した模様で海幕に照会している。（以上八三頁）
［参考資料］
別紙　1―1　一九五〇・一〇・四　極東海軍司令官の文書
　　　1―2　一九五〇・一〇・六　極東海軍司令官の文書
　　　1―3　一九五〇・一二・五　極東海軍司令官の文書
　　　1―4　朝鮮水域の行動概要
別紙　2―1　航路啓開業務の主要年表
　　　2―2　占領軍命令一号抜粋（一九四五・九・二）
　　　2―3　占領軍命令二号抜粋（一九四五・九・三）
　　　2―4　七艦隊長官の文書（一九四五・一〇・二一）
別紙　3―1　一九五四・一・一八　産経夕刊記事
　　　3―2　一九五四・一・一九　産経朝刊記事
　　　3―3　一九五〇・一・二〇　産経夕刊記事
想定問答
（1）第二次大戦後の日本近海の掃海作業について説明せよ。
　戦争終結時日本近海には約五五、五〇〇個の日本軍が敷設した機雷と一〇、〇〇〇個の連合軍により敷設された機雷が存在し、海上の交通は非常に危険であった。

占領軍の進駐と同時に、旧海軍の掃海艦艇は占領軍の指揮の下におかれ、これらの掃海作業に従事した。この掃海作業の責任が日本政府に移管されたのは、講和条約に先立つ昭和二六年一〇月で、その後今日まで続けられている。

掃海艦艇および人員は、終戦当時約三五〇隻、一〇、〇〇〇名、昭和二六年ごろが約八〇隻、一、五〇〇名であった。

(2) 日本艦艇が掃海作業を実施したのはどのようなところか。

北は宗谷海峡から南は琉球列島、小笠原方面まで旧日本領域の周辺に及んだが現在は日本の沿岸だけである。

(3) 朝鮮水域で掃海を実施したことはないか。

ある。昭和二〇年九月三〇日発せられた占領軍指令第二号は「日本国および朝鮮水域における水中機雷は連合国最高司令官の定める海軍代表により指示されるところに従い、掃海せらるべし」とあり、同海域の掃海に従事した。

(4) 朝鮮事変のとき日本掃海艇が参加した経緯を述べよ。

昭和二五年一〇月連合国最高司令官の命により極東海軍司令官 (COMNAMFE) の指示に従い約二か月、海州、群山、鎮南浦等の掃海に従事した。

(5) 元山では上陸作戦に参加し触雷沈没して戦死者を出した事実はどうか。

作戦に参加したのではない。米軍上陸作戦に伴うものは米軍で実施し、日本艦艇は戦闘後の航路泊地の清掃にサービス業務として従事したものである。(以上八四頁)

元山では不幸にして一隻が触雷沈没し、殉職者一名を出した。(第二次大戦後の日本周辺の掃海でも、日本の掃海艦艇一一隻が沈没し七七名の殉職者を出している。)

(6) 掃海は戦争行為ではないか。

掃海は、水中にある機雷を排除しれ、航路、泊地の安全を確保するもので、掃海そのものは戦争行為ではない。従って戦闘を行う部隊と行動を共にして、その戦闘行為と同時に行う掃海は戦闘行為といえるが、戦闘行為が終わったあと艦艇、一般商船の航路の安全を図るための航路や泊地で実施する掃海は戦闘行為とはいえない。

(7) 朝鮮水域における作業はだれの命令で行われたか。

連合国最高司令官の決定に従い、極東司令官の命令によって実施された。（占領軍の命令によって実施された。）

（8）この作業に要した経費はどのようになっているか。

とくにこの作業のため支出された燃料、需品、人件費の経費は占領軍側から支払われた。（昭和二六年五月、海上保安庁の歳入として二三六、九八一、二九四［円?］が支払われている。）

（9）占領軍の命令で実施した作業に占領軍側から経費が支払われたのはなぜか

現日本領土周辺の掃海と異なり、直接日本の民生に影響のない旧日本領土周辺の掃海は、占領軍にたいするサービスの提供であるから占領軍で支払うのが当然である。

［注］朝鮮水域の掃海のほか昭和二七年四月から五月にかけ小笠原諸島父島の掃海に対して占領軍より五二九、一七一円支払われた。作業の一部は独立後にかかっている。

（10）その当時の乗員に対する給与はどのように支払われたか。

基本給のほか航海手当、掃海手当及び危険手当が支払われた。

［注］危険手当＝（本俸＋扶養家族手当＋勤務地手当＋航海手当）×A

A：北緯36°以南一〇〇％

北緯36°以北一五〇％

【追補：末尾の「特殊勤務手当」を参照】

（11）危険手当が支払われているのは戦争参加という特殊事情によるものではないか。

従来から掃海作業に対しては危険手当の意味で掃海手当が支払われていた。

当時危険度が一層高い地域の掃海作業であるので、当時アメリカの労務調定に応じて作業に参加していた日本人の給与を参考として、占領軍と交渉して決定したものである。戦争参加と直接関係はない。

（12）戦争中のそのような危険海域に作業させることは実質的な戦争参加ではないか。

掃海の危険は戦争行為に直接つながるものではない。

（13）日本政府は掃海艇を派遣する際元山にゆくことはわかっていたか。

第二次大戦中敷設された機雷は南鮮沿岸だけでなく北鮮港湾にも及んでいたので、予想できないことはなかったが、個々の海域は現地で割り当てられた。
（その他予想される質問）
（1）今後国連軍の支援として、掃海作業の要請があったら実施することはないか。この場合海外派兵と考えられないか。
（2）沖縄島民の福祉のための措置に掃海作業は含まれるか。
（3）朝鮮水域に日本掃海艇を使用したのは、占領軍の行為として違法か。また日本人を従事せしめたことは憲法違反ではないか。
（以上八五頁）」
(25)同書一〇頁。
(26)同書九頁と一二頁にある。
(27)石丸「朝鮮戦争と日本の関わり——忘れ去られた海上輸送」防衛省防衛研究所『戦史研究年報』一一号、二〇〇八年三月、二九頁。
(28)同前、三〇～三一頁。
(29)同、三三頁。
(30)同、三二頁。なお、今回兵員の鉄道輸送については、充分調べることが出来なかった。石丸安蔵「朝鮮戦争と日本の港湾——国連軍への支援とその影響」(『防衛研究所紀要』九巻三号、二〇〇七年二月)は、日本国有鉄道外務部長編『鉄道終戦処理史』一九五七年、を援用しつつ、次のように述べている、「鉄道輸送は、第八軍第三鉄道輸送司令部に管理された鉄道運輸事務所が各主要駅に設けられ、九州方面への兵員輸送に使用された。一九五〇年七月末からは横浜港から佐世保港まで一五両編成の貨物列車が定期化され、佐世保・釜山間の定期船に連絡した「赤玉急行便」の運転が開始された。さらに仁川上陸作戦を目前にした時期には、韓国軍兵士を韓国から輸送し横浜港経由で富士演習場に輸送、訓練を実施した後、再び横浜港経由で韓国まで輸送している」と（九七頁）。鉄道については、同『鉄道終戦処理史』の他に、『日本国有鉄道百年史』全一九巻（国鉄一九七二年刊、復刻版は成山堂書店一九九七年）がある。

なお、大沼久夫編『朝鮮戦争と日本』新幹社二〇〇六年刊、の巻末にある「朝鮮戦争と日本・沖縄年表」が国鉄や沖縄関係を軸に詳しく拾っており、全体的に非常に参考になる（大沼・笹本征男作成）。

(31) 東西汽船の船団は一一二隻（実際に作業に当たったのは九七隻）、船員や港湾労働者などは約一三〇〇名（内二五名は危険だとして帰国）という。東西汽船の他に、協成汽船、呉の広瀬サルベージKK、山下汽船、豊国汽船、岡田海運なども、類似の作業に従事したとされる。竹前栄治・尾崎毅・田中香織「証言　戦後初期海運秘史――朝鮮戦争と北村正則」（『東京経済大学人文自然科学論集』一〇五号、一九九八年）参照。

(32) 同書、五七五頁。

(33) 同、五七五～五七六頁。四八表は同書四〇九頁に、六六表は同五七七頁に掲載されている。

(34) 同、二四六～四八頁。因みに、「輸送、通信関係についても動乱発生と同時にその調達量は急激に増加したものの一つであるが、これらは、軍と国鉄、電通省あるいは商船管理委員会等がそれぞれ弗貨による直接調達により、実施されたものが大部分であった」という（同書、二四八～四九頁）。日本通運KK、富士モータース（富士自動車）などとともに、国鉄や電通省（のちに電電公社）、日本赤十字などについては、のちに改めて詳しく検討したい。

(35) 一九九七年九月一二日付『朝日』夕刊。

(36) 林えいだい『海峡の女仲仕』一九八三年葦書房刊、一九二～九四頁。ただしこの書は、依拠史料について、「参考文献」として巻末に一括して列挙しているだけなので、これらの一つ一つの事実の根拠がどの史料なのかは不明である。『門司港誌』『門司市史』地元の新聞などに依るのであろう。ただし、林の挙げている巻末資料の中では、門司市立図書館『郷土叢書』、不破和彦「港湾労働者の同盟罷業と『組制度』」「明治・大正期の門司港湾労働運動史料」などが注目される。これらについても今後追究したい。

(37) 引用は、芹沢勇『ドヤ街の発生と形成―横浜埋地（西部の街）について―』横浜市総務局行政部長室一九六七年刊、七～九頁から。

（補注）今回は、最初に設定した三つの問題の内の第一しか取り上げることが出来なかった。それも、いわゆる進駐軍労務一般と、旧海軍軍人などによる朝鮮半島沖における掃海作業、朝鮮戦争時における港湾労働の一端などにつき、比較的参照しにくい史料をもとに若干の照射を当てるにとどまった。註にも書いたように、地方自治体の関与状況や、日本国有鉄道や電電公社、日本赤十字社、また民間会社たる日本通運（株）、富士自動車（株）、トヨタやニッサンなど自動車メーカー等々の戦争との関わり状況、さらには朝鮮特需時における沖縄基地建設に対する建設土木資本、とくにゼネコン――鹿島建設、清水建設、間組、大成建設、竹中工務店等々――の関わりの実態などについても、検討したかったところである。近いうちに何とか再起を期したいと念じている。

第5章　貨物輸送と臨時労働者
——季節出稼ぎと路上手配・日雇労働への照射

序

かつて山谷の労働者＝活動家の南さんから、「昔は今のように建設土木の仕事だけではなくて、トラックの上乗りとか、倉庫番とかもやった。化学工場などにも行ったんだけどなあー」というような話を何遍か聞かされたことがある。確か山岡さんも、似たようなことを言っていたように思う。

ということで、今回は、トラック上乗り（運転手の脇に坐り現場に着いたら荷の積み下ろしなどを行う役目。ただ、当時南さんは引っ越しの仕事を主に言ってたように思うけれど）に関連して、国鉄と癒着して小荷物を一手に扱っていた日本通運（通称「にっつう」、あるいは「マル通」）に焦点をあてて、そこの臨時労働者、あるいは日雇労働者の就労や雇用、労働の在り方について、若干考察したい。日通にも山谷の労働者が働きに行っていた可能性があったのだから。

日本通運は、年報『寄せ場』の先の号（本書、第3章）でも少し触れたが、戦時中に国策会社としてバリバリ活躍したが、戦後改革の一環たる経済民主化政策の展開により一九四九〜五〇年に解体され、五〇年二月から民間の一会社として再発足した。のち国内外の個人および法人などの物流を広く手がけるとともに、海上輸送や航空運輸へと拡張する一方、港湾・倉庫業や旅行業などにも手を伸ばすなど、多面的な発展を遂げている。ごく最近では、各業種において競合他社とのシビアな競争において必ずしも優位に立てず、衰退を噂される場合もあるようだ。

ところで、いまここで日本通運を取り上げる理由は、それが業界で大を成していた、ということばかりではない。トラック業界では後に急速に勢力を拡大していったヤマト運輸などをも取り上げ検討したいところなのだが、如何せん、運転手や上乗りなどに従事した労働者について、とくに臨時雇いについての史料が、決定的に不足しているのである。(1)

日通の場合、運輸関係の民間機関としては唯一と言われる「日通総合研究所(2)」というものがあり、そこから臨時労働者に関する研究が発表され史料も公表されている点が非常に大きい。従って今回は史料的には主にそれに依拠しつつ日通の臨時労働者につき検討し、次いで日通労働者の主要給源のひとつであった季節出稼ぎ労働者について若干考察を加え、最後に農山漁村の解体と変貌および林業、漁業、農業の衰亡と変容をざっと概観して締めたいと考えている。

1　日通における「〝本工〟的作業員」の特徴

日通には実にさまざまな種類の労働者が居たようである。一九六二年一〇月にまとめられた『通運荷役労働の性格』は、その時の調査の対象を「在籍員、試雇、養成員、傭員、常用臨時」などといった「〝本工〟的作業員」に限ったとしている。この他にさまざまな名目の労働者が居たのだが、各種の臨時労働者は一旦検討対象から外されたのであった。じつは、「事実上長期臨時作業員となっている日雇いおよび事実上の日雇い」、あるいはD店、E店などに特徴的な「組夫」と呼ばれた、組差配下の日雇労働者などが居たことが同書資料篇で明らかになっているのであるが。

年齢

労働省『賃金構造基本調査』によると、鉱工業でもっとも年齢構成の高い、つまり老齢なのは規模一〇〇〇人以上の会社であるとされているが、そこでも四〇歳以上の労働者数は三〇％前後にすぎないという。それに比べ日通の場合は、「四〇歳以上でまとめてみると、四六％にもおよぶ」とされている。(3)

それを作業種別で見ると、〔表1〕のようになる――

これは、後に一部の店所の例でも知られるように「重作業はむしろ……年齢構成のより低い臨時日雇いの積卸・上乗手にまかせて、高齢の〝本工〟的積卸・上乗手が彼らを管理し監督する、という分業体制をとっている面もある」ためだという。(5)

これに対して、「起重機・フォークリフト・小型車の運転手などは比較的青年労働力が多く」バスやタクシーや路線・区域トラックなどの運転手と「ほぼ類似」しているという。(6)

入職以前の職業

日通入職直前の職業は、農業、製造作業関係、販売サービス関係で、あわせて五〇％(7)になるといい、従って日通作業員はそういった「自営業層のいわば分解のなかから」労働力の供給を受け始めるのだという。(8)

〔表1〕朝鮮動乱における日本掃海艇の行動概要(4)

	20歳代	30歳代	40歳以上	人数総計
手方種――構内作業	9.8％	19.6％	66.0％	51名
手方種――積卸作業	12.2％	24.4％	63.6％	74名
上乗り作業	16.9％	24.6％	53.6％	69名

その後、不熟練の日雇労働市場に投じられたり、運転手マーケット内でいくつかの（あるいはいくつもの）職場を転々としたりし、その後もさまざまな職業経験を踏んだ末に、日通入り後にするような作業経験のほとんど無いままに就業する傾向がある、とされている。(9) ただし、その後の勤続年数は一〇〜一九年が半分以上を占めていて長く続く傾向であり、調査当時において作業員半数以上が戦争末期から戦後の再建過程に就職していることになるとされている。(10)

賃金

日通作業員本工の賃金で一番安いのは上乗りだが、その賃金額は「臨時日雇いの労働力……における標準賃金に一致しており」その意味で「単純労働者の労働市場の規制を受けている」。他方、「日通作業員の賃金水準の最高限の水準は普通・大型車の運転手の標準賃金のレベルにあり、その意味でかような運転手の労働市場においてその水準が決定されている、ということになる」という。(11)

つまり、賃金という面で一言でいえば、日通作業員は一方で臨時・日雇労働市場に、他方で（近辺の）普通大型運転手の労働市場に〈リンクしている〉というのである。日雇労働者は日通の作業員（上乗りなどだが）になることが出来るし、日通の運転手は他業種の大型運転手へと転出（もちろんその逆の転入も可）することが出来るというのである。

職種転換と昇進

日通入職後の職種転換や昇進も、わりと旨く進んでいるとされる――すなわち、比較的若い上乗り作業員はわりとスムーズに他の作業種に転換していく一方、一部の作業員は構内作業や、起重機・フォークリフトなどの運転手等に上昇していき、やがてそこから班長や作業監督が生まれていくこともあるという。[12] すなわち、ここ日通では、労働者の養成からヨリ上級へ昇進するルートが開かれていると評価され、肯定されているのだ。……長期勤務の理由の一つともされている。

作業の実際

他方で、日々の作業は「役付労働者」＝作業種グループAを軸に廻っているとされる。即ち「Aは各事業所において自らも作業しながら部下の指揮・監督にあたっている作業監督・副監督、班長・副班長などの役付労働者で」給料も高い。彼らは「現場の下部職制」でもある、というのである。彼らの賃金カーブは一番高い所にあるのだが、それだけの働きを、つまりは本工労働者や臨時、日雇などを監視し、指図する役割を期待されているに他ならない。しかも、各種の臨時労働者や正職労働者に対し直接指示命令を発するというよりは、自分の直ぐ下に軸となる人間＝労働者を据え置き、その人間を通じてさらにその下の労働者を動かしているのである。

すなわち、下部職制の下には「作業経験年数のかなり長い［一般］作業員」が「監督補助者的」役割を持たされて配置されるのだという。「というのは、前述のとおり各所の作業場の状態——たとえばその形状、広さ、レイアウト——、取扱い荷の種類、荷姿、その出入の時間的変動性、そしてそれに対応した機械化の水準などによって、作業方法、作業組織および人員の具体的な配置が多彩に変化しうる。[13] その過程で、経験の長い作業員が臨機応変にそれぞれ小単位の〝棒芯〟的役割をはたさざるをえない……」と。

このボーシンは、下部職制の指示命令のもとに、他の〝本工〟的労働者や各種の臨時、日雇労働者などに、これまた細かい指示を与えたり注意を促したりするのだが、この者の場合、役付労働者とは違って賃金上優遇されているわけではないので、別の原理で動いていることになる。職歴が古い、キャリアだというのがそれになるのだろうから、一種の年功序列にすぎず、古くからずっとその仕事＝労働をやっているから他よりも余計知っているということを、無条件に前提としている。この論者も、〈それは、一面では荷役労働の現段階の技術水準に規制されているのはいうまでもないが〉と認めているところである。年寄りの方が若い者よりも何事もよく知っている、という天皇制秩序に、ほぼ寄り添う考え方とは言って良いであろう。

まとめ

これまでの所をまとめると以下のようになろう――労務管理担当の役付（部長クラス、場合によってはさらに上級職者）がトップに居て、その下にそれぞれ専門的な労務係（課長とか係長とか）が置かれ、その下に先ほどの「作業グループA」の職員が居て「下級職制」として指示命令を下し、その手先に古い正職労働者のボーシンが位置して自身懸命に働くとともに、職歴の若い〝本工〟的労働者や各種の臨時・日雇労働者の多数に対して指揮命令を発し、細かい動作を指示しているのだ。つまりは追い回し扱き使っているのである。一言でいえば、そういった階層秩序があってこそ、大量の荷物や貨物の積み込みや荷卸しといった「荷役労働」が「多人数を擁して大規模に行なわれ」得るのだ、とされたのであった。[14]

そのように酷使される臨時、日雇労働者は、土木建設などの日雇労働市場、つまりは職安や組手配や路上手配などによって調達されるし、逆に日通に（さまざまな事情で）居られなくなった労働者は路上や職安、あるいは昔ながらの組に繋がれることになるのである。[15] 各種の運転手や機器操作技術者の場合は、それぞれ別個に存在する（多くの場合近辺にある）労働市場と、直接繋がれていて、出たり入ったりしているのだという——こういった所がこの項のまとめであり結論に他ならない。

2　各店所の諸例——日通における「臨時」「日雇」「組夫」

四つの店所を例にとるのだが、それは以下のような所属や特徴を持っていた。

東京主管店（軽工業ないし農産物を主として扱う。在籍依存型）
　A店—総武線沿線……秋葉原？　支店——不明
　B店—常磐線沿線……北千住ヵ？　支店——紙パルプ、鉄鋼など
　C店　……亀有？　営業所—紙パルプ、機械車輌など
横浜主管店（京浜工業地帯の中核部分としての重化学工業品を扱う。臨時依存型）
　D店—京浜東北線沿線……川崎ヵ？　支店——鉄鋼、機械車輌など
　E店—　……鶴見？　支店——石炭類、機械車輌など

〔表2〕〔表3〕からすれば、中でも横浜主管店下のD店が〈臨時労働者〉に大きく依拠していたことが明瞭だろう。

この調査研究のこの章節の結論を先取りして言ってしまえば、大凡以下のようになるであろう——「貨物の波動性は当然日々の投下労働量を規定し、技術的に作業員数、作業時間を浮動的なものとしている。しかるに営業上の視点からは臨時作業員の投入か、それとも店籍作業員の混合作業と残業による克服か

のいずれかである。この諸条件は相互に制約し合っている。この諸制約のうち荷役作業の基幹部分の一つ積卸作業に日雇、組夫の投入と店籍作業員の主として単純肉体労働部分の混合作業が現段階の特徴といえよう[18]」。

貨物の波動性とは、貨物の量が一年のうちで、また各月によって、また日々、あるいは時間帯毎に、かなりの変化を見せるということである。言い換えれば、仕事の量がものすごく変わりやすいということに他ならない。それにどう対処するべきだろうか。改めて言うまでもなく資本の論理からすれば、出来るだけ労働力量を減らしたい、つまりは労働者数を減らしたいわけである。それにはどうしたら良いだろうか？ 端的にいえば、労働力の強化を目指したのであった。その手段が下記の二つ――混合作業および残業、そして臨時労働力の投入が目指されたのであった。

労働力の強化としての「混合作業」および残業

第一は、ここで店籍と称されている正職の作業員を最大限効率的に使うことに求められた。労働者は、さ

〔表2〕店所別・扱別営業数量比 (昭和36年上半期) 註(16)

	総営業数量	通運(含む鉄道請負)	自動車運送			その他	五店平均営業数量を100％とする指数
			路線	区域	計		
A店	100.0	84.0	0.6	5.6	6.2	3.6	70.9
B店	100.0	67.6	0.7	9.0	9.7	13.0	95.9
C店	100.0	81.6	1.1	16.5	17.6	0.8	37.5
D店	100.0	83.5	1.8	7.8	9.6	6.9	112.0
E店	100.0	67.5	0.6	9.3	9.9	12.7	183.0

〔表3〕在籍・臨時別店所別人数 ( )内は％ 註(17)

	A店	B店	C店	D店	E店	五店平均
作業員数	83	90	64	204	189	127
在籍員数	68(82)	72(80)	35(60.3)	73(35.8)	115(60.9)	74(59.1)
臨時員数	15(18)	18(20)	33(39.7)	131(64.2)	74(39.1)	53(40.9)
員数指数	66.4	72.0	46.4	163.0	150.2	100.0
営業量指数	70.8	95.9	37.5	112.5	183.5	100.0

注 下2行の「指数」は五店平均を100としたもの。

まざまな、それなりに、ないしは多少とも、専門的な職種に就いているのだが、各労働者が得意とする種類の仕事＝作業で手が空いたらそれ以外の労働に従事させることが、それである。

例えば、E店の場合――ここでは店籍作業員のうち積卸手の人数が極端に少ない。積み卸し要員は五店平均で一九名というのに、E店にはたった二名しか居ない。その代わりに、上乗り要員を重量品や構内先の積み卸しに使っていたのである。構内員もまた、事務的な仕事の他に、積み卸しや仕訳作業に駆り出されている。[19] 固有の職種とは違う職種の仕事へのこういった駆り出しを「混合作業」と呼称して、日通では多用されていたことが窺われるのである。

もうひとつのやり方が、臨時作業員の投入に他ならない。さまざまな種類の臨時労働者が駆り出された。その一は、農漁山村からの季節出稼ぎ。その二は、親方制度下の組（しばしば港湾関係の）による路上手配を軸とした労働者調達であった。

先ずは、その二の路上手配に焦点をあてて考察しよう。

まず、各店における臨時労働者の全体数は以下のようになっている。調査時点が明記されていないけれど、一九六二年春か夏であろう（六一年という可能性もあるが）。いずれにせよ本文に「秋冬繁忙期には農家季節出稼者等を投入している」[20]と記されているので、下記の数は繁忙期以外のものである。

〔表4〕における「臨時」は、とくに定義されていないので曖昧なところがあるが、A店の場合は、「長期臨時」という範疇に入るものがそれに当たるようであ

〔表4〕各店臨時労働者の内訳

＊A店のみ「日雇」註（21）

	総数	臨時	直行日雇＊	組夫
A店	15	11	4	–
B店	18	15	3	–
C店	33	8	25	–
D店	131	36		95
E店	74	13	5	56

る。この店では主に積み卸し作業に当たっている。賃金の六〜七割が出来高である。この場合長期臨時とは、「その年令・家族・通勤等の関係で在籍登用の基準に合はないために在籍者になれないもので」あるといい[22]、「本人もあきらめているようだ。しかし彼等の作業能率自体は在籍者と大して変りはない」とされているものである。その意味するところは、「臨時、日雇は仕事に責任を持たない[23]」から、身分を落として長期に臨時職に置いたまま低賃金で正職と同じように、あるいはさらに目一杯、効率的に働かせようという策略に他ならないと断言して良いであろう。

本当に人手不足に迫られた時にのみ、日雇いを使うといい、その場合は「東京中の職安巡り」をして人集めをする、とされている[24]。

B店所の場合、季節臨時労働者が結構多い。以下はそうした季節出稼を使う理由やその補充の仕方等についての説明である。それまでのところ、かなり広く行われていたやり方である、とは言えそうである。「給源は大体、茨城県藤代、龍ヶ崎周辺の上、中層農民が中心で、その募集には足がかりが必要で、作業係長が出向いて村の顔役（部落会長など）を通じて雇入れる。縁故を通じて大部分集めるが、なかには四年間も続けてきているものもある。彼らはすべて通勤季節出稼者である。この季節出稼者の中心人物には多少の礼金をつつむ。また、当該店所はふさわしい労働者の選択も、村の顔役などを通じて行なっている。

雇用期間については、今年は一二月までの契約で行なうつもりである。一月から三月まで比較的仕事が少なく遊びがちになるからである」。

「……季節臨時は、若年労働者が多く、縁故関係もあり、よく働く。また、仕事は何でもよくやり、日雇のように仕事をえらんでうるさくいうことはない。季節臨時には、主管店からまわしてもらう者もあるが、自店採用の者もある」[25]という。

日雇労働者のうち七割が直行日雇で、あとの三割が日々雇用だという。上乗りや積み卸しの仕事。「現在、直行〔自分の住まいから労働現場に直接赴く――引用者〕日雇二名が車扱積卸をやっているが、この直行日雇の手続、決定は作業係長が行なう。これは、一五日間の長期紹介を職安に顧み、職安から関係書類を出してもらうものである。（中略）なお人数が不足する場合は、以前から顔を知っている池袋の職安へ作業係長自身が行く」のだという[26]。

C店所も、上記と似たようなものだ。作業員の三割程度を職安から調達しているがその八割程度が直行日雇であるという[27]。

D店所の臨時とは季節出稼ぎのことである。福島県郡山近辺出身で、会社の提供する宿舎に住まって作業をしているとされる。職安に頼む日雇とは運転手だけで、住まっているところから作業現場に直行する者も居るとされている。

D店所で組夫というのは、おもに積卸と上乗りの作業をやるのだが、「組夫はK興運及びK作業という二つのK系の組から入れてくる。組夫を使う理由には職安に行って人を集める手がないことと、組夫の方が職安の日雇よりもはるかに仕事ができるという二つがある。Kの入る前にM組が入っていたが埠頭営業所ができてからそっちの方にまわったので人手が足りず、職安をまわる手数も大変なのでK組を入れた」とされている。

ここでの組夫といわれているのは、紛れもなく我々の言う寄せ場の日雇労働者である。すなわち曰く、「組夫を傭入れる仕方は積卸員については作業係がＫ興運とＫ作業に必要人員総数を二分してオーダーし又、上乗りについては操配係が同様に二つの組にオーダーする。Ｄ店所の構内に駐在しているそれぞれの組の出張員に作業内容を伝える。Ｋ組では職安からではなく〝ハシ〟(橋のたもとから集ってくることからこう呼ばれている)か、〝ハラッパ〟(青空労働市場)から世話役がつれてくる。この世話役はＫ興運、Ｋ作業に各々一人ずついる。……[そ]の半分はいわゆる「タチンボ」で店籍者と比べてその能率は七割程度で、制服などもきちんと着用しないという面にもあらわれているように、接客面でもかなり質がおちるが、残り半分の顔付になると服装の点でも店籍と変りがなく、仕事も同じようにやる。班長が組夫の配置を行なう。組夫の管理は棒芯を通じて間接に行なわれており、組夫の不仕末でも棒芯に注意を与える。棒芯は組夫と同一作業に従事しながら組夫のまとめ役となっている。又《ママ》棒芯は副班長又は構内員の作業遂行の指導の補助をして構内員(又は副班長)の指揮を組夫に徹底させる役割を果している」と[28]。横浜地区であるから、昔ながらの親方制度下の〈組〉以外ではない。

Ｅ店所の場合も、Ｄとまったく同じといって良い。まずその調達法は次のように説明されている。曰く、「日雇では職安を通じてくるもの」もあるが、組を通じた調達の方が大勢であるという。「日通で直接職安に集めにゆく場合、一〇人必要なところ、車で集めにゆくと、この車に二〇人も乗ってしまって〝さあゆけ!〟という具合に統制ができなくなる。そうなると〝あぶれ賃〟を出さねばならないから〝降りてくれ!〟とあやまらねばならない。〝立ちんぼ〟のように〝ハラッパ〟に組が集めにゆけば、統制員がいて何とかしてくれるが、日通の人が直接ゆくと結局バカにされることが多い。しかし、Ｋ組は〝立ちんぼ〟に顔がきいているので集めやすく、日通としても手間がはぶける。重量品などを好む人がハラッパにたっているのを見つけるのも組の人である。組の人には地域的に顔の得手があり、人を集める世話焼きが得手の所へゆき人を集めてくる。Ｅ店所にはＫ組の四人の世話焼きがいる。総括責任者一名、人夫を集めて運んでくるだけのもの一名、仕事の監督をやりながら朝人集めにゆくもの一名及び常時組夫の世話をみて昼食代をたてかえたり顔を覚えておいて途中でケツをわる人の賃金を払ってやるもの（会計係）一名などである」と。(29)

そしてその管理方法として次のように記述されている。「組へ下請に出したものについての仕事は、日通で全く干渉せずに組にまかせておく。組夫の作業について注文をつける場合には、直接組夫にいわないで、Ｋ組の上役に直接いうような形式をとっている。」

ここまでの所は出来高払いのようである。しかしこの後の、「作業の直接の監督は組の中にはいない。組夫のうちには仕事の上でのまとめ役がおりこの人が、副班長又は構内員の指図によって組夫をまとめるようになっている。従って直接作業遂行上の指導は副班長、構内員によってまとめ役を媒介にして行なわれるわけである」というのだ。(30)まとめ役というのはいわゆるボーシンだから、ボーシンが日通の副班長ないし構内員の指図を受けつつ作業をこなしているという図になろう。しかし続けて「組にたいして屯当り四七円を出す」という言い方をしているので、やはり出来高払いと見なされよう。「月末に主管店で支払いをうける」ともあるから確かだ。「組への支払いはＥ店所一ヶ月の合計は約一七〇万円〜一八〇万円位になる。これら組への支払いを主管店で行なっているのは、Ｋ組が県下の多くの支店に入っている……」からである、とも言われている。(31)

このように見てくると分かるように、日通と組（親方制度下の）との関係はかなり深いものがあったようである――「組にはK営業所のG組（S町にあり重量品扱いの手がたりないので、このE店所の課長が世話して組をつくらせた）、営業所に入っているI組（A営業所の近くにある組で仕事をやらせてくれというので使うようになった）がある。／E店所に入っている組はK興運であるが、K組は興運の外に「K作業」「K運輸」と三つの会社組織がある。K組は日通と深いつながりがあり、E店所の外に、D店所、S店所、O店所等にも入っており、その水上げは相当量になるといわれる。こゝのK興運は主管店からの斡旋で入ってきた。[32]」

日通横浜主管店自体が、そもそも組と深い関係にあったというわけである。特記に値しよう！

系列会社、下請会社

日通総研によるこの研究では、下請という言葉が曖昧に使われている。上記の組夫のことも下請（労働者）の意味で使う一方で、下記のように下請会社の意味でも使われているからである。

我々としては、一定の仕事をその会社に発注して、出来高に応じて支払う場合のみを、下請会社と呼ぶことにしよう。

一定の仕事についていては、「下請会社」を使うとされ、その一例として「江東市場に出荷される農産物の荷卸作業についてやらせている。これは市場でのセリが朝の八時に行い得るよう夜半の貨車卸しになるので、在籍者でやることに無理があり、コストも高くつくので、下請会社に仕事を一括して渡しているのである。下請会社の作業員は常時六名いる。尤も日通としては下請会社と国鉄との連絡はつけてやるが、下請に一切を渡してあとは知らないという訳にはいかない。何かの理由でとくに大量の貨車が入った時など、日通から応援してやることがある」[33]、というのだ。

B店所の場合もこれと同じで、鮮魚や青果を扱うので「A市場荷役会社にすべておろしている」「下請にまかせている」という[34]。「トン当り請負で人間の出し入れは向うまかせである。通運関係では、常用、日雇など一五、六人ぐらい作業員がいるようである。」そのほか、「リヤカーの集配、年末のデポーの設置、手小荷物なども下請に出している」という[35]。また「トン当たりいくらで卸すため、管理しやすいし、また費用節減にも役立」つので「傭車」「トラックなどの借り上げ」も行っているが、それも下請を使っているという[36]。なおここで下請と言っているのは、下請会社の意であると解される。

E店所における下請は、わりと明確である——「荷造手を置いていないE店所では、本職が大工である高年令者ともう一人の手元の人に下請けさせて〈荷造〉をやっている。しかし、大きな荷造関係は系列会社でやる。引越し荷物でも大きなものは系列会社にまわしている。この系列会社は京浜梱包・日通荷造の二つがある。従ってE店所自身でやるのは小さな引越しなどである。前述の大工と手元の人は、請負形式でやらせている」[37]。ここでは明確に系列会社という言い方がされている。個人の下請については、請負形式とも明言されている。つまりは出来高払いのことに他ならない。他の下請についても「通運関係を店籍にやらせると赤字になってしまうので、下請にトン請けさせた方が有利となって……下請料金は屯当り四七円の契約で、これは安い契約である。下請料金は押えがきいており、契約期間中に単価引き上げを要求されることはない」[38]という言い方がされているので、やはり出来高払いと理解されよう。

この項をまとめておこう。

第一に、組について。

・日通に入っている組としては——K組（K興運、K作業、K運輸）がE店所、D店所、S店所、O店所等に。

横浜主管店との関係が深く、その紹介で県下の各店所にも入っている。組への支払いも同主管店が一括して行っている。G組（S町にある）がE店所K営業所にI組が（E店所）I営業所にM組がD店所埠頭営業所に、それぞれ入っている。

・これらの組は、少なくとも総括責任者、会計係、手配師、ボーシンなど数名かそれ以上で構成され、所属営業所内の一室または独立した建物などに常時駐在し、日雇労働者の受け入れ、仕事の受注や打ち合わせ、労働者への注文・苦情の受け付けと処理、会計処理などを行っていた。

・各組が飯場を持っていたか、または組に常時労働者を所属させていたかどうかは、記されていないので不明であるが、（組員の他にも）多少の人員は抱えていたと推測される。

・労働者を集めてくるのは路上手配によってが基本である――〝ハシ〟（橋のたもと）や〝ハラッパ〟（青空労働市場）という言い方がされているが、要するに路上手配であり、寄せ場から「タチンボ」を日々雇用しているわけである。横浜では川崎のハラッパ、野毛、寿町などの名がしばしば挙げられる（ちょっと時期は違うかも知れないが）寄せ場だが、寄せ場間を労働者が行き来する例は少なくないので、あるいは山谷労働者が横浜にも登場していたかも知れないし、日通のどこかで働く例もあった可能性はある。

第二に、系列会社または下請（会社）について。

出来高払い―トン当たり何円で卸すので、管理しやすいし費用軽減になるという。

職種―傭車、農産物や鮮魚・青果などの荷下ろし（A市場荷役会社などに委任）、リヤカーでの集配・年末デポの設置・手小荷物、各種荷造り（元大工とその手元［助手］）、引っ越し荷造り作業（大きなものは京浜梱包・日通荷造などに委任）

3　農林漁家季節出稼者について

ここではB店所とD店所が季節出稼労働者を使っているが、前述のように、前者は通勤で茨城県の藤代（常磐線）か龍ヶ崎（藤代の次の佐貫駅から関東鉄道に乗り換え）からの通勤、後者は福島県出身者で宿舎住まいの、それぞれ農家季節出稼である。これらは全国的傾向の一つの反映とも言えるであろう。

日通総研経済調査部は、一九五八～六〇年の間の季節出稼の推移について詳しい検討を行っている(39)が、そこでの結論は上記と通じるものがあり、総括的に言えば、以下のようなものであった。すなわち、「農林漁家季節出稼者の運輸・通信業への就業を全国的、出身地域からみるとき、出身階層の上層への移行、並びに給源地集落階層の［農山村の減少および］平地農村および漁村への移行、さらに出身農区が北陸および北海道へ移動し拡大」している、というものであった(40)。

この結論を敷衍すれば大凡以下のようになろう——農山村からの出稼はもはや出尽くしている、また他方で三～五反層の農家は農業経営はやっていけなくなっている、従って出稼ぎが通年化しているのだという。言い換えれば「農業からの離脱—兼業化離農化傾向」が顕著になってきているのだというのだ(41)。この人たちは賃労働者化しその多くは急速に、他職種の職員、店員、各種賃労働や他家の農業労働へ従事したり、土建業の人夫日雇となって働かざるを得ない。通年出稼ぎというのも、飯場とか宿舎暮らしをしつつ土建業などで働くこと以外ではない。もはや賃労働者そのものなのである。

その反面、農業経営をやっていくためには一町から一・五町（以上）ないと無理になったとされる。この層では、農家経営主やその跡取り層が出稼ぎに出て農家経済＝財政を支えているというのだ。つまり、一〜一・五町層農家では、老人や女性が農耕機械や化学肥料等を使って何とか農業を支えている一方で、家族の他の部分は何らか農業以外の仕事に雇われて、恒常的に労働することによって現金収入を獲得し、それによって崩れそうな家計＝農家財政を支えている、というのである。この方向からも、賃労働者化のまぎれもない進行、急速な進展が窺われる、とも指摘されている。

以上からすれば、こういった下層農家からの離脱―賃労働者化と、上層農家における兼業化と出稼ぎのヨリいっそうの増加拡大という両傾向は、初め、とくに東北地方の農山村地帯から始まった。しかし、そういった脱農・兼業・出稼ぎの大きな流れは、その後平地農村へ、そして漁村へと浸透していく一方、地域的にもヨリ一層広まって東北から北陸や北海道へと拡散していった、ということができるという―それがここでの全体的な結論である。

これを、第一に、給源地域の差異という点からみると、以下のようになる――

『平地農村』では運輸・通信業七二％、建設業四八％、林業五％で、運輸・通信業への給源地としての存在が他の二部門よりも高い。『農山村』では、運輸・通信業八％、建設業二七％、林業二一％で、運輸・通信業の位置低下し、建設業と林業の位置が高い割合をしめる。『山村』では、林業が四一％、建設業一五％、運輸・通信業なしで、林業の比重が高い。『漁村』では、運輸・通信業の割合が高い（二四％）という。

従って、職種と給源地の関係について改めて纏めると次のようになろう――「運輸・通信業では北陸、北海道の平地農村乃至漁村に給源地をみるが、建設業では東北の平地農村、農山村、林業では北海道、東北、東山、四国の農山村、山村、北海道一部開拓集落の給源地をみる」と。(42)

次に、建設業と運輸通信業の差異については以下のように説かれている――「以上から、建設業では経営耕地面積の零細なものから大きいものまで含めて全階層を含む給源農家をみるが、運輸通信業への出稼者は五反～一〇反へより集中する特殊的傾向をみる」と。

これを詳しく見ると、「一〇反～一五反は両部門とも共通に増加傾向をみるが『建設業一九、一八、二〇％』、運輸・通信業では『一四、二五、三二％』とより増加テンポが高い。一五反以上は建設業では上昇傾向『七、九、一二％』をみるが、運輸・通信業では低下傾向をみる」とされている。(43)

結論としては、「運輸・通信業は建設業に比較して農林漁家季節出稼者に依存することが少く給源地、出身農家階層、就業先もより特殊的である。したがって一般的労働市場として概括しえない特殊的閉鎖的労働市場としての出稼者の移動は、運輸・通信業［は］、建設業部門より特殊性がより強いといえよう」であって、やや悲観的である。(44)

それでは労働者確保の方向はどういうところにあるというのであろうか……？

結局のところ、「農外産業の発展テンポが農業の発展テンポを上まわっている」、つまりは一九六〇年代以来のいわゆる「高度経済成長」、なかでも建設土木業や製造業等諸工業や商業サービス業等々の急激かつ強大な発展によって農家経営＝財政はますます圧迫され、前にも増して没落せざるを得なくなり、廃業か、出稼ぎかを迫られた。農民はヨリ一層土建業方向へ働きに出かけ、運輸通信業で出稼ぎをしたり従業員化することは、より少なくなっていったとされた。(45)

ではどういった道が残っていただろうか――そうした情勢の中でも、日通を初めとした運輸通信業は、さまざまな形での〈縁故〉を通して季節出稼や日雇労働者を雇っていくのであるが、ますます巨大化していく建設土木関係労働市場との関係を、ヨリ一層強めて行かざるを得なかったであろう。親方制度下の各組を通じた路上手配―日雇労働者確保策もまた、そうした大きな流れの中でいっそう強まっていったであろう。これより半年後に刊行された日通総研調査で、「企業における雇傭政策、とりわけ臨時的なそれについては、農家労働力への依存を都市における労働力、例えば日雇労働者における雇傭への漸次的な転移のための諸施策等が考慮されるべきであろう」と明記されている通りである。(46)

日通を初めとする運通業におけるもうひとつの労働力補給法は、系列会社あるいは下請会社をより多数連ねていき、場合によっては(土建業におけるように)何次もの下請をその配下に置くことであったろう。他方では、海運や航空や港湾倉庫等々隣接他分野などへの進出を通して、自会社=資本の多面的な存続と発展を図るという方途もまた、まさぐられたであろう。しかしここでは、日通その他の運輸通信業通運業界各社の辿ったその後の道については、これ以上の追究はしないでおこう。

我らが問題としたいのは、その後の季節出稼労働問題についてである。

ここではその約二年後の状況を、前掲した日通総研の二つの調査研究(47)を軸として、改めて考察していきたい。

まず日通で働く労働者は、先にも一部触れたように、以下のような三種の雇用形態があると改めて前提される。

①本雇い（年功序列制的雇用の下にあり、企業内組合の組合員資格をもつ）—日通では在籍とか店籍と呼ばれている。

②臨時名義の常傭い（見習ないし養成的雇用者、その他何らか雇用・登用の資格要件を欠いた雇用者、および本雇いの定員枠—その枠は必ずしも客観的根拠があるとは限らない—を超過する雇用者であり、それらの多くは企業内組合への加入を容認されない）。日通では、「常用」、「傭員」、「特別臨時」、「試雇」、「養成員」などと呼ばれているという。

③純然たる臨時労働者（その日、その時期の作業量の増減によって雇用され、解傭される日雇い——あるいは二カ月ないし四カ月以内の期間を限って雇入れらるもの）。

つまりは、日雇い、期間臨時、季節臨時などである(48)。

この中でとくに驚くべきは「臨時名義の常傭い」の範疇に、種類が五つも挙げられていること！　しかも「客観的根拠」を欠く定員枠に入らないから、とか、「何らか……資格要件」を欠くので、といった驚くべき会社＝資本の勝手極まる条件によって、本当にそれだけの理由で！、正職にされないというのである。単に安く使いたいためだけだろう、と突っ込みを入れたくなる。

さて、総理府「三七年就業構造基本調査」によれば、季節的就業者は約一一八万人、不規則的就業者は一七六万人だという。日通など運輸通信業では、前者を軸に後者からも若干を加えて、ともに上記で言う「純然たる臨時労働者」として雇い使役することが出来る。同時にまた、それ季節出稼ぎは、低賃金であまり文句も言わずによく働き、しばしば本工並みの〝優秀な〟能力を発揮するので、日通＝会社の労働力のなかでも非常に重要な位置を占めているという。以下そういった季節的労働者の全国的な、また農区別や経済地帯別の、存在量や実情について改めて「主として農業生産、農民分解の観点から」検討していくとして、現地調査も踏まえると、以下の二つの類型に分けられるとされる。

その一は、農業経営を主としながらも農業所得が不充分なのでその不足分を農閑期における、農村外での主として現金収入で補充している、あるいはしようとする農家である。いちおう農業が主なので、第一種兼業ということになる。一～一・五町歩の農地を持つ中・上層農家がそれで、農業経営は主として女性や年寄りが担い、経営主やその跡取りの男性は季節出稼ぎなどに出ている。こういった層の農家は、今や、耕地面積を拡大し農業生産力をこれまで以上に上げようという方向性を欠いている、という見通しがされている。それどころか「さらに、外的条件、例えば通勤のための交通事情の改善があれば」出稼ぎや他業種への就職や土木建設などの人夫日雇いへの道をいっそう辿っていくことになるであろう、とさえ言っている[49]。言い換えれば、上層農家であるにも拘わらず、農業が兼業の中で占める比率割合はますます低くなっていくであろう、と予測されるというのである。

その二は、反対の極である。すなわち、「むしろ賃労働を主たる収入源とし、農業経営は家計補充的に行う農家」である。「その典型は農家というよりむしろ土地もち労働者というべきであって、恒常的通勤労働者となっているものが多い」とされる。農地は五反以下、あるいは五～一〇反程度である[50]。

これらの現象の背後にあるのは、「最近における経済成長に伴う第二次・第三次産業の雇用拡大を内容とする就業構造の変化[51]」に他ならないとされる。つまりは、いわゆる高度経済成長に基づくものだというのだ。

先ずは農林漁業従事者数の大幅な減少である――「昭和三四年から同三七年へかけての産業別就業動向にあらわれた変化の最大の特徴は、農林漁業における有業者の約二五八万人（減少率一六・七％）の減少と、非農林漁業における四一一万人（増加率一五・九％）に及ぶ増加であ」る。その中でも「被雇用者」の増減が著しい対照をなしている。つまり農林漁業以外の分野における増加は「〔まず第一に〕金融・保険業および製造業・建設業においてとくに著しく三四年〔一九五九年〕対比で約三〇～二五％前後、次いで、通信・運輸・公益事業で一五％前後、サービス業は八％前後の増加」である[52]。下の〔表5〕を見られたい[53]。

この表に見られる「就業者数の減少した農林漁水産業の、その減少の大部分を成すものは自営業主・家族従事者であり」、「反対に、就業者数の増加した非農林漁水産業では、その増加の大部分を成すものは被雇用者である。」しかも、農林漁水業業に属さない産業の大方は「被雇用者のみならず、僅かながら自営業主・家族従業者も増加しているのに、サービス業のみは、被雇用者がかなり増加している反面、自営業主・家族従業者は却って減少している」ことに気づかされるであろう、と指摘されている。

この調査研究によれば、その理由は、言うなれば高度経済成長によって小規模経営が押しつぶされ破綻したのだという。すなわち、「これらの事実は、小零細規模の自家経営が大部分を

〔表5〕産業別・就業上の地位別・昭和34～37年
就業者中仕事が主なものの人員増減数（千人）

	総　計	自営業主・家族従業者	被雇用者
総数	2146	－1746	3891
農林漁水産	－1946	－1858	－88
非農林漁水産	4091	110	3981
内建設業	436	63	373
製造業	2198	35	2163
卸・小売・金融保険	981	29	952
運輸・通信公益産業	318	12	306
サービス業	217	－25	242

出所：就業構造基本調査より算出

占める農林漁業や、非農林漁業のサービス業において、それら自営業の経営分解と、その規模の拡大（ある場合には資本家的経営への切替え）が進んでいることを反映するものであろう」と結論づけている。[54]

高度経済成長は、今ではもうあからさまになっているように、上記のような就業構造の変化を齎したばかりではなく、各分野各界、また各個人の間に、顕著な所得の格差を生み出した。金融資本を軸とした産業集団の形成によって莫大な富を集積するグループが一方にいるかと思うと、他方に公害がもたらされ、貧乏人が多数となり、寄せ場はふくれあがり、農家は食い詰めていったわけだ。[55]

農業分野に関しては、農林漁業基本問題調査会（会長東畑精一、事務局長小倉武一）の答申が先鞭を付けたと言えよう。曰く、生産性を上げて「企業的経営」を行え、そのために農地の拡大や集団化、農業の機械化、そして協業（農協の後押しを含む）による経営規模の拡大などが必要だ、従って「労働力の流動性が増大される必要がある」、「農業者の将来を農業だけでなく経済全体の成長過程の中で考え」よう、というのであった。農民を積極的に農業の外に放り出して、各種サービス業や製造業、あるいは運輸通信業や建設土木業等々における季節出稼や臨時・日雇い労働者へと転換させるべきだという議論以外ではない。[56]端的にいえば、「所得格差の是正は離農・脱農でやれ」というに他ならなかったであろう。[57]そうした考え方は、まず自民党がその骨格を提示し、次いで翌六一年六月成立した農業基本法へと受け継がれていった。――「農地保有の合理化と農業経営の近代化を図り」「経営規模の拡大」と「協業」を目指して、各種会社や農業協同組合などの農業参画にもテコ入れをするという「総合農政」が口火を切られたのであった。[58]

ここで、再び季節出稼ぎに戻る。

農林省による六万戸を対象とする抽出調査（各年実施だが、以下では主に一九六二年度版に依拠する）をもとにすると、次のように言えるであろう。すなわち、一九六二年の出稼ぎ率は、漁村二・六％、山村一・七％、農山村一・三％である。これを、対前年の伸びで見ると山村四二％、平地農村二四％と高くなっている一方、漁村は二二％減少で年々減少している。

逆に、出稼者総数に占める集落階層別の割合を見ると、平地農村が年々上昇して一九六二年には四三％を占め、次いで農山村の二九％が高率である[59]。

これらからすると、現在出稼ぎ率の高い漁村は、もうすでに労働力給源が枯渇した状態となっていることが分かる。漁村の解体はかなり進行している、あるいは解体済みとなっていることを示していると見ることが出来るであろう。

逆に、農山村部から平地農村において、労働力の外部流出が勢いを増しており、両地域における崩壊が現在進行形で加速しているであろうことが見て取れる。

経営耕地規模別（都府県）で見ると、農家上層に従い出稼者数の伸び率は高いという。とくに一・五町以上層の出稼ぎ率が高くなっている――一九六一年四三％、六二年三〇％である。

また、出稼ぎ期間はかなり長期化する傾向で、「実質的には離村就職に近い型態のものがふえている」とさえ言われている[60]。

出稼ぎ先を見ると、その大部分を占めるのが、建設土木業で、他には、鉱業、食料品製造業、機械製造業、運輸通信業などの順で高くなっている。

一九六四年三月段階での結論を、日通総研の方法論たる〈農民層分解論〉的見地から〝学問的〟用語を多用した言い方で纏めると、おおよそ以下のようになるであろう。

「『金がかかるようになった農業』と『何から何まで現金で買うようになった農家生活』の変化が、第二種兼業農家の労働力を恒常的・連続的に排出しなければならぬ条件となり、このような条件のもとで、第二種兼業農家では農業生産が自家消費を目的にして行なわれる一方、農家労働力の恒常的・連続的商品化を必須化し、農家生活の再生産の基盤を賃労働に移行せしめている。

他方、第一種兼業農家では、農業生産が農家生活の再生産の基盤になっている。しかし、農業の機械化の拡大、農薬・化学肥料の使用増加、農家生活の自給経済からの脱皮にともない、第二種兼業農家の農家生活の基盤を賃労働に移行せしめた力が、ここでは農家労働力の恒常的・連続的排出ではなくして、一時的・断続的に農家労働力を排出する季節出稼の形態をとらしめているといえよう。従って恒常的賃労働を排出している第二種兼業農家では米の現金化率の低さに示されているように、農業生産は自給的・家計補充的性格の強いものであるが、第一種兼業農家の場合は農業生産はある程度、販売を目的にした生産という性格を持っている。このような農業生産の差異は雇われ兼業農家における、「兼業」のうちに二つの主要な形態が対応していることを示すものである。その一つは、「兼業」が生活の再生産の基礎になっている形態と、もう一つは「兼業」は、農家生活ないしは農業生産の補充という形態である。[61]」

こういった事情については、鎌田慧の『追われゆく労働者[62]』がより分かりやすい、詳しい報告を行っている。以下の鎌田の話はほぼ一九六〇年代後半から七〇年代前半のことである。ただし、そこでは、これまで指摘してきたような六〇年代の端緒的現象・様相がより深刻化し明確な結果を産んでいたのだと、見ることが出来るであろう。

——引用その一。

「……スターキングは一〇月一〇日にとりいれられ、すぐ冷凍庫にいれられる。生産量もふえ、冷凍能力も限界にちかづいているそうだ。これらの設備は個人ではもてないから、問屋か農協にださなければならない。こうして双方からの支配がまた強まる。高屋さんは二、三年まえまでは、全量、農協にだしていた。農協にだして、前渡金をうけとる。そして春になってから精算する。ところが、出荷してから相場がさがってしまうとその差額を生産者が負担しなければならなくなる。つまり差額分だけを返済する事態が生じるのである。だから、一粒一粒、丹精こめてつくり、収穫し、出荷しても、そのリンゴが借金となって逆襲してくることになる。それで、いまは現金一括払いの問屋の手にゆだねることにした。

農協にいれないものは、貸しだす資金をしめあげられる。『農協は旧地主よりも性悪だ』三人は口をそろえてこういう。

一一月いっぱいで、全品種のとりいれがおわる。おわると、すぐ出稼ぎに出発する。出稼ぎにでているあいだだけ、リンゴの木の手入れができない。しかし、出稼ぎにでなければ、生活がなりたたない。矛盾である。

高屋さんはこういう。

『儲からなくてもいいから、リンゴだけでくえるようになれば』
生産者手取り四〇円、都会の果物屋ではきれいに陳列されて、一〇〇～二五〇円。この差額の谷間で、出稼ぎ農民たちは身もだえしているのだ。(63)」

――同じ鎌田書からの引用、その二。農作業との手間取りと請負耕作について。

「出稼ぎがなくなってから、井上さんは、土木工事にでたりしているほか、農作業の〝手間とり〟と〝請負耕作〟によっての増収に力をいれている。手間とりとは、農機具をもって賃労働にでかけることであり、請負耕作とは、兼業がいそがしくなって農業をしなくなった農家の田んぼを請負い、収穫高の七割をもらう耕作方法である。［秋田県］稲川町(64)農業委員会は毎年、農業労賃の標準を設定している。これは労働力を確保するための〝公平な機会〟をつくる目的で、七～八年前(65)からはじめられたものだが、五〇年［一九七五年］秋の農作業賃金はつぎのようなものである。

記

一　原則として賄なし。
二　実稼動時間八時間とする。
　　就労時間　　午前七時三〇分～一二時／午後一時三〇分～六時
　　休憩時間　　午前九時三〇分～一〇時／午後三時三〇分～四時
三　稲作業　　男子三〇〇〇円、女二五〇〇円
四　稲賃刈　　刈りかけ　一そく三五円（刈りたばの大きさは良心的に）

かさたば　一そく三〇円（刈りたばの大きさは良心的に）
バインダー　一〇アールあたり／整理田四八〇〇円（材料含む）／未整理田五三〇〇円（材料含む）
五　秋の一般作業　男子三〇〇〇円、女二五〇〇円
六　動力脱穀機　一〇アールあたり三五〇〇円（機械操作者一名）
七　ハーベスター　一〇アールあたり四五〇〇円（機械操作者一名）
八　カッター　一〇アールあたり二〇〇〇円
九　コンバイン　一〇アールあたり包装まで／整理田一万六〇〇〇円／未整理田一万八〇〇〇円
〔筆者〔鎌田慧のこと〕註＝刈りかけとは、刈りとった稲を杭にかけること。かさたばとは、刈りとった稲を逆にして地上にならべること。バインダーは稲刈り機、ハーベスターは移動用脱穀機、カッターはワラ切り機、コンバインはバインダー、ハーベスター、カッターの三つを総合した機械〕[66]

——続いて同書からの引用、その三。これは少し後のことになるのだが、関連なのでここに引用しておく。またも農協、農機具のもたらした〝功罪〟。その背後にはやみくもに近代化を推進した「総合農政」がある。

「秋田県に農機具がはいってきたのは、二四年まえの五二年〔一九七六年〕のことだったという。〝寒冷地振興対策融資制度〟として、農林省が秋田県に一〇〇台の耕耘機をもちこんだ。そのうち一〇台が無償、四〇台が半額免除、のこりの五〇台が利子補給ということで、希望農協におろすことにしたのである。すぐちかくの駒形農協は、ラジオでこのニュースをきいてさっそくもうしこみ、無

償一台、半額二台、利子補給二台、計五台の耕耘機を入手した。

当時は、単胴脱穀機が二万五〇〇〇円、米一俵二八一二円の時代だった。これにたいして耕耘機は、二・五馬力で一五万円、五馬力で二三万円だった。つまり安いほうの耕耘機でも、米五〇俵ぶんもしたわけである。それ以後、田植機、トラクター、コンバインと、農機具メーカーの増産と農協のおしこみ販売で、急速に農業の機械化・近代化がすすめられることになった。

機械化によって、その償却費負担のための農外収入依存度が強まったことをべつにしても、労力が軽減されたことはたしかである。が、農地のほうからみれば、さまざまの悪影響がでている。まず、地力の低下である。

むかしの馬耕式のように、土をすきかえすこともなく、表土をかきまわすだけの耕作だから、土壌のトレーニング不足で、肥料が全体にまわらなくなった。さらに除草剤の使用も、土に刺激をあたえないばかりか、分けつ（生育）を悪くさせる。分けつが悪いから、肥料をおおめにあたえる。発育期に肥料を多くあたえるから、稲はやわらかくなる。稲がやわらかくなって、イモチ病の抵抗力が弱まる。抵抗力が弱いから、農薬を多く撒布しなければならない。このように、機械と農薬は悪循環の関係になる。

農地と農民はおなじ自然のなかで補完しあえず、〝疎遠な関係〟となる。(67)」

新類型の季節出稼者とその給源

日通総研はその半年後にまたもうひとつの研究を発表している。「季節出稼労務者に関する調査（続）――新類型の出稼者とその給源事情」（一九六四年九月）がそれである。

そこで言われている新類型の季節出稼とは、ここ数年見られる新しい傾向だとして、下記のように説明されている。六〇年代進行した傾向の一つの到達点とも言えよう。

一　出稼者量における急激な増加、とくに非農家からの出稼者の割合が高くなっている

二　「新興出稼ぎ」産業たる建設業へ集中する一方、製造業などの比重も高まり就業は多面化している

三　半年以上に及ぶ長期出稼者の割合が高まり、それが連年長期出稼ぎとなり、ついには本業化して賃労働者・「恒常的勤務者」に至る傾向が看取される。(68)すなわち、四～七月に就業して一一～一二月に離職し、翌年一～三月の間はそれの失業保険金と就労中の貯金とで生活をするというスタイルである。

それも、第一種兼業農家の場合は人夫、日雇が多く、第二種の場合恒常的勤務者ということが多い。(69)そういった出稼ぎの主力は「一家の基幹労働力」で、単なる家計補充にとどまらないものになっており、(70)一九六二年において世帯主が三七・六%で、後継ぎが三九・八%、両者併せると七七・四%になるという。(71)

こういった農家人口の第二次ないし第三次産業への地すべり的流出・急減少傾向は一九五六、五七年頃から顕著になっており、農家人口の就業者職業全体に占める比率は、一九五四年三九%、五九年三二・二%、六三年二六・九%と年々減少している。(72)農山村や山村の解体が、つまりは荒廃がこの時期急速に進行したのであった。(73)

ただし、国家などによる老後・社会保障が欠けており、あるいは不充分なために、農家は「零細地片を前提とする農業生産」つまり自家消費用の米作りを決して止めないという。それは「社会保証の代替」の役割を果たしていたとされている。(74)

そういった「春夏、秋冬の両期に亘り、あるいは就労六カ月以上の比較的長い」新型の季節出稼者は、

「営農条件の悪い地帯で、労働市場が近辺にない地帯から多く排出され、比較的力役的職業につき、その就労職種もかなり多面的である(75)」とされている。そういった新型出稼ぎ傾向は、一九六〇～七〇年年代を一つの中心として、全国各地の農山村、漁村等々に広まりつつあった。個々の農山漁村は解体されて、農協、漁協以下の「協業」団体や一般の法人会社（後には流通商業資本さえも）が、農業や漁業＝水産（加工）業に参画するようになっていったのである。六〇年代は、そういった大資本による農漁業支配への道が開始され驀進していった時期であったと、明確に意味づけられるであろう。

一九六〇年現在において季節出稼者三〇〇人以上を出している市町村を一覧表にして記したので参照されたい(76)。第一次産業の解体と荒廃状況の全国的な蔓延の一端を窺い知ることが出来るであろう。これらの市町村の具体的状況については、いずれヨリ詳細に、また長い時間尺度をもってぜひ見てみたい。（　）は季節出稼者人数。

青森県
弘前市（六一六）、三沢市（五七五）、上北郡百石町（五四五）、東津軽郡今別町（五四四）、大湊田名部市（四九二）、野辺地町（四六三）、青森市（四二六）、南津軽郡平賀町（四〇七）、下北郡脇野沢村（三九二）、八戸市（三五四）、平内町（三四八）

岩手県
陸前高田市（一五二五）、久慈市（一三一八）、紫波郡紫波町（一〇八〇）、宮古市（七九四）、岩手郡葛巻町（六三六）、稗貫郡石鳥谷町（五二五）、岩手町（四六二）、九戸郡大野村（四二三）、軽米町（四一二）、気仙郡三陸村（三八六）、種市町（三七二）、東磐井郡大東町（三二七）

宮城県
　桃生郡北上村（三七一）
秋田県
　男鹿市（二一一三）、南秋田郡琴浜村（八五四）、山本郡八滝村（八〇二）、天王町（四五七）、能代市（三九七）、平賀郡山内村（三七〇）、藤里村（三三六）、琴丘町（三二二）、雄勝郡羽後町（三〇三）
山形県
　西置賜郡白置町（一一〇二）、西村山郡朝日町（一〇六六）、村山市（八八〇）、西田川郡温海町（七一三）、酒田市（六〇八）、寒河江市（五五一）、飽海郡遊佐町（五二八）、長井市（四六二）、鶴岡市（四五三）、山形市（四〇八）、大江町（四〇八）、河北町（三七八）、西川町（三七六）、尾花沢市（三四二）
福島県
　伊達郡梁川町（三〇七）、霊山町（三〇〇）
茨城県
　鹿島郡大野村（三九二）
新潟県
　東頸城郡松代町（一五九二）、小千谷市（一五五七）、刈羽郡小国町（一四六四）、三島郡越路町（一四三七）、中頸城郡吉川町（一一五七）、高柳村（一一〇一）、柏崎市（九九二）、神崎町（九五七）、松之山町（九四〇）、十日町市（七九七）、大島村（七六一）、栃尾市（七四九）、北蒲原郡聖籠町（七〇八）、頸城村（六三九）、中魚沼郡川西町（六一二）、佐渡郡相川町（五七三）、安塚町（五七六）、津安町（五五七）、黒姫村（五三〇）、寺泊町（五〇五）、浦川原村（四八八）、南魚沼郡六日町（四七三）、西頸城郡能生町（四一七）、直江津市（四〇七）、新潟市（三九六）、大和村（三八七）、新発田市（三七七）、古志郡山古志村（三四九）、北魚沼郡川口町（三二一）、長岡市（三一〇）、中里村（三一八）、広神村（三一〇）、中条町（三〇八）

富山県

氷見市（九四一）、下新川郡朝日町（七八二）、入善町（七六四）、中新川郡上市町（四〇五）、礪波市（三四六）

石川県

珠洲市（一五三二）、河北郡内灘村（六四四）、珠洲郡内浦町（四一九）

福井県

大野市（三〇三）

長野県

飯山市（六〇二）、北安曇郡小谷村（四〇二）、諏訪郡富士見町（三三五）

三重県

志摩郡大王町（三九四）

京都府

福知山市（三四四）

兵庫県

美方郡美方町（一一八四）、温泉町（一一一〇）、村岡町（六一〇）、穴栗郡一宮町（六五）、多紀郡丹南町（五三七）、多紀町（四〇七）、養父郡関宮町（三四五）、篠山町（三四三）、山崎町（三一二）、

城崎郡香住町（三〇五）、城東町（三〇五）
岡山県
笠岡市（四四八）、浅口郡寄島町（三一四）
広島県
豊田郡安芸津町（五八六）
愛媛県
西宇和郡伊方町（四五七）
福岡県
柳川町（六二六）
長崎県
福江市（三九五）、平戸市（三四五）、南松浦郡有川町（三一八）
大分県
南海部郡蒲江町（五九九）、上浦町（五三七）、日田郡大山村（三四三）
宮崎県
東臼杵郡北浦村（三一三）
鹿児島県
川辺郡笠沙町（七二四）、阿久根市（五二四）

土建業などへの就労経路と作業実態における重層的支配

この時期になると就業先は、圧倒的に土木建設業である。元請会社と言うよりも、何次にもわたるその下請会社という場合も多い。ここでは、そういった複雑な支配関係や、実際の作業指揮の状況などを、出来るだけ史料的に確認しておきたい。

先ずは、前掲一九六四年三月刊行史料で指摘されていた就労経路の一例である。土工出稼ぎのとくに多かった（一九六三年高田職安安田出張所資料に依拠）新潟県中頸城郡の松代町や松之山町を示唆しているようなのだが、明示はされていない。地域（部落）関係が比較的強く、それが出稼ぎとも深い連関をもっているという論旨の下に、次のように述べられているので、ここに最初に引用しておきたい。

「某土建会社の事例　当社では、先ず、PR映画と講演を開き、その後世話役（作業の棒心）に世話になり、「義理を押売りする」ことによって二〇～三〇人集めさせるようにする。この世話役には一諸に働いてもらい、苦情処や、私生活をみてもらうことによって、この人に管理費を若干支払う。農民は親分、子分、本家、分家関係を重んずるのでこれをうまく利用する。また、できるところでは、地元に某社特約の組織をつくり、他社の侵入を防ぐ。また、村の顔役が来社してきた際にはもてなしをして給源の恒常性を保持する。(77)」

同書の叙述は、「個別経済がより発展すれば、こういったことは衰退する」と続けられている。経済の発展に拘わらず、個意識が進めば上記のようなことは衰退し廃れるかも知れないが、反面、出稼ぎに行くとしたら、何らかのコネとか、中心になる人物に頼るといったことは継続するのではなかろうか、とも考えられる。論証ではなくて実証の必要とされるところではあろう（これについては後でまた触れる）。

次に、新潟県松代町から各地に出稼ぎに出て行って土工として働いた場合である。

松代町役場資料をもとにして、〔表６〕である。土建業の場合、支払われる賃金の取り決めやそのくわしい実態は明らかではないとして、内容詳細の比較的明らかな⑥を例として取り上げて、働いた人自身が実際に受け取るであろう賃金の計算をしている。その上で、炭鉱夫の場合と比較をしている。

土工の場合は雨天は働けず、その場合賃金は貰えないので、受け取る賃金額も天候次第のところがある。その上、「馬鹿にならぬ金額」の「布団代ないし宿舎費が差し引かれる」、これは必ず差し引かれるのである。飯場の書式と呼ばれる、宿舎のさまざまな費用が時価に比べて格段に高いことは、今ではよく知られているだろう。従って、働く側は、結局残業で稼がざるを得ないことになる、残業へと追いやられるのである。それは、賃金の高い炭鉱夫の場合とまったく同じだとされている。

いずれにせよ新潟県の奥地から全国各地に飛んでいる

〔表６〕建設業出稼にみられる労働条件の事例（1963年）

会社名	所在地	職 種	就業期間	労働条件その他
①前田建設工業(明石製作所)	明石市	土 工	?	月収30000円
②友利建設	東京杉並	〃	?	〃35000円
③石 田 組	千葉市	〃	?	〃25000円　食費、布団代7500円
④丸越工業	大宮市	〃	?	〃28000円　食費、会費7500円
⑤太陽工務店	横浜市	〃（土掘、地均、埋立）	11/1～4/30	〃26000円食費3000円
⑥前田建設	岐 阜	〃（新幹線工事）	6/25～4/15 6/25～8/10 11/1～4/15	日収手取920円 労働時間7：30～4：30　残業3時間有
⑦吉川組	京 都	宅地造成・整理	11/ 1～4/30	月収23000円　労働時間7：00～6：00
⑧前田建設	岐 阜	ダム工事終了に伴う設備撤去作業	10/ 1～4/30	月収28000円　労働時間8：00～5：00

ので、土建会社側ないし松代町か同町のいずれかの部落に、出稼ぎ土工を引き合わせ紹介する人物、ないしは土建会社の勧誘員のような存在（その双方かも知れないが）は、必須であっただろうとも考えられる[78]。賃金や作業の詳細は、役場資料をもってしても良く分からないということで、聴き取りがなされている。以下はその聴き取りから得られた知見であるという。三点の事例が挙げられている。

その①：愛知用水工事に見られる一事例

松代町菅刈部落から数名の出稼ぎがこの工事に出ている。この工事を請け負っているのが松尾建設であり、その下請けが朝日工業で、新潟県十日町の恩田組がさらにその下請けをやっている。恩田組では、作業種毎に分割していくつか班を作っている。この数名の出稼者を「直接……指揮・管理しているのは、松代町の会沢部落の農業をやっているおなじ出稼者のUである」という[79]。

松尾建設*
│
朝日工業
│
恩田組
│
班長（リーダー）
│
出稼者　出稼者　出稼者

*元請けか否かは不明

しかも、班長のUは「出稼者でありながら、工事の一部を請け負って」おり、恩田組は一つのトンネル会社にすぎないのだという。Uは「工事の管理者で同時に請負業的色彩を持っている」。各出稼者の賃金は出来高給になり、残業で賃金額を上げるといったことは出来なくなる。布団代、食事代は別にとられている。

このケースが一番「広い範囲にわたって行われているとみられる」ので最重要と見なされている。(80)

（「秋田の県南地方の土建業出稼ぎの場合は主要な形態であるといわれている」という）

その②：おなじ愛知用水の工事のひとつで、ヒューム等を埋める作業。

鹿島建設——丸八土建
- 丸八土建社員＝親方——出稼者
- 丸八土建社員＝親方…——出稼者
- 丸八土建社員＝親方——出稼者

丸八の社員が親方として出稼者を直接管理している。しかし、出稼者を雇っているのは丸八土建である。

この場合、賃金は日給月給制で、固定給である。

前掲表Ⅳ—一四の計八社はこういった「ケース」であろう、とされている。(81)

その③：前掲②の変形

地元松代町の土建業者・室岡組が神奈川県相模原の仕事を、再（再）下請けしており、この室岡組が地元の季節出稼者を雇用して工事をしているというケース。②の親方が、地元の土建業者に入れ替わっているだけだという。(82)

ここで、松代町の季節出稼者の就労経路について纏めておこう。

「松代町出稼組合」一九六三年八月三一日結成。町の財政援助も受けている雇用媒介機構で、会務を司る幹事に町役場職業係が就任。また、就業業種別リーダー（世話役）というのも居て、組合役員にも就任、長年の出稼者でその経験を生かして「世話役」として各方面への連絡など種々活躍している。現在、同町に六〇〜七〇名居る。

「職安を通じて役場へ来た求人案内は、役場募集係から部落長を経て、各隣組単位に回覧され、リーダー会議で、雇用条件等を検討して、適職について斡旋が行われる。リーダーは、個々の出稼者を誘い合せて、グループをまとめる。このように職業係とリーダーとの連けいのもとに斡旋が行われている。役場での聴取りによると、企業の募集人（労務担当課長、係長級、中小企業では部長、重役級も来る）は、その際リーダーの所え《ママ》も立寄り協力を依頼していく例が多いとのことである。(83)」

酒造研究会――グループ就職の形態をとっている

染色出稼ぎ――「循環雇用」。全国組織の日本注染労働組合の傘下＝東頸地区睦会に組織化され、埼玉県熊谷・行田、東京都江戸川・江東・葛飾各区、神奈川県川崎などに会員優先工場がある。今や中高年層が多い。

土工と炭鉱夫の場合――層が重なるところがある。(84)

炭鉱の労務係長が出向くこともある―役場、リーダーと会い現地見学を勧められた。岐阜や茨城などの炭鉱へも行った(85)

土工の場合――跡取りが約半数を占めている。「その就労経路は、聴き取りによると

①土工出稼ぎの父と一緒に

②土建下請業者（群馬県で）である兄の班に入って

③親類の紹介で世話役を知り、その世話役の口ききで
④土建出稼リーダーを通じて
⑤地元土建業者の誘いで（地元土建業者が冬期、地元では仕事がないから下請班を編成して神奈川へ出ている）等であり、一部、血縁を通じてのほかは、リーダーを通じて、グループで出る場合が多いようである。」と纏められている。運輸業も土建と同じであろう。(86)

これまで見てきたような、出稼ぎ労働者の雇用というか、獲得確保の仕方というものは、当時までの秋田県の場合にもかなり類似しているという。秋田県の場合、確かに職安経由の出稼ぎは増加しているのであるが、それにも増して職安を経由しない出稼ぎはより多いとされている点が注目を惹くのである。秋田県南の場合、松代町の場合の①と同様のケースが多いといわれる。すなわち「村の世話役の口きき、親類・知人の勧めで就労する出稼者が大部分といわれ、求人側も募集人を使って農村回りをして募集するという方法をとらずに、建設業の場合などでは、募集人との下請契約を結んだ村の人が、下請仕事を遂行するために近くの農村の知人、親類の人々を集めるという形態をとることが多いようである」とされているという。(87)一九六三年頃の雄勝郡の史料に依っているので、その後どうなっていったか、変わりはないのかどうかが一番問われるところだが、当面そこは不明である。

終わりに

農業や漁業、それに林業など、いわゆる一次産業は今後どうなっていくのであろうか？またそういっ

た産業の集中していた（している）地域・地方は、今後どういう方向へ向かうのであろうか？　東日本大災害からの〈復興〉が声高に叫ばれている昨今であるが、それは一体どういう方向に向けての復興なのであろうか？　ＴＰＰで国際参加と言われるなかで、その影響はどのようなものとなるのであろうか？　自然災害ならびに人災たる原発事故からの、いわゆる〈復旧〉によって、日本列島、いや文字通り地球の明日はどうなっていくのであろうか？　原発を再稼働させて旧に戻すことによって、何事かが良くなるとでもいうのであろうか？

いわゆる一次産業と地域・地方は今後どういうふうになっていくのであろうか？　政府官僚は、そしてまた各政党は、どういう方向を採るべきと考えているのであろうか――疑問は尽きない。

一つの例として、宮城県知事・村井嘉浩の言を参照してみよう。二〇一二年三月八日付朝日の「オピニオン」欄中のインタビューで、村井は以下のように言っている。

「――被災漁港の整備に優先順位をつけた狙いは。

一四二漁港のうち六〇漁港を優先します。すべて直すには時間がかかり、漁業者の高齢化も加速するので、選択と集中をせざるを得ません。残りの港も使えるようにはしますが、以前のように戻すのは経済効率性からも難しい。

農業も同じです。後継者不足を考えれば、一つのトラクターで広い面積を耕すような大規模化・集約化が必要なのです。

――漁業権を民間開放する「水産業復興特区」の準備はどうですか。

会社を立ち上げ、まずは漁協の下に組合員として入ってもらい、二〇一三年度の漁業権の免許切り替えの時に独立する形が望ましい。民間の技術力や経営力を採り入れ、生産だけでなく、加工・流通・販売まで一体化すれば、付加価値を上げることができます。

――「ものづくり特区」はすでに認定されました。

水産業の雇用回復には、市場から加工場までの流通の復旧が必要です。早く再建したいので申請を急ぎました。外から新しい血を注ぐ大きな呼び水になるでしょう。（聞き手・高橋昌宏）」

これは紛れもなく一九六〇年代以降に政府官僚たちが考え実践してきたような第一次産業の大規模化、機械化、いわゆる近代化であり、漁協や農協等々の大中規模の法人＝資本による包摂という路線に他ならない。一九六〇年代以降この国の官僚＝資本（巨大独占から中小や協業会社といった）が考え目指してきたこと――第一次産業は潰し、地産地消とか自家消費とか自給などは要らないという破滅的なやり方の総仕上げであり、歴史的決算以外の何物でもない。それも、復興の名において、それをやっていこうというのだから鉄面皮というほかにもはや言葉は無い。

註

(1) 日通の労働組合関係の史料は、労働図書館などに若干あるようだが、現在のところ未見である。しかしながら、おそらく臨時雇い関係のものは含まれていないのではないかと考える。

(2) 一九六一年三月株式会社として創設された。同七月、経済調査部（この中に労働経済調査が含まれている）設置、少し遅れて経営管理部が設けられ間もなく研究所の形が整ったという。当時事務所は神田旅籠町にあった（以上は『日本の輸送革新』日通総合研究所一九六四年刊、四三七頁）。現在は港区東新橋（汐留地区）の日本通運本社ビル内にある。「物流」という語は、同研究所員が physical distribution を物的流通と訳したことが元になっているという（ウィキペディア 二〇一二／〇三／一二付）。
（3）前掲『通運荷役労働の性格』一九六二年一〇月刊、東大社研所蔵、一三頁。なお、この調査に関して「協力者として東大社研研究者二名が共同して、対象選定、調査項目決定、整理集計、聴取調査、史料整理等を討議し、これが推進に当たることを原則とした」とある（同書六頁）。氏原正治郎とその門下生などの協力が想起されるところだが、今のところ詳細は不明である。
（4）同書一四頁所載のⅠ―第二表から抜粋。
（5）同一五頁。
（6）同前。
（7）同一九頁。
（8）同七三頁。
（9）同一八、一九頁。
（10）同二一頁。
（11）同六五頁。
（12）同二二～二四頁。
（13）同五九、六一頁。
（14）同前。
（15）こういった点についてはこの後の章節でさらに詳述していく。
（16）一九六一年上期のもの。同七七頁所載。
（17）聴取りによる、というので一九六三年現在。同八〇頁所載。
（18）八八頁。
（19）八五頁。
（20）同前。
（21）八五頁所載のⅡ―三表から一部を抜粋した。

(22) 後に参照予定の『通運荷役労働の性格—資料篇』六二年一〇月刊、七頁。
(23) 同『資料篇』七頁など参照。
(24) 同前一〇頁。
(25) 同二三頁。
(26) 同二四頁。池袋職安は戦後の一時期求人数などで隆盛を誇っていたようである。年報『寄せ場』二四号所載の拙論の、とくに一〇五～八頁（本書一七三～六頁）などを参照されたい。
(27) 同前『資料篇』三一～二頁。
(28) 同前四一～二頁。
(29) 同五九頁。
(30) 同六〇頁。
(31) 同前。
(32) 同五八頁。
(33) 同一〇～一一頁。A店所における事例である。
(34) 同一〇頁。
(35) 同前。
(36) 同二一頁。
(37) 同五八頁。
(38) 同五九頁。
(39) その纏めが『運輸通信に就業する農林漁家季節出稼者の性格と給源地』一九六二年三月刊［推定］である。
(40) 同書一七頁。
(41) 同一四頁。
(42) 同一九頁。
(43) 同二一頁。

（44）同二二頁。
（45）同二三頁。
（46）後掲『季節出稼労務者に関する調査（続）』一九六四年九月、九一頁。
（47）日通総研経済調査部『季節出稼ぎ労務に関する調査―雇用労働力調査の一環として』一九六四年三月刊、および、同『季節出稼労務者に関する調査（続）―新類型の出稼者とその給源事情』である。いずれも刊行所や編者から寄贈されて東大社研が所蔵している。引用は、前者の三～四頁からである。
因みに、前者の目次は以下の通りである。

目次

後者の目次は次の通りである。

内　容　目　次

V―iii　秋田県における季節出稼者………　一三一
VI　農家季節出稼労働者の就業経路………　一四三
　―新潟県東頸城郡松代町の事例を中心として
VI―i　新潟県の季節出稼労働者の入職経路………　一四四
VI―ii　松代町の季節出稼者の就業経路………　一五一
VI―iii　秋田県（青森県）における季節出稼者の就業経路の事例………　一六二
(48)前掲『季節出稼ぎ労務に関する調査――雇用労働力調査の一環として』一九六四年三月刊、三～四頁。
(49)同前一〇～一一頁。
(50)同前。
(51)同二二頁。
(52)同二五頁。
(53)同二七頁所載。自主は自営業主で、家従は家族従事者のそれぞれ略語である。
(54)同二六～七頁。
(55)例えば、有沢広巳監修『昭和経済史』中、日経文庫、一九九四年刊、を参照せよ。
(56)一九六〇年五月一日付同調査会答申、『資料・戦後二十年史 二経済』一九六六年、日本評論社、三一四～五頁所収。
(57)並木正吉「変わる農業」前掲書二四三～四七頁。
(58)[第二次池田内閣]周東[英雄]農相の「農地法を一部改正する法律案提案理由説明」一九六一年二月二八日、前掲『戦後二十年史　二経済』三一六～七頁。
(59)前掲日通総研経済調査部『季節出稼ぎ労務に関する調査』九三頁。
(60)同九八頁。
(61)同一五一頁。
(62)この本は、一九七六年に刊行された『逃げる民』を、内容はまったく変えずに、題名だけを変えたものである。鎌田慧は、筆者の尊敬する数少ないジャーナリストのひとりだが、こういった改題は頂けない。誤って両者を買ってしまった。
なお、以下の引用は、ちくま文庫一九八七年版から行った。
(63) 鎌田同書、一九六〜七頁。農協による農家・農業支配という問題は、改めて取り上げて検討しなくてはならない問題である。かつて常総農民を大衆運動によって牽引し一時代を築いた山口武秀も、筆者らへのインタビューで「農協が戦後の農民運動をダメにした」という趣旨の発言をしたことがある。鈴木正節との共編著『昭和史を歩く』(第三文明社、一九七六年)二二五〜五〇頁を参照のこと。
(64) 現在は湯沢市に合併されている。
(65) 原書刊行が一九七六年なので一九六八〜六九年頃ということになる。
(66) 鎌田同書二〇四〜五頁。農機具メーカーについての検討も必要とされる。大独占のコマツの場合のように、兵器を製作している例もあるので。
(67) 鎌田同書二一一〜一三頁。
(68) 前掲『調査(続)』四頁。
(69) 同一六頁。
(70) 同四四頁。
(71) 同二六〜三七頁。
(72) 同一〜三頁。
(73) 同一六頁。
(74) 同九一頁。
(75) 同四九頁。
(76) 同書三六〜七、四九頁による。原史料の順番を並べ替えて、出稼者数の多い順にした。なお町村合併以前のものなので、住所表記が現在とは違っている可能性がある。
(77) 前掲一九六四年三月刊行の『季節出稼労務調査』一二一〜二三頁。
(78) 同前一九六四年九月刊行の『調査(続)』一〇七頁所載の表Ⅳ—一四である。同表には「月収手取」とあるが、「日収手取」の書き誤りである。
(79) 同前書一〇九頁。
(80) 同前一一〇頁。
(81) 同前。
(82) 同前。
(83) 同書一五五～一六頁。
(84) 同一五七頁。
(85) 同一六一頁。
(86) 同前。
(87) 同一六六～六七頁。

第6章　「冷戦」体制下の〈日本本土〉と〈沖縄〉

本稿は、日帝敗戦直後、巨大土建資本が、半壊の日本官僚機構から巨額の賠償金なるものを奪い取った件をまず取り上げた。名目は、戦時中および戦後、強制連行した朝鮮人や中国人の炭鉱夫などの決起を止めたから、というもの。次に、特建協力会なるもの（これは後に特別調達庁となる）を官僚と民間（ほぼ土建業関係者）とで造り上げ、占領軍関係者の入る接収建物の改修や新築を受注していった。かくて、土建資本は「土建ブーム」という復興景気に沸いた。次いで一九五〇年代初め頃以降は、米占領軍の手厚い庇護の下に沖縄基地および関連工事の建設に従事し、莫大な利益を上げた。その基礎となったのは、奄美や沖縄出身労働者に対するタコ部屋支配であり実に苛酷な搾取であった。こうして、土建大独占資本と日本官僚制と米占領軍権力は、相互に通じ合って三位一体の巨大権力を形づくった。背後には、〈白色帝国〉と〈赤色帝国〉の対峙状況といういわゆる冷戦対立の国際的背景があった。琉球弧やベトナムを踏み台にして、今日の日本および日本人のあることを我々は銘記しなければならない。

1　巨大独占土建資本の形成

敗戦後日本の巨大土建資本は、「戦時中、国策によって、能率の悪い朝鮮人や中国人を使うことになった、また戦後初期には国策で休業させられた」といったことを口実として、その補償を政府に要求した。

日本建設工業統制組合（理事長・竹中藤右衛門）内に外地労務対策委員会（清水康雄、鹿島新吉らが担当）を設置して、大蔵、厚生、商工各省と折衝に当たらせ、一九四六年五月末頃、実際におおよそ四千六百万円弱を受け取った。同六月末までにその金は、鹿島組、大成建設（株）、（株）間組、（株）西松組、鉄道工業（株）、（株）飛島組、（株）熊谷組、荒井合名、伊藤組、（株）地崎組、瀬崎組、（株）菅原組、（株）川口組、土屋組に分配されて支払われた。(1)（本書「はじめに」参照）

この金が、敗戦直後土建資本が再生する大きなきっかけとなったことは疑いないであろう。もっとも、戦時中にもすでに陸海軍と連なって大きな利潤を上げていたので、こういった敗戦後における一方的な国家資金奪取は、同資本の更なる飛躍—独占資本化あるいは寡占化を進めていく上で無視し得ない促進要因となったと言った方が当たっているかも知れない。

戦中期以降強制連行されて日本国内に止まっていた朝鮮人、中国人労働者は、日本敗戦直後から彭湃として決起し解放と待遇改善を求めて実力決起していた。政府官僚側は、土建資本に対し、そういった一連の状況を押し鎮め彼等を温和しくさせ抑留し続けることを期待し（要請し）た。こうして土建独占資本と国家官僚制は、戦後体制初期頃から、裏で密接親密な関係を取り結んでいたと認められる。

『占領軍調達史—調達の基調—』に以下のように記されている。

「さて、三月二〇日、三課制をもって出発した戦災復興院特別建設部は業務の増加に伴って同年五月一五日、分課規程を改正、新たに四課制となつた。

このようにして建設工事の機構は、中央、地方を通じて漸次ととのえられて行ったが、二万戸の家族住宅を占領軍の指示どおりに設営する現実は決して容易なものではなかった。その間の情況は後章で説明することにして、まづ、要求の内容そのものが、敗戦日本が終戦後、半歳余で背負う責任としては過重であったし、またそれは外国軍隊を要求者とするまだ経験したことのない一大建設事業であった。したがって、単に官公庁機構の整備ばかりでは達成されるものではなく、広く建設業界各種メーカー等民間側の協力を必要としたのである。そこで戦災復興院は、民間の協力を確保する措置として、〔一九四六年〕五月一五日、資材供給者、土木建築請負業者をあつめ、官側への協力、業者相互間の連絡協調をはかるために、特建協力会結成準備会を開いた。一方、業界もこの状勢に応えて、同一四日、日本建設工業統制組合理事長竹中藤右衛門ほか関係業者二十数名が特建協力会設立を協議し、六月一日その発足を見るにいたったのである。持建協力会の主たる活動は、金融関係業務、特殊物件事務取扱、納入資材の検収の迅速化、工事現場における隘路打開に関する協力、右隘路打開のための会議開催、「特建情報」頒布、業者間の連絡協調等であったが、創立一カ年をもって、おおむね、所期の設立目的を達成し、かつ調達一元機関としての特別調達庁発足の決定をみるに至ったため、昭和二二年五月末をもって解散するにいたった。その他民間協力機関としてあげなければならないのは、交易営団の買付代行、旧三井物産、三菱商事等その他の納入代行等があるが、これらについては需品編で説明することとする。

かかる官民の協力体制の中に特別建設部は、一一月一日、終戦連絡事務局より、『維持管理を除く一切の建設工事に関する事務』を引継いでその組織を拡充し、特別建設局に昇格、さらに福岡市に特別建設出張所が増置されたのである。(2)」

戦時中軍需関係物資を一元的に管理していた日本建設工業統制組合の理事長・竹中藤右衛門ほか関係業者二十数名が、特建協力会の創立に密接に関与した、というところが注目される。同会設立が一九四六年六月一日で、国家補償金なるものが大土建資本側に支払われたのが同年五月末ということで、両者は時期がひどく近接しているからである。その間に取引のようなものがあったのではないか、と推測してもあながち不当とは言えないであろう。実際、加藤恭平戦時建設団（日本建設工業統制組合の前身団体である）委員長や鉄道工業の菅原会長が、「昵懇の」芦田均厚相や渋沢敬三蔵相と「個人交渉をなし」「相当の裏面工作が行はれた」とも明記されているのである。(3)

世界を相手の無謀な戦争で敗色濃厚になった一九四五年一月二七日、どうやらこうやら軍需会社扱いとなり戦時体制に入れて貰った（大）土建資本(4)にとって、敗戦後、尾羽打ち枯らした官僚制と対等に腕を組んで米占領軍と向き合い、ともどもに戦後〈冷戦体制〉の一廓を形づくる最初の一歩であったと見なすことが出来よう。もちろん、（スーパー）ゼネコンへの確実な一歩であったことは間違いない。

『竹中工務店七十年史』は「⑪GHQと特別調達庁の表彰」という項目で言っている――

「連合軍が進駐してきて以来、全国にわたる設営工事は厖大で急速を要するものばかりであった。それが改造であったり、改修であったり、バラックであったりして質的には決して喜べるものではなく、接収建物の改変などは、胸にいたいほどのものが見られた。しかしこれらの要求は至上命令であった。或る場合には銃剣に脅かされて職員、労務者が何処ともなく拉致されて作業させられることすらあった。生命の保証すらないと言っても過言でない事例も無かったとは言いきれない。それは占領という現実では、やむを得ない現象であって、これが占領軍最高部の精神ではあるまいとわれわれは歯をくいしばった。物資の統制がいかにきびしくても、これに違反することなしに工事を完遂することは不可能であった。だからといって業者が手をあげてしまっては、日本の運命がどうなるか、亡国に追いやられかねないのであった。これが日本建設工業統制組合が結成され、特建協力会が生まれた要因でもあった。竹中藤右衛門は、統制組合の理事長と協力会の会長に推されて就任した。

昭和二二年九月に特別調達庁が設置されてからは、発注方式も軌道に乗ったとは言うものの、そこには自主性が稀薄で、受注側から見れば進駐軍の善良な代弁者の感じが強いものであった。これも日本の窮乏した財政の中でのあがきであることを考えると、日本人同志《ママ》で争う気にはなれなかった。いずれにしても、われわれは仕事と取り組んでいった。業者の宿命として苛酷な現実に耐えて工事の完成に努力した。

昭和二三年一一月一日、ＧＨＱは業者の施工技術、作業能力、信用度などの各点を総合採点した結果を発表して、竹中工務店が業界のNo.１だと認定した。

昭和二四年九月一日、特別調達庁はその開庁二周年記念として、次の諸工事についてそれぞれの支店を表彰した。

パーシングハイツ第一号館改修工事　東京支店
神港ビルその他の維持修理及中小工事　神戸支店
大津水耕農園、冷蔵庫新築工事　京都支店(5)」

一方、同じ頃の清水建設社史には次のようにあった。

(1) 進駐軍接収施設の改修工事

敗戦で海外支店を失った当社は、戦災復興工事はもちろん各地の工事を大小にかかわらず入手する方針のもと、支店、営業所、出張所、連絡所を増設して受注活動に努めた。また工事入手できたとしても、建設資材の不足と高騰によりその調達は困難を極め、施工にはたいへんな苦労がともなった。

そうした当社が、戦後復興へのあゆみをいち早く開始できた背景には、GHQから進駐軍接収施設改修工事（進駐軍工事）の相次ぐ発注があり、当社が万難を排して改修・復旧・補修および住宅などの設営をおこなったからにほかならない。

昭和二〇（一九四五）年九月、GHQはマツダビル（昭和九年に当社施行）を接収し進駐軍施設として利用する目的で、当社に改修を命じた。これを皮切りに、昭和二〇年には公共施設、金融機関、オフィスビル、ホテル、デパートなど、二一年には飛行場、ホテル、工場、軍施設など、全国各地の接収された各種施設工事を受注していった。

しかし、GHQの厳しい監視下、緊急な工期、食糧や資材の不足、輸送難に加え、契約慣習の違い、米国人担当官との摩擦、言葉の行き違いなどの苦労がつづいた。(6)」

こちらもまた、GHQの覚えが目出度かったことを、ひどく強調している。そのための建設資金として終戦処理費が使われたとも言っている――「戦後の建設業界は、二つの景気の山と一つの谷を経験した。山の一つは戦後一般経済の混乱に好景気を謳った所謂「土建ブーム」と称された復興景気であり、他の一つは朝鮮動乱景気の後を受けた所謂「ビル・ラッシュ」と称する景気である。

「『土建ブーム』または『土建インフレ』と云われた復興景気は、生産の停頓した荒廃の焼土の中で特に地方都市の商店・住宅の建設に目覚しく、その上厖大な終戦処理費の支出は殆どが進駐軍施設の設営に当てられているままに、之等を請負って工事の完成して行く建設業界の活躍は大きく経済界を刺激した。(6)」

こちらはGHQが接収した建物などの改修工事および地方都市の商店や住宅建設に力を注いだことを強調している。戦前期に海外侵略の尖兵の雄であった清水は、戦後なりふり構わず地方や民間のチャッチイ仕事、戦前反米であった筈なのに占領米軍の設備等改修工事など、どんな仕事をも受注してただひたすら利益追求に憂き身を費やした図と言えよう。

ここで一つ注目されるのは、終戦処理費を進駐軍工事に振り向けたということと、四七年一月以降には復興金庫の融資を受けた、という言及である。この後もう少し詳しく事実を追及し確認していきたい。なお、大林組の社史に、一九四五年度の主要建設業者の施行実績一覧なるものが載っているので、孫引きになるけれど【表1】に引用しておく。(7)

こうして日本本土では旧来の官僚制と大独占土建資本、そして占領米軍の三位一体体制が出来上がった。その体制は、米ソ両陣営が冷戦対峙するなかで、日本および沖縄は、米国を中心とする「反共」「民主主義」陣営における極東地域の枢軸たる役割を担わされ、否応なくその機能を果たすことになるのであった。沖縄および日本本土は、朝鮮戦争、ベトナム戦争時においては、冷戦そのものでは無くて〝冷戦の中の熱い戦争〟の拠点――B29やB52などの爆撃機やその他戦闘機、輸送機等々の発進、給油、駐留等々の基地――としての役割を担わされることになる。

この時（以降）日本および日本人は、朝鮮やベトナム（人）の限りない苦難を糧に一方的に肥え太っていくのであった。戦後のあのような苦難――上野地下道での生活を想え――は、そのように沖縄・奄美等を踏み台として乗り越えられていったのだった。

2 沖縄の基地網と米帝の極東戦略

初めに、沖縄現地に焦点を当てて大まかな経緯を確認しておきたい。

平良好利『戦後沖縄と米軍基地―『受容』と『拒絶』のはざまで』によれば、米国―米軍の沖縄に対する評価・位置づけは、以下に見るようにその時々、またプランを提起する部局の意向によって、積極利用と放棄論を両極として大きくぶれ、また基地利用の目的や役割機能もまたかなり変遷していたという。――

一九四五年一月 ニミッツ軍、「アイスバーグ作戦」立案――沖縄を軍事基地化し日本本土進攻を目指す

四月一日 米国第一〇軍、沖縄本島に無血上陸

六月下旬沖縄戦事実上終結。八月日本のポツダム宣言受諾により沖縄の米軍基地の位置づけ―本土進攻のための拠点―が意味を失う

〔表1〕全国主要建設業者・昭和20年施工実績

順位	会社名	前期(1.1-8.15)	後期(8.16-12.31)	計(単位千円)	順位	会社名	前期(1.1-8.15)	後期(8.16-12.31)	計(単位千円)
1	大林組	233,700	94,033	327,733	31	長組	14,805	6,360	21,165
2	清水組	203,333	103,423	306,756	32	管原組	17,613	1,008	18,621
3	竹中工務店	148,164	63,908	212,072	33	三井建設	15,939	2,163	18,102
4	鹿島組	63,438	36,803	100,241	34	東鉄工業	13,850	4,865	18,715
5	飛島組	45,499	40,697	86,196	35	島藤	15,152	2,138	17,290
6	大成建設	59,038	23,426	82,464	36	真柄組	13,559	3,014	16,573
7	銭高組	76,384	4,252	80,623	37	井上工業	8,373	7,543	15,916
8	鴻池組	72,801	1,454	74,255	38	郷組	15,456	−	15,456
9	間組	32,274	38,699	70,973	39	梅田組	14,339	215	14,554
10	鉄道建設興行	60,387	3,777	64,164	40	藤木工務店	9,690	4,534	14,524
11	熊谷組	55,227	1,252	56,479	41	株木組	11,218	3,210	14,428
12	日産土木	46,972	4,569	51,541	42	阪神築港	3,499	10,225	13,724
13	松村組	33,456	17,093	50,549	43	浅沼組	12,249	1,082	13,331
14	藤田組	44,539	3,279	47,818	44	隅田組	12,955	303	13,258
15	西松組	41,941	2,097	44,039	45	増岡組	8,871	4,293	13,164
16	佐藤工業	41,074	2,097	43,171	46	東京水野組	12,863	99	12,962
17	地崎組	20,889	16,001	36,890	47	野村建設	12,570	122	12,692
18	鉄道工業	29,791	1,056	30,847	48	二又川組	12,218	182	12,400
19	大阪橋本組	20,000	8,851	28,851	49	札鉄工業	11,896	回答未着	11,896
20	池田組	22,810	4,884	27,694	50	木村組	4,167	7,643	11,810
21	神崎組	15,935	10,815	26,750	51	奥村組	4,652	6,847	11,499
22	星野組	25,298	1,011	26,309	52	長尾組	3,700	7,578	11,278
23	明楽組	17,000	8,900	25,900	53	三木組	11,269	−	11,269
24	戸田組	24,703		24,703	54	中野組	5,827	4,810	10,637
25	木田組	9,541	13,148	22,689	55	大日本土木	9,831	544	10,375
26	安藤組	18,488	4,058	22,546	56	東邦工業	10,051	−	10,051
27	古屋組	17,613	4,295	21,908	57	巴組	10,050	−	10,050
28	大本組	13,422	8,296	21,718	58	伊藤豊次	92,227	−	9,227
29	勝呂組	11,289	10,381	21,670		合計	1,828,733	615,062	2,453,795
30	小林組	17,838	3,429	21,267		日本建設工業統制組合加盟全国1448社計	2,721,993	1,202,151	3,924,144

「日本建設工業統制組合調査」、『日本建設工業統制組合沿革史』から

一〇月二三日付の統合参謀本部原案のＪＣＳ五七〇／四〇、沖縄を「主要基地地域」に含める。この頃米軍は仮想敵国をソ連と見立て、戦略爆撃を軸としてこれを打ち負かすことを企図

一〇～一一月沖縄現地陸軍は基地開発を推し進め、飛行場や弾薬庫などを次々と構築していった。つまり、主として航空基地として開発していった――一一月までに本部、ボーロ、読谷、嘉手納の建設整備がほぼ終了した。こうした中南部地域は住民が最も多く農地もまた最も多かった区域であった。土地を取り上げられた人々は已むなく基地労働者として軍作業に従事した。「戦時中日本軍基地の建設にかりだされた沖縄の人々は、戦後に入るや米軍基地の建設を含むさまざまな軍作業に従事することとなったのである」[8]。

一九四六年 米軍部、フィリピン基地を後方基地へ降格し沖縄と日本の基地を重視する方向へ、態度を大きく変更

同一一月トルーマン大統領は、この問題の解決を結局のところ（一時）棚上げにする

この年八～一二月に、十数万人程度の沖縄出身者が日本本土、台湾、南洋群島などから引き揚げ、沖縄、奄美、先島へと帰っていった。すなわち、米軍の土地接収により生活空間の幅が極端に縮小したのに対し、人口は大幅に増大したのである。人々の生活は極端に苦しくなり、飢え、裸足で歩き回るような悲惨な状態さえ一部に見られたとも言われている。「混乱した社会の中で当座の生活を支える方途を求めて多くの人々が軍作業に従事するようになっていった」「四七年一月に二万人を超えた軍作業員は毎月約二〇〇〇人のペースで増え続け、六月には三万人を突破、その後も着実に増加して翌四八年一月には三万九〇〇〇人となった。それ以降は四九年の一時期に三万人程度に減少した時期があったが、おおむ

ね四万人前後で推移していった」とされている。[9]

米軍がこの頃基地強化に努めた背景には、改めて言うまでもなく、いわゆる共産主義と言うところの民主主義という、赤色対白色の二大〈帝国〉陣営の対峙―対立状況、いわゆる冷戦体制の存したことは、周知のところであろう―

一九四七年三月米大統領は、かの「トルーマン・ドクトリン」を発表し、「いわゆる『冷戦』の宣戦布告」をなし「共産主義に対する全世界的な規模での闘争」を宣言した。同六月、マーシャル・プランを発表し「［ソ連を軸とする］共産主義に対抗するためのヨーロッパの経済援助を開始した」。他方、「すでに大戦末期からアメリカはアジアにおけるすでに明白な抑圧者として登場し」「世界各地で軍事基地網の形成」を着々と進めていたが、前記宣言発表以降は「地中海、西アジア方面へも進出し、急速に軍事基地網を拡大強化していったと言われている。四七年ソ連がいわゆる「共産主義」陣営を結集するコミンフォルムを結成するや、四九年四月には「反ソ軍事同盟である北大西洋条約」いわゆるＮＡＴＯを造り上げた。間もなくアメリカ軍の指揮の下ＮＡＴＯ軍も創設した。

――かくて冷戦は、二大陣営の拮抗と対決という形を為すに至ったのであるという。[10]冷戦対立とは、資本主義・民主主義・個人主義と集団経済・共産主義・共同体主義といったイデオロギー的相違と対立、また経済的および政治的な体制構想の対決であったとも言えよう。言いかえれば米ソという二大強国を各々核とした二大陣営、いわば二大〝帝国〟の対決・対峙状況とも捉えられよう。[11]

こうした国際的背景のもと、封じこめを持論とするジョージ・ケナン以下の米国務省政策企画室は、沖縄における「恒久的基地」の開発設置を主張したのである――昭和天皇およびマッカーサーなどの支持を背景として。ケナン一派は、良かれ悪しかれ広く知られているいわゆるcontainment policy（共産主義封じ込め政策）を唱え、その東南アジアにおける一環かつ最重要拠点として、沖縄を位置づけたのであった。
すなわちケナンは、日本占領のボスたるマッカーサーと会見して詳しい打合せを行った後に、一九四八年、東南アジアにおける反ソ陣営構築の核として沖縄を恒久的に保持し、更にヨリ大規模に開発するべきとの勧告を打ち出したのである[12]。

そういったケナンの意見書（PPS10）は、かくて国家安全保障会議でNSC 13として結実、四八年一〇月には大統領H・S・トルーマンがそれを承認するに至った（NSC 13／2）。ただし、その中の沖縄に関する第五項は、少し遅れて四九年二月になって承認された。

これにより米政府は、沖縄基地を長期保有すると正式に決定したのであった（NSC13／2[13]（5））。

このようにケナンの背後にはトルーマン大統領がいた。前述のように四七年トルーマン・ドクリンを発表して厳然たる冷戦対立を内外に告示した後、四九年一月年頭教書を発表、その第四項において（いわゆる「ポイントフォア」）ヨーロッパのマーシャル＝プラン実施に続いて〈途上国への開発援助に努める〉という考え方を打ち出した。「蓄積してきた科学と技術を用いて『低開発地域』の発展に力を注ぐことによって『コミュニズム』の『専制』に対するアメリカの『デモクラシー』の『優位』を示し、世界平和と国際的秩序の安定のためにつくす……というものであった[14]」。実質的には、ポンド支配を打ち破ってドルの覇権を打ち立てて〈アメリカ帝国〉を構築し、もって、いわゆる東欧圏を従え（極東では中国やベトナムにも勢力伸長する）ソ連〈赤色帝国〉と対峙しようとしたものに他ならない。

極東については、一九四九年八月空軍（参謀総長ヴァンデンバーグ）によるいわゆる本国撤退という消極案があったものの、九～一〇月マッカーサーがそれに猛反発、その強い反対姿勢に後押しされる形で米陸軍は沖縄における恒久的基地開発計画（家族住宅の建設を含む）を策定するのだった。同時に、沖縄現地にノールド調査団を派遣して詳細を詰めようと計ったのである[15]。

これより少し前の同年七月、米国の一九五〇会計年度予算に沖縄の米軍基地建設に充てる五八〇〇万ドルが計上され、程経て連邦議会を通過した。こうして一九五〇年春頃から、沖縄では米軍基地の本格的な開発建設が開始されたのである。同時に、より効率的な住民管理、群島知事・同議会選挙の実施など「表面的な一応の『デモクラシー』が推し進められたとされる。／こうした米軍支配の政策の変化は、もちろん、中華人民共和国の成立と朝鮮戦争等、アジアの冷戦体制の形成を直接的な要因とする」ものであったと、若林は前掲論文で言っている[16]。

即ち、勃発した朝鮮戦争では韓国は釜山に追い詰められて完全敗北寸前にまで行った一方、後には国内での社会主義革命を達成したばかりの中国が北方から志願兵という形で大量参戦するなど、戦況が一進一退しつつ戦争自体は拡大し長期化していった。こうして、その直前に浮上していたグッドウィン調査団およびヴィッカリー調査団の、いずれも農地保有制限、基地縮小を基本とする一種の「農地改革」構想＝政策は吹っ飛んでしまい、その正反対の方向、すなわち基地の恒久化および拡大策が再び採られるようになったのである[17]。

そうした中で沖縄現地においては、手品のような「基地依存型輸入経済」が考案される――琉球銀行調査部編『戦後沖縄経済史』および牧野浩隆によって解明されたその手口とは、次のようなものであった。

まず沖縄および周辺諸島出身者を基地労働者として存分に働かせようとして、軍票B円の値をひどく高く設定した、つまり一ドル＝一二〇B円とした。「まず、B円レートの決定に当たって米軍政府が重視した要件は、①インフレの防止、②労働力の確保の二つである……。莫大な基地建設投資需要に起因する経済過熱＝インフレを防止することこそ基地建設を保障する要件であるとし、消費物資の大量輸入をもって対処しなければならないため為替レートはできるだけ〝B円高〟にすべきというものであった。すなわち、『輸入促進↓インフレ防止』を優先する見地からB円高のレートを意図的に設定したのである。そのためには〝輸出を考慮する必要なし〟とさえ言い切っていたほどであった。

もとより、輸入促進、輸出考慮せずという政策に立脚した場合、通常ならば対外収支の赤字累積によって経済が破綻することは火を見るより明らかであろう。それにもかかわらず、沖縄経済の場合前述の論理を可能にした条件は、軍労働者、建設業、サ―ビス業等あらゆる生産要素を基地建設に動員することによってドル収入が保障されるという状況が存していたからであった。ドル収入が保障される以上、物資供給ないしインフレ防止のためには、輸入促進政策が理にかなっているのである。

かくして沖縄経済は、基地建設の経済的波及効果を活用して経済復興をはかるという政策を背景に『一ドル＝一二〇B円』のB円高レートが決定された。そのため、『基地依存型輸入経済』という宿命を課されることになった」のであった[18]。

つまりアメリカが、厖大な建設費用＝軍事予算を基地建設のため沖縄に投与する、それが直接的には沖縄の基地労働者や基地関連産業を潤し、ひいては沖縄経済を支えたのであるが、そのすべては基本的には基地建設、つまりは米国軍事予算に依拠していた、ということを忘れてはいけないのである。基地依存から脱却しようとするならば、沖縄全住民は言わば裸のまま経済社会の中に投げだされる仕組みなのであった。巧妙としか言いようがない！　何たる狡猾な仕組みだ!!

ところで、物資の輸入先はどこであったのか？ 意図的に日本が選ばれたのである。つまり冷戦の激化によりそれまでの日本弱体化による民主化達成という政策は放棄され、GHQはいわゆる逆コース政策を採り始め、日本の強化――とくに経済的テコ入れ策を取るとともに、自衛隊や海上保安隊創設など一部で軍事力強化政策をも採用していったのである。……すべては極東における中国革命の波及や朝鮮における「北」の影響力を圧殺するため、後にはベトナム革命の波及を阻止するため、という一点に焦点が当てられていた。すべては冷戦の中、米帝国陣営の極東における拠点として沖縄および日本を打ち固めようとする政策に他ならなかったと言わなければならない。

少し話が先走ってしまったけれど、そうした狙いを秘めつつ日本の、とくに経済的・軍事的強化を図っていったことだけは確かである。

――そうした狙いの延長線上に、沖縄基地建設のため日本からの物資輸入があった。「日本は第二次大戦で海外市場を失ったことに加え、外国貿易は外交権の喪失によって途絶しており、企業はその販路を縮小されて苦境に陥っていた。したがって、沖縄復興に要する物資を日本から輸入することにすれば、それは日本経済の復興に貢献することになる」。つまり当時の日本ではどんなに物を作ってもその売り先に困っていた、基地建設費用で潤う沖縄へ日本製品を売り込めば日本経済はどれだけ潤うか計りしれない、というわけである。すなわち、「早くも一九五〇年の二月と五月には大量の物資が日本から輸入された。これには住民が軍作業などで稼いだ商業ドル資金二〇〇万ドルとガリオア援助の五〇〇万ドルが充当された。このような輸入が日本の企業にとっていかに魅力的であったかは、沖縄の買付使節団を新聞が〝百万ドルのお客様〟と報じ、輸出業者がおしかけたため使節団は三度も宿舎をかえざるをえないほどの歓迎にあったことが余すところなく語っていよう[19]。」

同前書と牧野は、結論として以下のように言う――「以上、沖縄および日本における為替レート決定の論理を検討してきたが、両者は完全に次元を異にするものであった。決定の主体は両方ともSCAP〔連合国軍最高司令官総司令部〕であるが、沖縄の場合には基地建設の保障という次元から「輸入促進→B円高」のレートを設定したのに対し、日本の場合は自由主義陣営の一員として早急に経済復興をはかるという次元から「輸出促進→日本円安」のレートを決定した。そして、〝Double use of dollar〟という表現が象徴するように、SCAPは沖縄の輸入を日本の輸出で充当するという〈両方に良い〉政策を見事に展開したのだという。

かくして、〝基地依存型輸入経済〟という沖縄経済の構造規定は、一九五〇年代に決定づけられることになった[20]」と結論されている。

我々は、それに付け加えて、本土日本と同日本人は四〇年代末～五〇年代初め頃から、沖縄を土台として経済的発展を為すとともに、「平和と安全な国づくり」に従ってきたということを再確認しておかなければならないであろう。後には、朝鮮半島および彼の地の人々、さらにはベトナムおよび同人民を経済的に、また軍事的に搾取しつつ〈国力〉を培い〈この国の平和〉を保証されてきたこともまた銘記しておかなければならないであろう。それの基礎にあったのが、米帝国の〝援助〟政策（直接的な軍事援助からガリオア資金やエロア資金――これらもまた米軍事予算から支出されていた――などの形を取ったそれ）であったことも、しっかりと踏まえておかなければならないであろう[21]。戦後期の〈平和日本〉が、国際的には米帝国の極東における一郭をなす「反共の砦」であり、ソ連帝国陣営と対峙する陣営の中にあったことは重く受け止めなければならない史実である。

……こうして「早くも一九四九年一二月には測量と設計を担当する本土の業者（総司令部が選んだ鹿島建設など一〇社の技術者四六人）が先遣隊として来沖し、沖縄地区工兵隊に所属して作業を開始した。同月末には軍政長官より「……軍施設はできるだけ整理統合して嘉手納、ズケラン、牧港、那覇港付近に集める。嘉手納・牧港間は三線道路、牧港・那覇間は四線道路に拡張する。ズケランの南側に病院と発電所、牧港に陸軍の全倉庫を設ける。那覇港は水深三二〇フィートに築港し、小船舶用に泊港を改修する……」と、現在の沖縄基地の骨格を示す計画が発表された。まもなく建設工事に日本側業者の参加が認められること、それに先立って業者代表の沖縄視察が許されることが明らかにされ、一九五〇年三月には清水建設、竹中工務店、飛島組、大林組、日本舗道、銭高祖、熊谷組、山陽工業等二一社の代表が来沖した。

基地建設の第一回国際入札（那覇港軍倉庫）は一九五〇年四月初旬、米本国、沖縄地区工兵隊東京事務所、沖縄現地の三カ所で行われたが、米本国では米国企業六社、東京では日本企業四二社、沖縄では米国企業二社、中国二社、沖縄七社が参加するなど激烈な競争が演じられた。続いて五月までに兵舎、家族住宅、那覇港浚渫および築港、六月以降は通信、配水、燃料貯蔵タンク、道路が入札に付され、年末までに二十数回の国際入札が行われるなど急速に諸工事が着工された。ちなみに、主な軍工事と落札業者は〔表2〕に示したとおりである。

最近刊行の鳥山淳の単行書は米軍史料を元にして次のように解説している——「五〇年三月に作成された建設優先順位のリスト……に記載された建設プロジェクトの数を地域別に見ると、空軍の嘉手納地区が一七、軍司令部がある瑞慶覧地区が一二、補給基地となる牧港地区が七、飛行場と港湾から成る那覇地区が七、牧港住宅地区が三、その他の地区が三、道路・水道・送電施設・石油パイプラインなど各地にまたがるものが九となる。この分布が示しているように、嘉手納・瑞慶覧・牧港・那覇が連なる西海岸一帯は、基地建設が集中する舞台となった」と(23)。

このように短期間に、しかも集中的に基地建設工事が進められたのは、一九四九年から五〇年にかけて米ソの対立を核とする国際情勢に急激な変化が相次いで発生したからであることはいうまでもない。一九四九年八月ソ連が原爆実験に成功して原爆は米国の独占物ではなくなり、同年一〇月には中国共産党が内戦に勝利して国民党(軍)を台湾に追いやり社会主義革命を達成、一九五〇年六月には朝鮮事変が勃発し、最初は朝鮮北部政権の金日成軍側が優勢であった、など国際的緊張はまさに風雲急を告げる事態にあった。そういう情勢の中にあって、「アメリカの防衛線はフィリピンから琉球列島を経て日本、アリューシャン、アラスカに到る線であるが、その中心は沖縄である」と位置づけられた(一九五〇年一月一二日のアチソン米国務長官演説)ため、緊迫化した国際情勢に呼応して沖縄基地の建設が急ピッチで進められた」とされている(24)。

〔表2〕軍工事の落札業者

軍工事	落札業者
牧港倉庫地帯	清水組　松村組
嘉手納弾薬庫	大林組
那覇空軍基地兵舎	鹿島建設　大林組　大成建設　竹中工務店
ズケラン方面	佐藤工業　鉄道建設　隅田組
普天間方面	納富建設
嘉手納方面	浅沼組
嘉手納　金武　上之屋兵舎	銭高組
嘉手納飛行場拡張	西松組
1号線恩納・辺土名間	納富建設
1号線那覇・嘉手納間	米軍ポストエンジニア　間組
牧港発電所	清水組　東芝電気

(琉球銀行『戦後沖縄経済史』181頁―その依拠史料は、沖縄タイムス社編『沖縄の証言』上巻および『うるま新報』である)註(22)

最初期に基地建設工事を請け負った日本の大土建資本のうちトップクラスの清水建設の社史には、以下のように記されている。

「三　沖縄基地拡張工事

昭和二五年三月期以降の施工工事のなかで、かなり大きな比重を占めるようになったのがアメリカ軍沖縄基地拡張工事で、その後の朝鮮特需と合わせて相当の規模の工事量となった。

日本の建設業者が沖縄工事に参加を許されることになったのは二四年一〇月であるが、この時期に日本業者の参加を認めるようになったのは、二四年夏、アメリカの大規模な軍事基地拡張計画が具体化し、沖縄基地工事が対日経済援助の一環として取り上げられることになったからで、その後、現地調査のため当社も技術者二名を沖縄に派遣し、応札の準備を進めた。

工事の入札は翌二五年三月に開始された。資材は米軍支給、所要の建設機械は貸与、前渡金はなしという条件で、資材については二四年末、すでに約二五〇〇万ドルの入札が発表されていた。これも対日経済援助の一環としてである。

第一次の入札工事は嘉手納地区の砕石生産とブロックおよびパイプの製造並びに生コンクリートの配給工事であった。この工事はアメリカのモリソンが落札したが、第二次の那覇港倉庫一〇棟新築工事は当社が入手した。金額は八四〇〇万円で大きな工事ではなかったが、最初の日本業者として、四月一八日工事契約に調印し、四月二七日現地乗り込みを完了した。

沖縄基地拡張工事は、朝鮮戦争によってその後急テンポで推進されるようになり、二五年夏から二六年末にかけて大量の工事が発注された。この間、当社は二五年六月に牧港火力発電所新築工事、二五年一〇月に瑞慶覧兵舎一一棟新築工事七億八三〇〇万円を入手し、二六年九月に牧港および那覇地区の洗濯工場・倉庫・兵舎など新築工事、モトブおよび牧港の砕石設備・砕石生産輸送工事を入手した。洗濯工場・兵舎等新築工事は二九億三三〇〇万円、砕石工事は一九億三七〇〇万円の大工事で、前者は二八年一二月、後者は二九年三月に完了した。

当社の工事入手量はその後の産業界の活況を背景として急増したが、沖縄工事の最盛期に当たる二六年九月期には総工事入手量は一四五億円にのぼり、沖縄工事はそのうち五二億円、三四％に達していた。

沖縄工事の入手と同時に、二五年四月に本社直轄の沖縄出張所を設置し、八月には本社内に沖縄東京事務所を設置して沖縄関係の勘定その他はすべて同事務所を通すことにしたが、二六年九月に大量の工事を入手したので、それまでは出張所であったのを一〇月から営業所に昇格した。」（中略）

「七　工事入手量、倍増

沖縄基地拡張工事とこれに続く朝鮮特需、あるいは設備制限撤廃に伴う繊維工業の設備拡張、特需景気に伴うビル・店舗建築の急増と産業界の設備拡張、などの好材料を背景として、二五年後半から当社の工事入手量は大幅に増加した。

これを決算期別にみると、二五年三月期の工事入手量は三一億円台であったが、同年九月期は六〇億円に倍増し、その後、沖縄工事が最盛期を迎えた二六年九月期には総工事入手量はさらに倍増して一四五億円に達した。二五年三月期に比べると四・五倍の工事量である。期末手持ち工事高も六三億円から二三四億円に著増した。一四五億円の入手工事の内訳は官庁工事七億円、民間工事七三億円、沖縄工事五三億円、朝鮮特需一二億円で、沖縄工事と特需が総工事入手量の四五%に達しているが、国内工事も約八〇億円にのぼっており、半期の工事入手目標を四〇億円においた一年前に比べると著しい情勢の変化といわなければならない。

完成工事高も、二五年三月期の三三億円から二六年三月期には四二億円、また二七年三月期には七一億円に増加し、二六年度の年度間完成工事高は初めて一〇〇億円を突破し、一二四億円となった。[25]」

この「対日経済援助」というのが、ドイツとともに日本を〝米帝国〟陣営の東西における橋頭堡としつつ、〝ソ連帝国〟ブロックと対峙しそれに打ち勝たんとする戦略の一環であったこと、ポンドを駆逐しドル支配を確立せんとする戦術に基づくものであったことは、先にも指摘した通りである。

ところで、実際の沖縄基地建設工事においては、「資材は米軍支給、所要の建設機械は貸与」という清水建設社史の一節が注目される。建設機械を米軍から貸与されてどこの建設会社もその便利さに驚き、急ぎ慌てて操作法を習った云々は、この時のことである。契約そのものの合理性、近代性――厳格さ、利害損得計算を含めた書類契約そのものの〝近代合理性〟に驚いたとは、多くの社史等が書き記すところであるが、資材提供は特筆に値する。工事を日本土建会社に請け負わせること自体が、冷戦下の援助＝抱き込み工作であったことは前述したが、資材も供給は破格と言えよう。

基地建設工事は、「一九五〇年以降五三年までは漸増の一途を辿り、一九五三年一―六月迄の月平均支払高はおよそ七〇〇万ドルに達したといわれ、その後、同年一二月まで漸減、五四年に入るとさらに激減の跡をみせている。これが五五年に入ってようやく減少率はゆるやかになり、一月から六月までの月平均支払高は二九〇万ドル程度になった。なお、五六年度における月平均支払高はおよそ二〇〇〇万ドル内外……軍工事の活溌化もさほど期待できない」とされている。[26]

同史料に依れば、沖縄資本と本土内地資本の受注は、下記〔表3〕のように推移していた。[27]

同論文はこれについて大略以下のように注釈している――一、日本土建業者は五一年に大挙来島し、大部分は元請で工事を受注し、五四年初期一部引き揚げ、現在若干の下請業者を含めて一五―六業者で「五一年来大して増減はみられない」、二、その他外人《ママ》土建業者数は五四～五五年「若干増加の気配がみられ、Vinel Covp Consulicated Contrs〔原文のママ〕等の進出による工事獲得量が注目された」、三、沖縄土建業者は多くは下請から出発し五二年迄に元請は五社、五三年には一二社が新たに元請となったという。しかし、「その殆どが資金難と経験が浅く、現場管理の拙劣さから失敗する者が続出した」とされている。五三年以来の業者間の競争激化により請負単価を下落させたという。とくに現地沖縄業者は「非常に無理な安請負」で失敗したというのが大方の意見であったと言われている。[28] 沖縄土建業者

〔表3〕

	企業数（社）				契約高比率（%）		
	沖縄	日本	その他	計	沖縄	日本	その他
1950年度	3社	5社	3社	11	1.0%	88.0 %	11.0 %
1951年度	1	12	2	15	2.7	89.0	8.3
1952年度	5	6	2	13	17.4	71.6	11.0
1953年度	18	10	4	32	35.1	38.0	26.9
1954年度	8	10	6	24	29.4	57.5	13.1
1955年度（3月まで）	1	11	5	16社	4.0	40.0	5.6

失敗の内部要因としては、他に、弱体資本と資本構成の劣悪、つまり自己資本の弱体。また積算の不正確と現場施工技術・管理の拙劣、そして資金の無理な調達と拙劣な帳簿整理、そして杜撰な資金運用が指摘されている[29]。

しかしながら、他方で、日本土建資本が米軍側から一方的な便宜を図って貰ったという事情は、抜きにすることは出来ないであろう。沖縄進出以前に日本の大独占土建資本とGHQあるいは米軍は、すでに経済的財政的に固く結ばれており、かつまた東西陣営の冷戦対立の中で沖縄と日本を極東における「反共の砦」とする大方針が、先に見た通り確立していたからに他ならない。この点は極めて重要であり、その意味するところをさらに深く掘り下げる必要があろう。

3　沖縄・奄美住民、離農に追いやられるも、日雇労働者として奮起

ところで、基地建設労働者の調達法であるが、これは原則として沖縄現地から調達することになっていた（日本土から連れて行くのは不可となった）。「軍からは『沖縄人労務者を使う』よう仕様書に明示されて」いた。ただし「一部高級技術者は止むを得ず日本から採用しなければいけな」かった、という[30]。

翌日付『うるま』紙に依れば、三月一六日ライカム（米国琉球軍司令部）において、沖縄土建業一一社と日本土建業一三社（西松、近藤、三洋、飛島、清水、島藤、藤田、明楽、竹中、末松、大林、ゼニスパイプ、日本鋪道）、民政府側の松岡工交部長、前田建築課長、花城労務課長が出席し、「労務者数又その職種別数、AJ会社の沖縄人労務者の雇用状況、熟練工の職別数、天候に絡み可動日数などについて日本側が質問

し、花城課長が一般労務は沖縄で充分補給可能と述べ、沖縄各業者は軍労務者待遇比較を述べ『最近は民間請負業者の出馬により労務意欲は旺盛になってきた旨強調』したという」。ここで言われている「民間請負業者」というのがどのようなことを意味するのか、やや不明であるが、推測するに沖縄における一般の土建会社が何程かの労働者を抱えており彼らに各種の労働をやらせていたのではなかろうか？沖縄土建会社は純粋に建築土木だけでは仕事が少なすぎるので、人出し、つまりは人夫供給をも行っていたのではなかろうか？――以上は、あまり裏付け史料がないままの推定に過ぎないのではあるけれど、一言記しておいた。――以上確定的なことは不明ではあるものの、落札したのが本邦業者であれまた外国人商社（本土業者はその下請に入った）であれ、沖縄現地で労働者の手配に当たるのは沖縄の土建業者（その配下に手配師も居たであろう）および民政府の労務課など関係部署の役人だったことはほぼ確実と推定される。基地労働者の補給状況については、例えば「沖縄での軍事建設が本格化するや奄美諸島から青年男女多数が出稼ぎにやってきた。男性は軍作業員として、女性は風俗営業にかかわるケースが多かった」と石浜昌家は端的に指摘している[31]。これについては鳥山淳の単行書『沖縄／基地社会の起源と相剋』が次のようにやや詳しく述べている。

「大規模な基地建設工事の開始にあたって、労働力を安定的に確保する必要に迫られた米軍は、五〇年四月に軍作業員の賃金を平均で約三倍に値上げし、待遇改善を図った。それは沖縄社会にとって、離農をさらに加速させる契機となった。
軍作業賃金の大幅な値上げを受けて、那覇の軍中央労務所には連日二〇〇名を超える『若い一群』が押しかけて労務カードを受け取るようになり、五〇年一月時点で四万三〇〇〇人だった軍作業員数は着実に増加して、六月末には五万人を突破した。労務所長の談話によると、賃金値上げによって『農村労力を極度に節約しなるべく換金労働に転向する傾向』が顕著となり、たとえば工兵部隊で四五〇人を募集したときには『広告もしないのに人伝に聞きわずか一両日で具志川、コザ、石川から二千名を越える応募者があった』という。

……五〇年一二月の労働調査から算出すると、沖縄本島中南部の一三の市・村において全可働者に占める軍作業員の割合が二五％を超え、北谷村と小禄村では五〇％を超えていた。これらの市・村はいずれも米軍基地に隣接しており、以前から軍作業に従事する住民が多かったが、基地建設工事が本格化し、軍用地内での農耕禁止が相次ぐ中で、軍作業によって生計を立てる状態が固定化されようとしていたのである。

しかも、この調査で把握できていたのは事態の一面にすぎない。たとえば宜野湾村の場合、翌五一年六月時点で『正規の軍労務者』は二一七六人だったが、それとは別に農業従事者四四九八人の約四割が労務登録をしないまま「あちこちの部隊を回って洗濯作業、雑役等をなし、その片手間に農作をなす有様」となり、「農業専業は老人その他一部特殊の人」だけだと推測されていたという。(32)

「一九四九年九月……そのころ、奄美・宮古・八重山の各群島から沖縄への流入が目立ちはじめており」犯罪も増えているという考えのもと「沖縄在住の奄美人会は就職斡旋や簡易宿泊所設置を計画」したと『沖縄タイムス』一九四九年一一月二五日付は報じている。同紙によれば、当時すでに沖縄在住の奄美出身者は一万人を越えていたとされている。奄美でも宮古、八重山でも「ホントに職がない」状態なので島を出ざるを得ないのだという。奄美大島南部の中心地で理髪店に勤務していた男性は「一家総出というのもあった。軍作業（基地関係の仕事）があるというので、まるで民族大移動であった」と述べている。また、「沖縄でのことは本当は触れたくなかったのだけれど……」と言いつつさる奄美人は、次のような述懐を吐露している。

「……忘れていたその沖縄が俄かに奄美人の目に大きく映りはじめたのは、『二・二宣言』に依ってであった。時々の時流に流されてきた奄美人、日本が外国なら沖縄にというように——それはもう——猫も杓子もと言った感じのものであった。沖縄人と奄美人、日本人と白人というように一瞥して分るものではないのに、那覇市ツボヤの市場を歩いていると、何故か分るものであった。

　こうしてツボヤの市場を歩いていて呼びかけられ呼び込み人となった。しかし一カ月程で逃げ出した。手伝わぬかと言った男は三人も女を連れていた。

　逃げて土方キャンプに行った。当時の沖縄は基地建設の真最中で、どこへ行っても日本の大手企業の看板が高々と掲げられてあった。土方キャンプとは、奄美から流れて来たヤクザ共が、民家を借り、あるいは地敷を借りてバラックを建て、流れてくる浮浪者どもを収容し、大手企業の孫請けの孫請けぐらいに人夫を出すのが仕事であった。(33)」

ケタオチの、つまりは極端に待遇の悪い、昔のタコ部屋のような飯場、ということになろう。それを奄美のヤクザ共がつくっては、そこから日本企業に人出しをした、ということになる。沖縄で儲けに儲けた日本独占・土建資本は、根元の所では、このように阿漕な人夫出し飯場に労働力補給を頼っていたのであった。

さらに、こういった最劣悪な労働条件＝環境へと奄美人などを送りこんだのは上記のような食い詰めたヤクザばかりではなかった。奄美群島政府自身、またその手足たる職業安定所自体が、類似の人出し稼業へと走っていたのであった。ドヤ迄造って自ら経営し、セッセと日本土建企業の飯場などへと労働者を送りこんでいたのである。

鳥山書は言っている――

「奄美から沖縄への人々の移動は、やがて送金の増大をもたらし、名瀬の郵便局によれば、五〇年秋以降、沖縄にいる出稼ぎ者からの送金が急増したという（『奄美タイムス』一九五一年一月一六日）。翌五一年七月になっても、奄美群島政府の労政課長は『沖縄での仕事は非常に多く、軍労務は仕事に好ききらいを言わなければ仕事は多い』と語っており（『南海日日新聞』一九五一年一月一六日）、沖縄への出稼ぎはその後も続いた。九月には、大島職業安定所が那覇近郊の安謝に駐在所を設置し、『職を見付けるまでに総旅費を費い果して進退極まり、果ては転落の途をたどる』といった事態を防止するために、軍からコンセット兵舎の払い下げを受けて簡易宿舎を用意し、カンパン施設を備えた作業場を中心に就職を斡旋していった（泉俊義「職業安定所とは？（完編）」『教育と文化』一九五一年一二月号）。奄美群島政府による就職斡旋状況を見ると、五一年七〜一二月の半年間に就職した七六九人のうち、約七五％にあたる五七四人が沖縄の職場であった（『名瀬市政要覧』同市役所一九五二年）。

翌五二年に入っても、奄美群島政府の沖縄労務宿泊所からは「労務者を多数沖縄へすぐ送れ、数に制限はない」と連絡が入り、さらには沖縄駐在の職業安定所長が「大島出身の労務者は田舎出が多く純ぼくで仕事も真面目にやるので、あちこちで大もてです」、「日本の各土建会社はさい近本郡出身の労務者をより多く採用したがっています」と語るなど（『奄美タイムス』一九五一年一月一三日、二月七日）、引き続き群島政府が沖縄への出稼ぎを後押しする役割を担っていった。その結果、沖縄で生活する奄美出身者は着実に増加し、郷友会を組織しようとしていた関係者によると、五二年三月には約四万人（そのうち正規の手続きを行った有籍者は一万人）と推計されていた（『南海日日新聞』一九五二年二月八日）。その一方で奄美の島々からは若者の姿が減っていき、新聞には次のような言葉が綴られていくことになる。

最近郷里に帰ってみると、青年が殆んど姿を見せない……沖縄へ出稼ぎに行ったというのである。百戸そこそこの部落で、数えてみると六十人もの青壮年が沖縄に行っている。それが三十前後のぴちぴちした労働力である。（後略）（大井憲吉「ソーメン談義」『奄美タイムス』一九五二年三月二五日[34]）

もちろん日本の建設会社自身による直接募集もあった。「五一年一二月には日本道路株式会社の担当者（奄美）大島出身）が大島に渡って五〇〇名の募集を予告したほか、隅田建設・淺沼組による募集情報などが新聞紙面で伝えられた（『沖縄タイムス』一九五一年一一月一五日・一九五二年一月二五日、『南海日日新聞』一九五二年二月八日[35]）」

結論として島山書は言う――

「基地建設がもたらす現金収入は各地で離農を加速させ、基地労働への就業と家族への仕送りが地域の生活を支える状況が生み出されていた。しかしそのような変化は、若年層の急激な減少を引き起こし、地域社会の危機感を高めていったのである」と(36)。

我々の言葉で言えば、専業農家の破壊、母ちゃん・婆ちゃん農業の残存、そして家族および地域社会の老化ないしは崩壊……といったことになろう。一九七〇年代頃から以降日本本土でも顕著となった傾向の、言わば先取り、と言えるかもしれない——もちろんさまざまな側面での相違は現存するけれど。ただし、それはいささか先走った考察とはなろう。いまここで問題にしておきたいのは、沖縄諸島における第一次産業崩壊のきっかけは米軍基地の建設と拡大であり、それによる沖縄農村の解体であったということである。解体を促したのは冷戦対立の下「反共」を呼号した米帝国であり、それに呼応して尾を振った社会・民主の片山哲・芦田均、そして極めつけの保守派・吉田茂以下の日本本土政権に他ならなかったことを再確認しておこう。

翻って、「土方キャンプ」「奄美群島政府の沖縄労務宿泊所」「簡易宿舎」等々から本土土建資本のケタオチ飯場＝現場へと土工たちが送りこまれた状況を再確認しておこう。日本独占土建資本が、限りなく儲けた源泉としての労働者搾取の赤裸々な実態が、当時相次ぐ争議の魁となった日本道路のストライキにおいて初めて全面的に暴露された。

一九五二年六月五日、清水建設の下請＝日本道路株式会社の従業員一四三名がストに入り、「吾々は日本人だ」「蚊帳を与えよ」「悪質土建資本家を倒せ」などのプラカードをたてて労働歌を合唱しながら市中デモ行進をなし、行政府と立法院に押しかけて善処を要望した。五ヶ月分の賃金不払い、一二坪の家に四〇名あまりもすし詰めにされていた——これは一人当りに換算すると〇・三三㎡程度となりとうてい全員同時に寝ることは出来ない——といった悲惨な状態であった。また、奄美大島出身者が多く「大半が離島出身であり解雇は死の宣告である」とも訴えていた。

　これの争議に関連して、立法院本会議において人民党の瀬長亀次郎議員は以下のように労働者のあまりの窮状に同情して会社側を鋭く糾弾した。

「……この状態を説明致します。これは去る六月からということになっておりますが、この問題は既に二ケ月前から起っております。賃金支払いに対してストライキも起さずに労働者が我慢に我慢をしていた、然し暴力によって殴られた、たまらなくなって全飯場（四つの飯場であります）結束して所謂自分の働いた賃金の支払いの要求、これは何といってもストライキの目的にはならんような本当の最低のものであります。

　大体ストライキは首切反対とか、或は賃金値下げに対して反対するとか、いうようなものであるが、自分達が働いて当然受けるべき賃金を二ケ月も払って貰えない、その上遂に暴力をふるうに至っては我慢ならずに自然に発生したものであります。

　これは一日平均百十円と会社側はいっておりますが、百十円或は百五円貰っているが、これが毎日あるのでなく請負制度である。これはこの道路株式会社だけにあるのでなしに全沖縄に於ける日本土建業者のとっている制度であります。

どういう制度かと申し上げますと、例えば一日平均十名しか要らないのに対して先ず三十名位の労働者を雇って飯場に置いておく、そして場合によっては請負であるから一日五人必要な時もある、十人必要な時もある或は最高三十人必要な場合もある。結局平均して十五人しか要らないが、最高三十人必要であるという場合に何処に行っても持って来れないから、タコ部屋というものを作って半失業者の状態に押込めている日本の土建業者の制度であります。

この制度下に於いて而も平均一日に百十円とは云い乍らも或は一カ月で十五日間しか働けない。或いは場合によっては十日というと千百円である、勿論御飯は食べている。向うから出したり出さなかったり食べてはいるが全然小遣も何にもない、況んや自分の郷里に待っている妻子に送金することが出来ないという現状である。更にタコ部屋制度がどういう風になっているかというと、実情を御覧になると分りますが、実にこの世ならざる惨たんたるものである。

雨が降りますと雨が漏るのでなくて、雨が降る。而もルーヒングである。それが壊れているカバーヤー（天ト《テント》小屋）である。これが三年にも四年にもなる、油がはげてしまって、これから雨が打込んで所謂雨が降るのである。こういう状態下に於いて勿論畳もない、蚊帳も一つもない、そして蚊を除ける為には附近の松の木によりて松葉を取り、それをたくとどうなるかというともう寝られん、目が痛くなる。むしろ出て行ってルーヒングの上で寝るという状態である。

更に飯を食う場合例えば十五名に対して食器が六つしかない、箸も六つだから一番、二番、三番という風にして食べる。二番、三番になるとおつゆの中の実が全然なくなってしまう。そして箸にしても、すゝきの幹を取りてこれをはしに使う。自分で食器もはしも買ったらいいんぢやないかと思うかも知れませんが、それを買う余裕があればこういうことは起らないのであります。茶わんは勿論ない。それで断水はする、断水した場合には勿論顔も洗うことは出来ない。公傷する場合には日本の基準法によると当然賃《ママ》全額支払で会社側で持つに拘らずこれもない。実に色んな条件が重なり重って惨たんたるものである。と同時に又この飯場に於ける、タイムキーパー或はメイド、このタイムキーパーは当然会社が持つべきに拘らずあの労働者の僅かの賃銀から差引いている、メイドも然り。かくの如く二重三重四重に飯場に於て搾取され、そして本当に生きているという惨状が現在の城間の惨状でありこれを聞きますと殆んど全土建請負業者の土木労働者の状態であるというに至っては、これは誠に由々しい問題である。[37]……」

これに対して前里秀栄議員も次のように言ってる。「本員はこの提案に大賛成するものであります。聞くところによりますと、日本道路会社のみならず日本からここに来ておりますところの請負業者の多くは琉球人に対して俸給も不払い勝ちでその他いろいろな悪条件を持ちかけて待遇も非常に悪いということを聞かされているのであります。而もこのことはまったく事実のようで、ただの噂でないようである。……」

藤村前吉議員「(前略)行って実際を見た訳であります。ところが雨が漏るということでなく雨が降る状態であります。そして通路の中はぬかってなかなか通れない、労務者は下駄とか履き物が十分でないため色々苦労をしている。一方内地の労務者のキャンプは非常に立派であります。畳もあるし、蚊帳もつってあるし、ラジオの設備もある。一方は畳もない、蚊帳もない、そういう所に寝ている……」(以下省略)。

かくてこの提案は、全員賛成により立法院で六月一一日可決された。

この後、松村組争議（一九五二年六月二〇日〜八月二〇日）、七月二〇日労働関係調整法、同二四日労働組合法と労働基準法が可決成立、その直後の一〇月カルテックス争議が起こる。五三年一月清水建設本部《モトブ》採石工場スト（一月二〜九日）、そして五三年一二月二五日奄美大島が日本に復帰したのである。

こういった一連の争議の口火を切った日本道路（株）の争議については、奄美社会運動史とその思想的背景とともに今後詳しく検討したい。ここでは争議の性格を端的に表す次のような「日本道路争議団アピール」全文を掲げ、本格的検討への橋渡しとしておきたい。

日本道路争議団アッピール

沖縄本島中部城間にある、日本道路会社のわれわれ琉球人労働者は、六月五日、会社に対し、ストライキを宣言してから、一糸乱れず団結して闘かった。

スト理由は、すでに新聞紙上にも伝えられたが、主なものだけをあげれば、ただでさえ家族も養えない低賃金、時間給一二円を一方的に一〇円五〇銭に切り下げたのみか、それさえ二カ月を〔も〕支払わず、支払を要求すれば全員首切りを言渡し、おまけに宿舎での待遇は、畳はおろか、蚊帳も毛布も全然支給せず、雨が降れば、降ったで、雨もりで中は泥んこ、食事は三度三度、盛り切りいっぱいの砂のような飯に、申し訳だけのソーメン汁、その上、食器も四三人にわずか六人前だけで、箸もしゃくしもあてがわず、井戸水さえ聞くに堪えない悪罵をあびせて飲ますまいとするし、病気で仕事を休めばなぐるけるの暴行、はては、「セメントといっしょにコンクリートに叩き込むぞ」とおびやかす始末、それだけではない、なけなしの給料からさえぴんをはねられるというタコ部屋の復活であり、奴隷扱いであり、本土労働者の待遇に比べれば、まるで天国と地獄との違いなんだ。だからこそ今までおさえにおさえたわれわれの怒りが爆発したのだ。

この暴状に対し、新聞でも伝えられたように、われわれは、二六ヵ条の要求をかかげ、勇敢に、かつ、団結して闘った結果、スト中の賃金支払いを除いて、全部認めさせることに成功し、残る一ヵ条も、六月一三日より労務調停にのりだし、一方、立法院議員も、われわれの要請に応え、会社に対し、全民族的な怒りをこめての決議をつきつけるとともに、労働者保護法の制定を急ぐこととなり、今やこのストは、全民族的政治闘争に発展した。このことは、労働者の一人一人の力は弱くとも、団結さえすればどんなに恐るべき力となるものであるかを雄弁に物語っている。

ここで奇怪な、しかし彼等にとって珍しくもないことは、日本土建資本家の態度だ。日本道路は、清水建設の子会社でありながら、この争議のために解散せしめられたなどとうそ八百をならべ、あまつさえその損害を争議団に賠償させるといっているではないか。いやまだある。日本土建業者は「木曜会」という彼等だけの機関をもっているが、そこで彼等は、琉球労務者の賃金切り下げ、一回会社で首を切られた琉球人労働者は、他の会社では使わないなどの申し合わせをしているのだ。つまり、琉球人労務者の賃金をとことんまで切り下げ、その反対に、彼等だけはあくまで肥えふとろうというのだ。こうなれば、琉球人労務者は、どこへ行こうが、日本人業者その他の搾取が待っているだけであり、したがって、こんどのストライキが勝つか負けるかは、そのまま琉球人労務者の運命をきめてしまうのだ。もはやこうなれば身体をはって働らくしかない労働者は、自分たちの生活を守るためには、労働者同士が団結して闘うしかないのだ。

ここでもう一つわれわれが知らなければならないことは、この日本土建業者の手先となって、われわれ琉球人労務者を圧迫する本土労務者が、決して労働組合員でないということだ。労働組合員であれば、たとえどんなに命令されようが、われわれの味方とはなっても、われわれを圧迫することは絶対になく、逆に土建資本家と組合員自身及びわれわれ琉球人労働者の待遇改善のために闘うのだ。つまり土建資本家は、非組合員労働者を使うことにより、少しでも、内地人労働者自身を安く使うとともに、琉球人労働者を搾取の道具に使い、断食してまで祖国復帰を叫び、かつ、祈りつづけてきているわれわれの悲願をふみにじろうとしているのだ。これが、講和条約第三条により、日本から切り離されたわれわれ労働者の、そして琉球人全部の姿なのだ。

全琉球一〇万の労働者諸君よ、諸君の兄弟たちはすでに闘っている。諸君もまたわれわれとともに、琉球人労働者の運命を守るために闘ってくれ!!

さらに全琉球一〇〇万人の同胞よ、われわれの闘いは、労働者だけのものではない。ふみにじられようとする琉球の民主化を守るための闘いでもあり、一〇〇万人同胞の心からなる支援をお願いする次第である。

一九五二年六月一三日　　日本道路争議団

断食決行団

峯田安二、畠義基、平瀬昌義、平瀬昌三、岡山輝和、茂木次男[38]。

註

(1)アジア問題研究所編『戦時強制連行「華鮮労務対策委員会活動記録」』一九八一年同研究所刊行、の六七頁には「総額金四千五百九拾五万参千円也」とある。しかし、記載されている頁毎の金額が互いに齟齬していて、キッチリとした額は確定できない。

（2）占領軍調達史編さん委員会編『占領軍調達史―調達の基調―』調達庁一九五六年刊、一七一、一七三頁。表は省略した。

（3）前掲アジア問題研究所編書、九〇頁参照。

（4）一九四三年一〇月三一日、軍需会社法公布され四四年一月一八日に一五〇社が軍需会社に指定される。同四月二七日、四二四社が第二次指定。同一二月、一〇九社が第三次指定された――ここまでに合計六八三社が軍需会社の指定を受けたが土建関係は含まれていない。一九四五年一月二七日、軍需充足会社令が公布され、ここで始めて建設運輸業などが軍需会社法準用となり軍需会社指定を受けた。以上は『近代日本総合年表』第四版、二〇〇一年に依る。また、同年一月二七日付読売新聞によれば、「……政府は同法公布に伴ひ……可及的速やかに軍需充足会社の第一次指定、管理官の任命等手続を完了する予定で港湾運送業は二月早々、他の諸事業も二月中には会社指定を完了する筈であるが、第一次指定としては各事業に亙り主要会社約五十社（全国主要港の港運会社約四十社、倉庫統制会社とその六大都市の支社、工員輸送、資源開発に関係ある地方鉄道、国際電気通信会社、日本石炭、各配電会社、鉄鋼販売統制会社、土建統制組合加入の各会社等）となる見込である。……」とある。

　ただし、『清水建設二百年 経営編』には「終戦直前の昭和二〇年七月一〇日、当社は軍需充足会社に指定されたが、わずか四〇日間の軍需充足会社であった」（同一八四頁）とあるので、実際の指定は遅れたのではないかと推定される。同書所収の右の図を参照されたい。

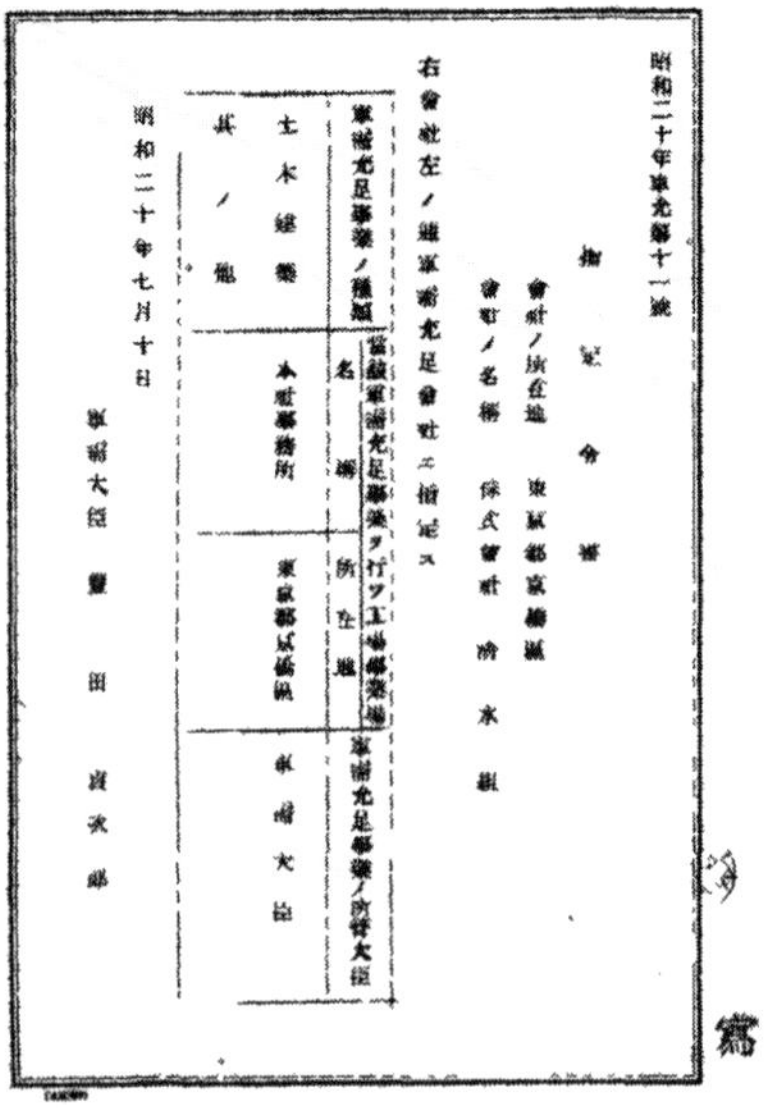
昭和二十年軍充第十一號

指定令書

會社ノ所在地　東京都京橋區

會社ノ名稱　株式會社清水組

右會社左ノ通軍需充足會社ニ指定ス

軍需充足事業ノ種類	當該軍需充足事業ヲ行フ工場事業場 名稱	所在地	軍需充足事業ノ所管大臣
土木建築	本社事務所	東京都京橋區	軍需大臣
其ノ他			

昭和二十年七月十日

軍需大臣　豊田貞次郎

軍需充足会社指定令書

(5)『竹中工務店七十年史』一九六九年二月刊、九五頁。
(6)『清水建設二百年 経営篇』二〇〇三年、一九八頁。
(7)『大林組八十年史』一九七二年刊、二〇五頁。原本は「日本統制組合調査」であり、『日本建設工業統制組合沿革史』に掲載されているという。未確認。
(8)平良好利『戦後沖縄と米軍基地』二〇一二年法政大学出版局、第一章のとくに一七〜二八頁参照。本書は広く類書や各単行論文などに目を通し、あまり偏りなく纏めており、信頼できる通史としての役割を良く果している。未公刊史料や地方史、米軍史料などにも目配りがされている。
(9)同前書、二五頁など。鳥山淳「軍用地と軍作業から見る戦後初期の沖縄社会〜一九四〇年代後半の『基地問題』」(『浦添図書館紀要』一二号、二〇〇一年)は原史料に基づきさらに詳しく説いている。同鳥山論文七一頁所載のグラフ「軍作業員数の推移」と本文は、軍作業員は「概ね四万人前後で推移」と述べている。鳥山『沖縄／基地社会の起源と相剋一九四五―一九五六』(勁草書房二〇一三年刊)四三〜四六頁などを参照。
(10)以上は清水知久『アメリカ帝国』亜紀書房一九七二年に主として依った。
(11)この点については、拙論「五十年代国家テロルの歴史的背景」(小冊子『東アジアの冷戦と済州島四・三事件』一九九八年所収)、においてもう少し詳しい説明を試みている。アメリカを頭首とするブロックは、ソ連圏と対決しつつ、ポンド支配を駆逐しドル支配を目論んでいたという側面も無視し得ないのである。一九九八年の上記拙論を参照されたい。
(12)平良前掲書二九〜三一頁などを参照されたい。
(13)同前書三二頁。なお五十嵐武士『戦後日米関係の形成―講和・安保と冷戦後の視点に立って』講談社学術文庫一九九五年、のとくに第一章二節を参照。また、進藤栄一『分割された領土―もうひとつの戦後史』(岩波現代文庫二〇〇二年)は、昭和天皇の沖縄切り離し案に焦点を当てている。即ち、天皇ヒロヒトは、日本本土が保全されれば沖縄は米側に(実質的に)直接統治されても良いという意向を持ってGHQなどと折衝していたことについて、詳しく検討し資料を提示しつつ念入りに叙述している。
(14)若林千代「ジープと砂塵」『沖縄文化研究』法政大学二〇〇三年三月三一日刊、二六四〜五頁参照。

(15)平良前掲書三四～三九頁。
(16)若林前掲論文二六五頁。
(17)平良前掲書五一～五二頁。
(18)琉球銀行調査部編『戦後沖縄経済史』二〇四～二〇五頁。
(19)同前書二〇五頁。
(20)同前二〇七頁。
(21)平良前掲書五三～五五、三三七～三三八頁も参照。
(22)『宜野湾市史』第七巻(新聞集成Ⅲ・上)、同第三巻資料篇二の中の松村組関係記事、鳥山淳「一九五〇年代初頭の沖縄における米軍基地建設のインパクト」(『沖縄大学地域研究所所報』三一号、二〇〇四年などを纏めた。
(23)鳥山前掲書一〇六～一〇七頁。
(24)前掲琉球銀行編書一八〇～一八一頁。
(25)『清水建設百七十年』一九七三年刊、一四四～一四五、一五一頁。なお、『大林組八十年史』(一九七二年)には、「朝鮮戦争によって、アメリカは極東における最大の軍事基地沖縄を急速に整備増強する必要にせまられた。そのことは、進駐軍工事と特需景気の反映でよみがえった建設業界に新しい機会を与えた。それまでアメリカのモリソン・クヌードセンやビンネル、フィリピンのユーキンテンなどの外国業者のみが占めていた沖縄基地工事に、日本業者も参加を許されたのであった。／大林組もこれに加わり昭和二六(一九五一)年九月から同三十(一九五五)年九月にいたる四年間、次の工事に従事した。A工事―嘉手納弾薬庫建設その他。……B工事―那覇空軍基地小禄将校宿舎その他。……C工事―牧港QM(兵站)倉庫建設。……D工事―桑江軍病院基礎工事。……沖縄工事は代金がドルで支払われ、外貨獲得の国策に役立った」(同二四八～二四九頁)とある。
『銭高組社史』(一九七二年)は、より端的に当時の状況を露わにしている――「昭和二五年の五月ごろ、米軍から沖縄嘉手納地区FEC5住宅一一〇戸の入札に、参加するように言って来た。／東京都芝田村町の米軍の沖縄事務所に集まって入札したが、参加社は五〇数社におよび外国業者も入っていた。／入札の結果が発表された時、当社は7番目ぐらいの札であったから、もう諦めようということになった。」ところが、「他の会社がすべて労務提供、材料別途で見積もっている」のに、「銭高組は材料ともに見積もっている」ということで結局落札し、「従ってその後の受注もぞくぞく得られたのであった」（『銭高組社史』一九七二年、七八～八三頁）という。

一方『間組百年史』（一九八九年）は、以下のように言っている――「昭和二四年一二月になると、沖縄に基地を建設するための測量と設計が、日本業者の供出する技術者によって行われた。GHQの選抜した一〇社（当社をふくむ）、四六人が沖縄に派遣され米軍沖縄地区工兵隊に所属して作業した。

これをきっかけに日本業者の沖縄工事参加が許され、二一建設業者代表が昭和二五年三月に沖縄視察に赴いた。四月初旬に、那覇港軍倉庫工事の第一回国際入札がアメリカ本国、沖縄地区工兵隊東京事務所、沖縄現地の三カ所で行われた。アメリカ本国では米企業六社、東京では日本企業四二社、沖縄では米二社、中国（台湾）二社、沖縄七社が参加する激烈な競争が展開された。（『沖縄の証言』上巻、沖縄タイムス社、二八八頁）。

ひき続き五月までに兵舎、家族住宅、那覇港浚渫および築港、六月からは通信設備、配水設備、燃料貯蔵タンク、道路工事など年末まで二〇数回に及ぶ国際入札が実施された。この六月に朝鮮戦争が始まり、基地工事も緊迫の度を加えたのである。

当社はこのなかで、『沖縄地区PLO測量設計工事』を受注し、同年一二月に鳴原長六郎業務部長はじめ二六名の社員が沖縄に出向いている［一九五〇年］。

これは沖縄地区技術工作隊発注のもので、弾薬庫建設や旧日本軍飛行場補修のための測量や設計をするコンサルタント的な業務で、秘密工事も多かったという（金沢良聞書き）。昭和二五年一二月に始まったこの工事は二六年九月三〇日に終了し、当初請負金額は七八三〇万円、翌年三月、約五〇〇〇万円の追加工事契約が結ばれている。」（同一九二頁）。

(26)「軍工事における地元土建業者の失敗」琉球銀行調査部編『金融経済』四―九、一九五五年一〇月号、二七～二八頁。
(27) 同前二八～二九頁。
(28) 同三〇頁。
(29) 同三〇～三四頁。
(30)『うるま新報』五〇年三月一六日付および同一七日付――『宜野湾市史』七巻《新聞集成Ⅲ・上》に依る。

(31)『宜野湾市史』第三巻資料篇二、一九八二年刊、九六八頁。なお、石原は引用部分に引き続いて、「基地建設業者の不払いや遅配などに対する労働条件改善の労働争議にも奄美からの出稼ぎ者の果した役割は大きい」と記している。注目に値する。

(32) 鳥山前掲書一一四〜一一五頁。『うるま新報』一九五一年六月一二日。

(33) 藤山喜要『孤独の海—奄美大島、南北いずれ—』日本図書刊行会二〇〇四年、一二八〜一二九頁。なお、同書一二〇頁によれば著者は一九二五年一月四日生まれで、同書執筆時には鹿児島市在住であった。戸籍上の名前は屋喜要であったが、一九五〇年代ごろ改姓して藤山喜要としたという、同書一三七頁参照。奄美大島の笠利《カサン》出身—同一三〇頁。

(34) 鳥山前掲書一二〇〜一二一頁。

(35) 同前書一二七頁所載の註一〇一からの引用である。

(36) 同前一二一頁参照。

(37) 琉球政府労働局編『資料琉球労働運動史』一九六二年同局刊、七〜一三頁参照。

(38) 森宣雄・国場幸太郎編・解説『戦後初期沖縄解放運動資料集』第三巻沖縄非合法共産党と奄美・日本(一九四四〜六三年)(不二出版二〇〇五年刊)、三七〜三八頁。

●初出

はじめに　首都圏の寄せ場――歴史的変遷の概要（年報『寄せ場』27号、二〇一五年七月）
第１章　敗戦前後における日本社会の変容と持続（年報『寄せ場』26号、二〇一三年一二月）
第２章　戦後日本史論の試み――闘いが胎むもの、押し潰す力、そして……（年報『寄せ場』22号、二〇〇九年五月）
第３章　日帝敗戦以降の日雇労働者と寄せ場（年報『寄せ場』、24号、二〇一一年五月）
第４章　朝鮮戦争と日本――〈ロームシャ〉の立場から視た（年報『寄せ場』23号、二〇一〇年五月）
第５章　貨物輸送と臨時労働者――季節出稼ぎと路上手配・日雇労働への照射（年報『寄せ場』25号、二〇一二年六月）
第６章　「冷戦」体制下の〈日本本土〉と〈沖縄〉（年報『寄せ場』28号、二〇一六年七月）

●松沢哲成さんの歴史眼

「オーラル・ヒストリーの先駆け」から

伊藤一彦

松沢さんの研究テーマは、東京大学文学部国史学科卒業論文の橘孝三郎論(後『橘孝三郎』三一書房、一九七二年、として刊行)、同大学社会科学研究所助手論文の「石原莞爾と満州事変」(後『日本ファシズムの対外侵略』三一書房、一九八三年、に収録)で分かるように、初期は「日本ファシズム論」であり、いずれも日本帝国主義敗北前を対象としていた。

転機になったのは一九七二年であろうか。この年松沢さんは、東大社研先輩の伊藤隆氏(当時、東京大学助教授。現、同大学名誉教授)の世話で東京女子大学に専任講師として採用された。しかしその直後、ある事件の関連で不当な家宅捜索を受けたことが、松沢さんの反権力意識をかきたてることになった。その結果、松沢さんは、権力闘争によって不当な扱いを受けている人々の支援活動(裁判闘争を含む)に積極的に取り組むと同時に、研究対象を、日本帝国主義敗北後、対外活動に大きな制約を受けた「日本ファシズム」が、国内的にはいかなる変容を遂げたか、あるいは遂げなかったかという方面に向けていった、筆者はそう解釈している。

松沢さんは一九八七年四月の「寄せ場学会」創設で中心的な役割を果たし、その活動と、寄せ場労働者に関する研究に精力を注いだが、それは、「(戦後型)日本ファシズム」の下で最下層に押し込められ呻吟する人々に対する関心がより強くなったことを示すものであろう。とはいえ松沢さんの関心は、日本国内の問題のみにとどまったわけではない。田中宏氏（当時、一橋大学教授）らと共に、米国国立公文書館で、ＧＨＱが日本占領終了後に米国に持ち帰った占領関係資料を調査し、収集（コピー）した資料を八一五頁にも及ぶ大部の『中国人強制連行資料』（現代書館、一九九五年）として刊行した。戦時中の労働力不足を補うため中国人を強制的に日本に連行し、各地の鉱山等で強制労働させることを決定した東条内閣の文書「華人労務者内地移入ニ関スル件」は、本来日本にあるべき閣議決定文書が米国に持ち去られたままになっていることを明らかにしたが、それを含めこの資料集は、中国人強制連行研究に不可欠の存在となった。

これが契機となり、松沢さん自身、中国人強制連行研究にも力を入れ、一九九七年一一月、東京で寄せ場学会・「中国人強制連行」研究会共催の国際シンポジウム「日中にまたがる労務支配――中国人強制連行の背景と実相」で、「親方制度と把頭制」と題する報告を行っている（『年報　寄せ場』第11号、一九九八年五月、所収）。また翌九八年八月には中国遼寧省撫順で行われた「日本の中国侵略期における労働者迫害問題国際研究シンポジウム」に参加している。松沢さんは、日中間の交流にとどまらず、〝案外〟「国際派」であり、東京女子大学の研究休暇制度（サバティカル）を利用して英国でも研究を行っている。当時オーストラリア・ラトローブ大学教授だったガヴァン・マコーマック氏と特に親交があり、同氏とマーク・セルデン氏の編著書『朝鮮はどうなっているか』（三一書房、一九八〇年）を加藤晴康・伊藤一彦と共訳している。

松沢さんは、「権威」を疑う点で徹底していた。筆者は松沢さんに依頼され東京女子大学の卒論指導に関わったが、学生に対し、先行研究を読み込み、徹底的に批判しろ、批判のないものは論文として認めない、と言うのを何度も聞いたものだ。「日本ファシズム論」研究の開始にあたり、この分野のごく僅かの専門家として知られる木下半治、田中惣五郎の業績が具体性を欠くこと、丸山真男「日本ファシズムの思想と運動」に至っては具体的分析もなしに「橘孝三郎あたりが『日本ファッショの標準型だろう』」と断定することに反発し、自ら橘孝三郎研究に乗り出した。

そして、橘孝三郎が水戸に健在であることを知ると、直接押しかけ、聞き取り調査を行って、前記の卒業論文に仕上げた。現在広く行われているオーラル・ヒストリー（口述歴史）の先駆けである。ただし、当時（一九六五年）こうした手法は、主任教授である下村冨士男氏の認める所とならず、評点は「良」だった。社研入所審査に当たった石田雄助教授は、「国史学科ではこれで成績が良だったの？」と訝ったという。松沢さんは晩年、日本の戦後史、それも下層労働者の側から見たそれをまとめることに意欲を燃やしていた。筆者はだいぶ前に満洲関係の貴重な史料を松沢さんから譲られたが、その頃すでにそうした境地にあったようだ。すでに寄せ場学会機関誌『年報　寄せ場』に、その関係の論文を精力的に発表しているが、その一部をまとめたのが本書である。諸論文の各所に「今後の検討の必要」が記されている。それが果たされる機会は永遠に失われてしまった。松沢さんの無念は如何ばかりだろうか。

（いとうかずひこ・東アジア国際関係史専攻）

●松沢哲成さんの歴史眼

「アジア主義は検討に値する」を提唱

藤田　進

筆者がはじめて松沢さんに注目したのは、一九八七年四月「日本寄せ場学会」創立大会での報告において、行政サイドから田代国次郎が提示した「スラムの5つの指標」（一九六六年）を批判する形で述べた以下の部分に接したときだった。

「朝鮮人やアメリカなどのスラムで「ニグロ、プエルト・リコ人、メキシコ系アメリカン」などが「人種的差別」を受けてスラム地区を形成した、という意味のことを田代は言っているが、これは事実認識に誤りがある。日本や合衆国の帝国主義的植民地侵略が原因となって、朝鮮人やブラック、カラードなどが日・米へ流入するようになったという歴史的事実を、まず第一に確認しなければならない。そして、後者は帝国主義国家内に入って、同一民族間、同一人種間、あるいは家族―親族どうし助け合いかたく結束することによって生きのびようとしたのである。つまり、低位の生活水準を余儀なくされたまま共同的結合ないし民族的団結を強く維持したため、逆に人種的差別も受けるようになったのである。

また、家族解体―欠損家庭という指標(5)の指摘もまた、多くの場合、貧困や病気などに基づく結果であるにすぎない場合が多く、現象羅列のもうひとつの例をなすものである。しかしながら、そうした場合にも、第一次大戦頃までの日本の貧民窟などでは相互扶助慣行が強く行われていて、どうやらしのいでいたという事実に、われわれはもっと注目しなければならない。この関連では、共通の仲間意識と高い匿名性という問題が重要で、要するに自立した個人間における仲間的結合、つまり共同性への強い志向、というふうに読み取っていく必要がある。」

報告者は最後に「スラムという呼称ではなくて、むしろ真向うから寄せ場と呼ぶことにしよう」と提起した（松沢哲成「寄せ場の形成、機能、そして闘い」、『日本寄せ場学会年報寄せ場No.1』現代書館　一九八八年所収）。《貧民窟》の徹底的事実検証と歴史的考察を踏まえて「スラム」概念を退け、〈社会変革意図を秘めた下層労働者地域〉たる「寄せ場」という新しい概念の適用を提起した松澤報告は、中東難民キャンプに無国籍・無権利状態で隔離されたパレスチナ難民の解放史研究を志している筆者にとって刺激的かつ示唆に富んでいた。それ以来三〇年にわたり筆者は松澤さんから学問的示唆を受けながら、寄場学会の仲間として寄せ場研究と寄せ場支援活動を共にしてきた。

松沢さんの歴史学は、戦後民主主義の代表的イデオローグたる丸山真男に対する「丸山の日本ファシズム批判はしばしば実証を欠いたいわば自己完結的な論理である」との批判をもって始まった。その批判は、ファシズム帝国崩壊後の日本の民主化闘争に左翼学生として参加し一九六〇年安保闘争敗北を体験した松沢さんが、過去の歴史を丸ごと〃いい〃とするか（「右翼的」視点）、〃ダメ〃とするか（「左翼的」視点）の二者択一的思考傾向に陥っているイデオロギー論争に違和感を覚えたことと関係していた。「日本ファシズムの人と思想は時代状況との関係のなかで捉えなければならない、その時初めて〃悪の力〃を発揮したファシズムの本質に迫りそれを真に見つけることができる」との考えに至った一九六四年春、松沢さんの「日本ファシズム」研究は本格的にスタートした。

「ファシズム・イデオロギー」とされている「アジア主義」の考察に際して、主義者たちの出生にまで遡る豊富な資料収集と徹底的な事実分析を駆使して内在的把握を試みた松沢さんは、宮崎滔天が「〝亜細亜〟とは被圧迫民族・国家のことである」、「『亜細亜連盟』結成による抑圧者たる『強国』ひいては少数『富豪権力者』を根底からひっくり返すことが必須」等々を唱えるのを「滔天は日本が圧迫する側に徐々に廻りつつあったことをいわば本能的に察知していたと考えることが正当」というように受け止め、滔天の思想を高く評価した。一方で「被圧迫民族・国家の解放」を唱えつつも〝新天皇帝国〟樹立をめざし、武器の力を過大視する北一輝が「武器ないし軍事力を担う者が虐げられ抑圧されている人民だという点への思想的配慮を欠いている」ことを強く批判して文字通り「ファシスト」と位置づけた。松沢さんは「アジア主義」を一律に「ファシズム」と断定すべきではないとの立場をとり、滔天の思想における「日本とアジアの関係を思想課題として革命的連帯あるいはナショナリズムとインターナショナリズムがからみ合う」側面を重視して、「アジア主義は未来を目指す現代のわれわれにとって検討に値する」とした。この松澤評価は当時の日本では「右翼思想」とみなされがちだったが国外に目を転じれば、大戦後独立間もないアジア・アフリカ諸国の多くが、米ソ軍事ブロックへの加盟を嫌って「非同盟中立主義」を軸とする「アジア・アフリカ諸国会議」（五五年バンドン会議が最初）に結集しており、松澤「アジア主義」論は国家・民族を越えた武力抜きの平和を求める第三世界人民の平和の論理に通底していることがみてとれた。

松沢さんは「日本ファシズム」思想史研究を七〇年代ころから、日本帝国主義下で確立された多くの人々を暴力的に支配し非熟練下層労働者（労務者）に仕立てて大資本に供給するというシステムの戦後における再編形態とそこに動員される人々の苦境・抵抗の歴史を具体的に描く作業にシフトさせ、四〇年にわたる壮大な研究活動を経て冒頭にみた「寄せ場」概念の提起に至ったのである。

癒着した官僚・政党・資本家などに権力が運営するグローバリゼーション経済政策のもとで寄せ場は消失し、住民マジョリティーの貧困化・「難民」化が全世界で進行する今日、松沢歴史学の重視する「秩序と体制に対する大衆的な革命的蜂起」はどのような形で起きるのか、それをめぐって議論し酒を酌み交わしてきた寄場学会老人四人衆の研究会は主人公を失って不意に終わってしまった。そのことがとても寂しい。

（ふじたすすむ・アラブ現代史専攻）

編集後記

中西昭雄

松沢哲成さんは、昨年（二〇一九年）九月二二日に死去した。七九歳一〇ケ月だった。病が重いと聞いて、藤田進さんと病院にかけつけたのは、九月六日だったと記憶している。その時は意識もはっきりしていて、スマホでメールを打つこともできた。帰りがけに、『寄せ場』に書いたものを本にしたいのだが、と言われた。

松沢、藤田、伊藤一彦さんと私の四人で、月一回集まる勉強会をしていて、三年ほどまえに、『寄せ場』に書いてきた論文をそろそろ本にしたら、ともちかけたことがあったので、彼の意図はすぐに分かった。はじめに話したときには「うん」と言わなかったことを、病床でもちだしたのは、その間に、「沖縄」についての論考（本書、第6章）を書きあげていたので、自分のなかでひと区切りをつけることができたと思ったからだろう、と想像した。

すぐ、七本の論文構成とタイトル案を病床にとどけたところ、その修正案が信子夫人を通じてかえってきたのは、死去する前日だった。

ここに収録した論文は、すべて年報『寄せ場』に掲載したものだ。この雑誌は、日本寄せ場学会が編集・発行している機関雑誌で、一九八八年の創刊以来、年一回発行で、二九号を数えている。

日本寄せ場学会とは何か？　一九八七年に設立された、この「学会」は、「創立の呼びかけ」で、

――寄せ場。それは日本の下層社会である。だからこそ寄せ場には、収奪と差別と抑圧のあからさまな仕組みがある。悲惨がある。そこでは人間が無慈悲に奪われる。だからこそ人間への激しい希求がある。熾烈な闘いがある。そこには〈ひと〉の〈生〉の原点がある。支配のくびきのもと、孤独と共感が、打算と情熱が、絶望と希望が、相克する。寄せ場にはドラマがある。文化がある。世界がある。

とうたったように、「寄せ場」という下層社会から照射して日本の社会・経済構造を分析しようという意図で作られたものだった。その直前、山谷では、記録映画の監督や日雇労働のリーダーが右翼・やくざに虐殺されていたので、そういった蛮行への逆襲を、といった精神が高まっていた。集まった人々は、歴史学、社会学、建築学、文学の研究者や編集者、ジャーナリストだけでなく、「寄せ場」の日雇い労働者もいた。「学会」というと、学者だけが集まる権威的な組織を想像するが、この学会は学術会議に登録する官公認のものでなく、あくまでも在野の「学会」だった。この「学会」の提唱者で活動の中心の一人が松沢さんで、私は創立時から行動を共にしてきた（六〇年安保時の「全学連」の指導部の一員だった松沢さんが、その後、研究者になって、どのようにして「寄せ場」にたどりついたかは、本書と同時期に刊行された『回想録』に詳しい）。

松沢さんは、この年報『寄せ場』にほぼ毎号、論文、報告、書評を寄せていて、ここに収録したのは、最近の七号に掲載したものである。

歴史学者、松沢哲成の研究は、農本主義者・橘孝三郎からはじまった。五・一五事件に農民行動隊を率いて参加した橘は、「農本主義者」として著名であったが、松沢はその論文で、「農本主義者」という言葉を使わずに、「原始回帰論派」と命名して記述している。既成の歴史記述を安易に踏襲しない松沢のスタイルは、その後の研究でも貫かれてきた。松沢は「天皇制」という概念も、それが「進歩史観」だとして使わず、「天皇帝国」という視座を自らの史観の骨格にした。ニューレフトで反体制の姿勢を一貫して保ちつづけた松沢は、既成左翼の歴史観に強く反発してきた。

日本近代史を、ファシズム研究、天皇帝国分析で記述してきた松沢は、「寄せ場学会」の活動のなかで、現代史（日本戦後史）の記述を構想していた。その視点は、本書第2章の冒頭に書かれている。

――戦後日本史は三重の視点から見なくてはならないだろう。
第一は、ロームシャから、つまり下層からの視点である。
第二は、天皇帝国の崩壊からもう一度の再生という視点である。
第三は、アジア、あるいは東アジア全域からの視点である。

本書は、そうした壮大な「松沢戦後史」の第一歩にあたるだろう。

――寄せ場研究は、寄せ場の現実に切り込み、これを再構成し、そして寄せ場に投げ返さなければならない。

という、年報『寄せ場』のトビラに掲げられてきたモットーを、松沢さんは実践してきた。本書の論考をもとに多くの人々と討議して、「松沢戦後史」を築いていきたかっただろうが、未完で終わってしまった。それが残念である。

（なかにしてるお・編集者）

『寄せ場』第 1 号、1988 年 3 月刊

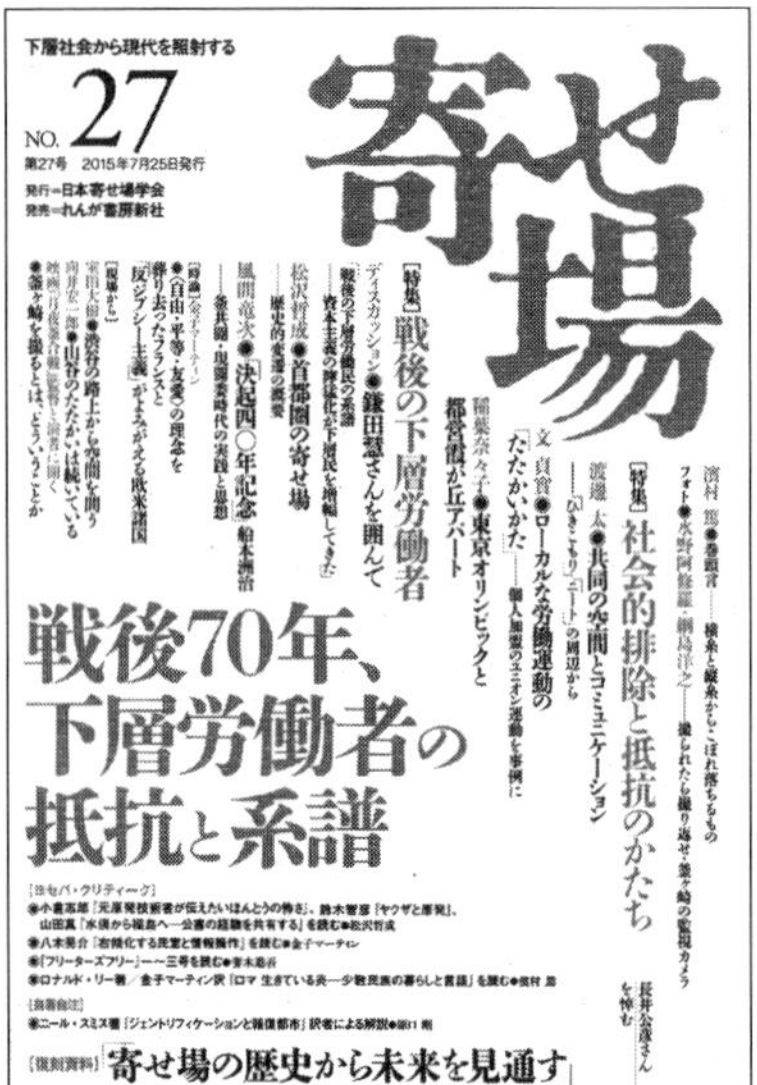

『寄せ場』第 27 号、2015 年 7 月刊

松沢哲成（まつざわ・てっせい）
1939年11月4日　茨城県土浦市生まれ
1958年4月　東京大学文科Ⅱ類に入学
1965年3月　東京大学文学部国史学科卒。同年10月～72年3月、東京大学社会科学研究所助手
1972年～2008年　東京女子大学に勤務
その間に、青山学院大、茨城大、武蔵大、宇都宮大の非常勤講師を勤める
2019年9月22日　死去（79歳）

著書
『橘孝三郎――日本ファシズム原始回帰論派』（三一書房、1972年）
『人と思想・北一輝』（編著、三一書房、1977年）
『アジア主義とファシズム――天皇帝国論批判』（れんが書房新社、1979年）
『日本ファシズムの対外侵略』（三一書房、1983年）
『天皇帝国論批判―増補改訂　アジア主義とファシズム』（れんが書房新社、1992年）
『天皇帝国の軌跡――「お上」崇拝・拝外・排外の近代日本史』（れんが書房新社、2006年）

共著・共編著
『二・二六事件秘録』全4巻(小学館、1971―2年)
『小川平吉関係文書』全2巻（みすず書房、1972年）
『二・二六と青年将校』（三一書房、1974年）
『昭和史を歩く』（第三文明社、1976年）
『中国人強制連行資料――「外務省報告書」全5分冊ほか』（現代書館、1995年）
『寄せ場文献精読306選』（日本寄せ場学会編、れんが書房新社、2004年）

共訳
ガヴァン・マコーマック、マーク・セルデン編著『朝鮮はどうなっているか』（三一書房、1980年）

戦後日本〈ロームシャ〉史論

2020年　2月10日　第1刷発行

著　者　松　沢　哲　成
発行人　深　田　　　卓
装幀者　宗　利　淳　一
発　行　インパクト出版会
〒113-0033　東京都文京区本郷2-5-11　服部ビル2F
Tel 03-3818-7576　Fax 03-3818-8676
E-mail：impact@jca.apc.org
http://impact-shuppankai.com/
郵便振替　00110-9-83148

モリモト印刷